U0554578

「独秀学术文库」

近代以来中国「大众」话语的生成与流变

罗崇宏／著

SSAP
社会科学文献出版社
SOCIAL SCIENCES ACADEMIC PRESS (CHINA)

“广西一流学科·中国语言文学”经费资助成果
“广西高校人文社科重点研究基地·桂学研究院”经费资助成果

序

黄卓越

文化研究、文化理论的引入对中国学术场域带来的影响是多方面的，难以尽述，而其中值得一提，又易被疏忽的一个侧面，便是促成了一种概念史的研究。尽管笼统地看，在此之前，我们也有一些以概念、范畴与术语等为题意的考订或撰述，但因视角与方法上的差异，与目前所能称道的概念史研究仍是非常不同的。在文化研究领域中，该类研究的一个最具典范性的事例首推雷蒙·威廉斯的《文化与社会》一书，其通过将 5 个核心概念置于全书引领性的位置上，带动了对英国从 19 世纪初至 20 世纪中叶"文化批评"整个历史进程的图绘。威廉斯另有《关键词》一书，看似属于辞典性质的，但由于在选词与解说时，仍然隐含了对社会、文化与习尚等高度关注的系统化意识，因此也可将之看作概念史书写的一个配套产品。此后，文化理论、文学批评等领域也出现过一些以之为范例编撰的著述，均对我们从新的角度来审视概念的属性及其演化过程等提供了有益的启发。

从完整的学理上看，通过一个或数个概念来探索一段历史的做法，也有其局限性，这是因为大量的社会观念流向并非都是以定型化了的概念方式呈现出来的，因此，我在此前的论述中也曾提到，有必要进一步关注那些处在概念以外及未被概念化的思想动态，并对概念史（the history of concepts）与观念史（the history of ideas）两种叙述模式做出相应的辨析。由于历史表呈的多样性、混杂性、枝节旁生、泥沙俱下的特点，当我们以某些确定的概念去解说一种宏阔的思想走向时，虽然给出了问题的聚焦点，又事实上会面临另一重困境，即很难去决断概念史与观念史各自的边界，以及它们的交汇方式。同样以威廉斯的《文化与社会》为例，尽管在最初构思该书的框架时，作者已经形成了用几大概念去组织全书的基本原则，但在进入撰写之后却无法控制那些溢出概念史框架的诸多内容，从而只能将大量篇幅放在对那些非概念化的“观念”的追踪中（见该书“导论”），以至在今天看来，该书倒更像是一种将概念史取向裹挟在内的观念史写作，而非严格意义上的概念史著作。此外，如将概念史视为一套学术梳理的原则，也还会遇到与我们通常所说的“思想史”“话语史”等在界义上进行分疏的问题。

当然，在此我想将一些操作上的难度先提出来，并不意味着就此而否认概念史撰写的可能性，以及这种书写方式所具的重大价值。概念之所以重要，首先因于人们都是用概念来思考的，这与语言之所以重要的道理是一样的，它们在很大程度上规定了我们思考与行动的方向，关于后者，在20世纪之后的语言学转向中也已有充分的论述，但是也需有所分辨，即在概念史名义下的所谓“概念”与一般的语言还是有所差别的，在概念史的视野下，语言并不是以均质化的方式分布的，而是依照它在社会中所处的位置存在着各种级差，以此而言，总有一些概念是处在上位的，有些则处在中位或下位。譬如威廉斯列出的那些概念，以及我们将要去讨论的“大众”等概念，均是在大量的语言中遴选出来，被视为带有十分突出的标符性意义，及具有思想与情感的高度聚合性、表意性的那一类词语，它们在一个特定的时段中往往处在语言流动的上端，甚至会对社会的变迁起到某种疏导与“指示器”的作用，因而是既定“语篇”中的一些“关键词”。既然如此，对之的研究除了需要参照一般语言学的原理，也需要考虑到它们在被置于真实的社会场域中之后体现出的特点。

社会与学术等领域中的一些重要概念，如“大众”“族性”“表征”“物质主义”等，当然都不会凭空而来，而是都会有相应的指称对象，至少会有一模糊的“物”的指向，因此，对之的研究也不宜完全采用“建构论”或“想象论”的主张。但是以这样的方式来思考问题，并不等于回到反映论的模式中，以为概念与现实之间会存在一种必然的、合榫的对应关系，由此而去否认概念所具的构造性。关于这一问题，涉及20世纪以来的多场理论争议，似不便多加评说，但我想在此可以引入一个“使用”的概念，对之做些补充性的解释。特别是在重大的社会事件或运动中，那些被用来投射某种意见或主张的概念，它们被寄予的含义都不是无辜的，而是与使用者对情势的判断，以及他们的态度、立场、目的、策略等有密切的关联，这也决定了人们在使用某些概念时组合现有材料，评价材料属性（或否定之，或认同之等）的方式，进而用这一具有明确导向的概念去指明、引发或推进群体的行动。在这种情况下，概念的意指当然不能游离于现实，以至失去来自事实方面的支撑，但另一方面，它也需要在使用中注入某种意愿及具有动力感与方向感的意含，使之携有强烈的感召力或批评性等，由此才能带来更大的扩散性效应。就此可见，那些处在上位的概念为何在社会、文化等活动中总是会成为具有优势性的语言，而对之的命名与解说在很大程度上又总是会受到具有情境性重大目标的导引，这些都是寻常的词语或语言所无法比拟的。在时过境迁之后，解读者也可以通过对之的细致分析，去重新揭示隐含于其中的历史“密语”，以及概念被措用与使用的各种规则。而这样一种观察与研究的视角，在我看来，也可以称为是“话语史”的范式。

在研习文化研究的过程中，我曾经关注过 mass（masses）与 popular 这样的词语，它们也是文化研究中出现频率甚高的两个“关键词”。我的关注点大致集中在三个方面：一是在英语语境中，那些代表性的学者与批评家是如何对这两个概念进行辨析，并将之投入意义之博弈中的；二是在当代汉语语境中，学者们又是如何转译这两个词，用以言述中国当代文化状况的，这也包含，其中哪些转译属于语境上的误植，因此需要有所修订与矫正；第三，如将笼统而言的“大众”放置在中西对比的历史场景中，又会呈现出哪些根本上的差异，是否可借之而梳理出一个有别于西方的、属于中国本土的大众言说谱系。但由于我发表的这篇文章，描述出的还只是一个简要的轮廓，后来又受其他课题的牵累，未及将以上的思考付诸更为系统与详密的探讨，遂留下了一段未了的心愿。

罗崇宏于 2012 年从新疆来京，随我学习文化研究与文化理论等。崇宏对学术的钟爱与执着，以古人所谓“志者”与“痴者”形容之也不为过，聚书盈屋，博闻广览，每日均有札记，录其心得。不久，向我提出欲以梳理与构建中国近代以来的“大众”话语谱系为博士论文撰写的方向，虽然我也知道此途甚艰，但因考虑到愈是艰难的课题愈能提升学者处理复杂问题的能力，同时也可借之将虽已初步形成，却仍悬吊于半空的思路落实到实处，在充分展开之后为中国自身的文化研究实践提供一坚实与独特的范例，便欣然同意了他的设想。

由于这一课题涉及的时间跨度之长，资料本身又极为纷扰，想必崇宏在研究与写作过程中也遭遇过许多的困惑，这些都是在所难免的。因文稿已经呈现在眼前，无须我再做过多的复述，只是就我最为关心的若干框架设计的问题再做些阐发。

首先是，如何理解概念史这一治学类型，从而将之有效地移植到学术操作之中的问题。毫无疑问，对之的思考，不仅需要解决好概念史所在的边际，同时也需要比较透彻地去消化与之相关的一些当代理论。在这方面，正如我们所见，这部著述是以确定的概念为中心循序展开的，始终未离概念的范畴，由此而保证了范型的“纯度”，这也可看作是作者为本课题所设定的一个主要边界。但在整个研究过程中，又未落入过去流行的那种简单化的实证主义套路，而是更进一步参照福柯等理论家的主张，采用了“概念总是在话语中被言说”的说法，即以为概念从来都不是自足的，相反，它们总是被镶嵌在话语的模块中，由话语所生产出来。以本书集中讨论的“大众”这一概念为例，如按时代的进程加以排列的话，规定其概念言说的那些话语相应地就有启蒙话语、革命话语、消费话语等，这些更大的话语始终是在场的，并对概念的生产起到了指向性的作用，甚至也可将话语看作是概念的一个潜体系。如此一来，也就将对概念史的研究扩展为了话语史的研究。两者并不存在于同一个层面上，然而却可形成一种不可或缺的相互指呈、相互阐明的关系。虽然在具体的思考中（如崇宏也已触及的），也还需要插入一相关的中介，即存在着一个谁在言说，哪些人在言说，或具有某种能动性的“主体”在概念与话语之间会起到怎样的调适作用的问题，但借助这样一套思路，却在另一个侧路上打开了原来边界，通过内部论证（在语言论层面上的论证），将更为广泛的历史风云纳入研究的视野之中。这一理解与把握概念史的方式，我认为不仅是行之有效的，也是可获充分验证的。

其次，对概念史的研究其实也无必然的通则，仍然需要根据目标与语境的差异形成一套自己的探索路径。以本课题而言，因为所要梳理的是一长时段历史，加之，尽管似乎有一贯通性的概念及其指称对象存在，但在不同的历史场合下却是以大量不同的语词表呈出来的，这样的话，也就为我们提出了一个新的问题，即如何能够在既不遗弃也不背离那些纷沓而至的多种词语原有命名与含义的前提下，将它们都切当地挂连到一个前后相续的线路上，由此形成一内在连贯、跌宕以进的谱系？这自然很难在过往的研究中找到仿效的样板，需要作者自己去摸索，进而寻找到一套合适的解决办法。在这方面，我以为罗崇宏所采用的“层次处理法”是值得充分肯定的，即首先将“大众”这一概念确定为这一家族系谱中的“总述语”，然后将依次呈现的“国民”“民众”“工农（大众）”“工农兵（大众）”“群众”“消费大众”等作为下一个层次的“分述语”，再将由这些分述语衍生出的概念（如公民、庶民、平民等）系于更下的一个层次中，由此不仅可以如实地反映出中国近代以来大众诸概念复杂生成的实际状况，也能在确保全书整体逻辑的情形下，将多语化造成的结构性张力勾勒出来。虽然将“大众”作为一个总述语，仍带有某种“控制”的痕迹，并非完全是自然的产物，也与英国文化研究对该语词的解释（从翻译的角度看）不甚相符，然而，在中国的语境中，考虑到其使用的频率与意义特征，人们对之的认知，以及其与译入语在含义上存在的固有差异，仍然可视之为最具代表性的，这在崇宏的著作中也有较为详细的解说，参之即可。

此外，便是该项研究的出发点，也需一提。如上已述，这一课题的产生与酝酿，不会没有任何学术上的来源，准确地说，仍然与文化研究带来的启迪有密切的关系，因此，事实上会有一个国际性参照的背景。当然，从历史上看，这一所谓的国际化背景，一开始就已被嵌入在近代以来“大众”诸概念的生成及其持续后移的进程中，如早期提出的“国民”与citizen、citizenship之间的关联，“群”与society之间的关联，“平民”与democracy以及西方无政府主义等思潮的关联，“工农民众”与俄国革命、共产革命的关联，直到1980年代之后中国精英知识界使用的“大众”与mass、masses这些词语的关联，均反映出了概念跨语际传递的效应，并可从中发现这一概念旅行的轨迹，尽管在新的语境中，这些概念仍然会被重新编码，以适应有所差异的土壤。特别是21世纪以来，文化研究在中国的流播及其对 mass 与 popular 等的论说，在当代知识界引起了各种不同的反响，从而促使我们更为深入地去思考本土的现状，并希望能在一种对比的视野中，梳理与辨识出中国自身的大众话语谱系。尽管这样的研究仍然会紧扣本土的经验展开，但如没有这一开放性的视野，最终形成的问题意识、问题架构也不会像现在这般。在这一领域中，若干学者也做过一些片段性的探索，有其自身的价值，然而我们还是期待有一个整体化的梳理与展现，而罗崇宏所做的正是这样一项工作。

当然，一部著作的成功，并不局限于以上所述的这些在大框架上的思考与设计，除此以外，其他的一些质素与能力也都需要跟上，比如对材料的精耕细作与穷讨冥搜，对错综问题的辨析与分析，合适地去分疏与整合庞杂的现象，在各章节上使力的均衡度，以及警锐与深入的洞察力等，皆会在一件成品的打造中起到不可忽略的作用，而这些，似已不属于我的评述范围，还是交给更为高明的读者去判断为是。

2019 于北京海淀

目　录

Contents

绪　论

“大众”概念问题的展开

1990年代以来，随着市场经济的繁荣和大众文化的兴起，“大众”用语不断地充斥着我们的眼球，与之相关的“大众消费”“大众文化生产”等新概念不断涌现。而近代以降在中国的文化语境中，“大众”这一概念在经历了“启蒙现代性”的蜕变和以“阶级”为内核的话语整合，最终演变成了当下文化视野下的以“消费”为特质的“大众”。这个表征了20世纪中国历史发展“指示器”的概念，在经过了近100年的建构和重构之后，其概念所指已变得“面目全非”。尽管我们还使用“大众”这一称呼，然而当下以“消费”为语义内涵的“大众”与近代以来以“阶级”为分类标准的“大众”截然不同。造成“大众”语义演变的动力主要源于不同的言说语境，比如在“革命”话语时代，“大众”会被言说成革命的主体力量，而“生产”和“消费”语境中“大众”则被看成消费的主体，等等。

当然，“大众”言说的多样或“面目全非”也非仅仅因于中国本身的话语实践，也与我们在对西方相关概念的移译与使用中的不加分辨有关。

就西方而言，比如在以“伯明翰学派”和“法兰克福学派”为中心的西方话语体系中，“大众”一词一般是用“Popular”和“the Masses”分别来表示。但是在中国语境中理解与翻译这两个词时，则往往仅使用“大众”来表示，由此便造成了理论上与理解上的含混。就西方“大众”话语谱系而言，首先要追溯到英国以马修·阿诺德和F. R. 利维斯为代表的精英知识分子，他们以“the Masses”为言说核心将大众视为没有文化辨识力的“庸众”[①]；而以雷蒙·威廉斯为代表的左派文化理论家则以“生活方式”的文化视角建构起“Popular”大众观[②]：“大众”是文化的接受者，但同时也有抵抗性，他们承认主流意识形态的强大，但并不是完全被动的接受，而是有所思考以及携有某种程度的抵抗。也就是“抵制行为被权力所包容，并且没有构成威胁”[③]。

进一步说，在西方，“the Masses”概念一般是从文化上进行归类的，指的是低级的文化群体，进而成为批判的对象；这种言说旨在作为高级文化的一种防御型话语，因而往往会有意识地取消阶级的划分标准，“利维斯主义”与法兰克福学派都是如此。而“Popular”，一般可以译成“民众”“通俗”等，它有时是一个中性的概念，有时又成为一个正面的概念。[④] 这个概念中尽管在初期也包含有阶级（民众）的意识（因为源自左翼话语），但是1960年代之后随着“无阶级意识”的普行，“Popular”这一概念更多地偏于“通俗”的含义[⑤]，因此也属于一种文化上的界定。

可见，西方的“大众”既是被不断建构的一种文化观念，同时也对应着现实中的特定人群。继而形成了带有西方特色的文化意义上的“大众”理论。

然而，近代以来中国的“大众”言说谱系的确立，却有着自己的路径。从较早的起源上看，一般需要从“臣民”的现代性转换说起，并经历大致几个不同的阶段。

首先是“臣民”向“国民”的变化。中国历史发展到晚清，封建统治摇摇欲坠，西方启蒙思想的催化和中国传统文化现代转型的内在要求所

---

① Leavis. , F. R. , *Mass Civilisation and Minority Culture*. Cambridge: Minority Press, 1930.

② Williams, Raymond, *Culture and Society—1780-1950*, New York: Anchor Books, 1960.

③ 〔英〕诺曼·费尔克拉夫（Norman Fairclough）：《话语与社会变迁》（*Discourse and Social Change*），殷晓蓉译，华夏出版社，2003，第53页。

④ Williams, Raymond. *Culture and Society—1780-1950*. New York: Anchor Books, 1960. 威廉斯在《文化与社会》中针对利维斯等人的精英主义“大众”进行了反驳，提出“大众”只是被看的方式，他们拥有自己的“生活方式”（即文化）。

⑤ 〔英〕雷蒙·威廉斯（Raymond Williams）：《关键词：文化与社会的词汇》（*Keywords: a vocabulary of culture and society*），刘建基译，三联书店，2005，第281~289页。

形成的“合力”，使得“君—臣”模式的“臣民”逐渐转化为具有“民主”内涵的现代“民”。一批早年留学日本的知识分子从日本这个“中介地”引进了具有启蒙色彩的“国民”概念，与传统的只有“义务”没有“权利”的“臣民”① 相比，现代的“国民”则是“权利”和“义务”兼有。同时，在“国民”话语言说过程中，逐渐形成以梁启超为代表的“维新派”的“国民”言说，以及以孙中山为代表的“革命派”的“国民”言述。他们都以“民”为“国”之“民”，所不同的是“革命派”“国民”言说的根本前提，是把“民”建基于以“三民”“共和”为核心的“国”之上，而不是“维新派”在保持晚清帝国政权前提下的“国民”言说。显然，“革命派”的“国民”言说代表了时代的前进方向，以至“维新派”的领军人物梁启超后来在使用这一概念时也逐渐向“革命”的“国民”话语靠拢。

到了五四前后，以李大钊为代表的革命知识分子在苏联“十月革命”的鼓舞下，宣传知识分子“到民间去”，和工农群众相结合。这种以“工人”“农民”为主的“民众”日后成为中国革命的主体力量，从而奠定了以左翼话语整合大众概念的基调。从这个意义上说，“工农民众”话语可以视为“工农大众”话语生成的过渡性言说，这两种话语言说都以“工农”为话语主体，且以“阶级”为群体分类的标准。不同的是，从“国民”到“工农民众”话语的流变，以“工农”作为话语主体经历了缓慢的演绎过程，大致是城市青年→工人→农民，“民众”队伍呈现渐次增大的趋势。

从1928年到全面抗战爆发，“工农民众”为“工农大众”所取代。此时的“大众”概念主要自日本“旅行”而来，并深深地打上了“左翼”的“阶级”烙印。换句话说，20世纪有中国特色的以“阶级”为中心的“大众”话语至此正式生成。这当中，“工农大众”话语又有

① 当然这种只有义务没有权利的“臣民”不能概括中国传统的“民”的形象。传统的“民”也很复杂，既有被压迫的失去主体性的“民”，也有“民贵君轻”“以民为本”的主体性的“民”。因此，近代以梁启超为代表的启蒙知识分子所言说的“臣民”是以偏概全式的建构起来的用以与“国民”相对应的概念，属于建构论意义上的话语形象。

“化大众”与“大众化”的区分，即“大众”话语从“化大众”向“大众化”流动，相应地，言说者也从知识分子转移到以革命领袖为主。这一时期的“大众”话语言说指向是把知识分子“化”到“工农”之中。

自全面抗战爆发到新中国成立，“工农兵”成为话语主体。由于言说语境从“民主革命”转向“民族救亡”，“兵”成为独立的概念进入大众话语。“工农兵”话语遂成为此后直至1970年代末一体化的“大众”话语主线。

需要说明的是，1970年代末的“大众”话语虽然延续了“工农兵”言说，但是由于言说语境由“革命”到了“建设”，话语主体发生转变，“工农兵”大众用语在很大程度上被“人民群众”所取代，最明显的是“兵”再次从“大众”话语中游离出来，“人民群众”成为话语主体。“人民”成为高度政治化的话语符号，与“民主”相对应，成为区分敌我的“标尺”。

到了1990年代初期，“大众”概念基本上没有了此前“阶级”的含义，代之而起的是一个带有消费性的文化概念。而这个概念与西方知识谱系中“法兰克福”学派的“大众”话语颇为类似，即都把“大众”视为缺乏辨识力的被动受众。不过在1990年代中后期“大众”言说又一次出现话语转向，即不再把“大众”完全视为“文化工业”的消极接受者，而是具有革命能力的大众，他们对文化专制具有革命消解的作用。当然，1990年代中期以后“大众”言说也并非只有一种声音存在，这其实也是各个时期“大众”话语言说的普遍现象，即大致以某种言说为主，而兼及其他“支流”话语。就1990年代中期及以后的“大众”话语来说，其声音有批判、有肯定同时也有理性的反思，尤其是进入21世纪以来，随着西方“文化研究”理论的引入，“大众”言说带有更为“中性”的色彩。

梳理完中西谱系中的“大众”理论之后，我们可以清晰地看到：首先，中西“大众”都是将所言说的群体放在一个大约共指的范围内，体现出一种含义上的不断变化与延宕的特征；其次，中国和西方“大众”理论的差异，主要源于两个不同的话语言说系统。在西方，“大众”话语从一开始便是基于对西方现代性危机的批判而言，而这个危机则是由19世纪以来工业主义所导致的。然而近代中国作为一个以农业文明为主的封建专制国家，尚未步入现代性的正规，因此有一个改造传统等级制的客观历史需求。显然一个是出于应对现代性已产生的危机，一个是基于走向现代性的诉求，这也决定了自近代到1980年代中国“大众”话语的变化会与现代性动员方式的变化密切相关。

由以上针对中西大众言说的引述，本书试图从以下两方面入手进行思考：一方面中西大众话语实践本身存在着差异；另一方面中西在大众概念措用上也存在含混与错位的问题。也正因为如此，就有必要重新回到中国近代以来的历史之中，梳理与厘定中国大众话语实践的整个进程，以便确切地认知在中国特定语境中大众概念形塑的特点与含义，进而在此基础上建构起中国的“大众”言说体系。

如果从更为“本体”意义上说，本书所研究的“本体”就是“大众”概念/概念史，而“话语”则更体现为一种研究视角或方法。之所以把“概念”“概念史”作为本体研究，是基于一种理论的目的或意义，因为历史沉淀于特定的概念之中，而概念本身有自己的历史（概念史），而在“概念史”中蕴藏着极为丰富的“政治史”、“社会史”和“经验史”①。这是“概念史”研究的根本目的，也是本书研究的目的与意义。

需要说明的是，近代以来“大众”这个词主要出现在20世纪三四十年代和90年代以后两个时期。其他时期更多使用的是类同的概念，如“国民”“民众”“庶民”“平民”“群众”等。虽然其含义有别，但所指的对象则基本相同，故此，为了有一个可以大致统一的表述，我们把这些类同性的术语均归入“大众”② 概念的“语义场”

① 方维规：《历史沉淀于特定概念——评金观涛、刘青峰〈观念史研究——中国现代重要政治术语的形成〉》，原载《二十一世纪》2009年2月。

② 这里需要说明的是，本书中“大众”的概念既指所有时期的“总体语”，又指某一时期的“分述语”。具体地说，本书题目中的“大众”是指整个20世纪的这一群体的“总体语”；而20世纪三四十年代以及90年代之后的“大众”可以视为“总体语”的“分述语”。因此，如果没有特别指明，在各个历史时段出现的“大众”即视为“分述语”，而总括性的则为“总体语”，这需要读者在具体语境中稍加辨析。

(semantic field)① 中。这个“语义场”是就最大的概念范畴而言的，而在整个20世纪“大众”话语言说过程中，其又不断衍生出不同的“子场”，这些“子场”内部也会包含更小的“子场”。我们可以用一个图形直观地说明他们之间的包含关系。

“大众”语义场→“大众”语义场的“子场”
- 国民（新国民、公民）
- 民众（庶民、平民）
- “工农”大众
- “工农兵”大众
- 人民群众
- “消费”大众

当然，由于近代以来“大众”概念流变的缓慢性、使用上的随意性和随机性等，加上不同“语义场”的存在，使得概念词的流变会呈现出总体

① 本书研究是建立在“概念史”考察基础上的“话语史”研究，“话语”研究既是本文的研究对象，也是研究方法。20世纪“大众”话语的流变经历了“国民”“民众”“大众”“群众”等几个概念的演绎，这几个概念也可以看作整个20世纪中国“大众”概念的分支概念，而每个概念之下又分别有很多“子概念”存在。因此，为了能够清晰地展示概念之间的“层级”关系，我们引入了语言学中的“语义场”/“语义域”(semantic fields)概念或者说“语义场理论”(the theory of semantic fields)。最早提出“语义场”概念并进行理论研究的是1930年代前后的德国和瑞士的结构主义语言学家，如伊普森(Ipsen)和特里尔(Trier)等。“语义场”理论不是将语言进行孤立研究，而是强调语言体系的统一性以及语境对意义表达的重要作用。文旭在《从语义场理论看语言的模糊性》一文中把“语义场”理论归纳了两点：A. 一种语言中的某些词可以在一个共同概念的支配下组成一个语义场；B. 属于同一个语义场的词，它们在语义上是相互依存，相互制约的（《外语学刊》(黑龙江大学学报)1995年第10期)。王凤英在《语义场理论和篇章研究》一文中这样对“语义场”进行描述，“表示同一个或同一类概念的词语的义位形成一个集合，即一个语义场。换句话说，语义场是具有某种共同或者相近语义的语言单位构成的一个集，即一个聚合或者一个组合”，不仅如此，一个“语义场”内部可能包含一组或多组具有同一语义或相近语义的词语，从而形成“层级结构”，“包含小的语义场在内的场通常称为母场，小的场称为子场”(《外语与外语教学》2007年第9期)。郭聿楷在《语义学概论》中认为，“语义场被置于聚合关系和组合关系的相互作用中进行研究；语义场被认为不仅是语言体系中有共同特点的义位构成的聚合体，而且也是与语言中经常组合的词语相关联的义位构成的集合”(郭聿楷、何英玉主编《语义学概论》，外语教学与研究出版社，2002，第65页)。另外，与“大众”相关的概念还有“国家”“民主”“现代性”等，也即“大众语义场”的引入开辟了这样一种可能，也就是“不再以词典性术语来定义一个概念，而是以一系列典型的‘同义词’、‘反义词’和‘关联词’来定义一个概念，并由此形成一个统一的词汇群”(〔英〕伊安·汉普歇尔-蒙克：《比较视野中的概念史》(引论)，周保巍译，华东师范大学出版社，2010，第3页)。

清晰，局部混乱模糊的状态。比如“大众”这个词语的使用自古就有，到了近代也频繁出现在各种书写之中，但根据我们的判断，其正式登场的时间则应该在1928年前后，但作为其子概念则在近代以来又有其他的一些表述，以此形成一种演变的趋势。概念演变的首要标志是“物质外壳”变化，即负载概念的形式——用语的变换。比如从“国民”到“民众”的更替，代表概念的词语出现了变化，概念的含义当然也就有所不同。然而问题远没有这么简单，在许多情况下，概念及其含义的变化又都是交叉进行的，这是指近代以来“大众”概念的演变虽然从大的段落来看，会有一条清晰的线索，但是其在实际使用过程中并没有那么泾渭分明地展现给我们。它们往往是交叉使用的，比如在同一时期也会出现时而大众、时而民众、时而群众等的情况，这当然是由概念流变的复杂性决定的，同时也因为“一个概念可能由一个以上的词语或术语来表示”①。

如果从概念的流变来说，我们也可以把概念与其含义的交叉变化视为概念的“延异”② 运动，也就是延迟和差异，它是“事物的真正存在方式”③。比如在1920年代从“国民”到“民众”转变，其中还有个过渡概念“平民”，而且整个1920年代虽然以“民众”概念为主，但是五四运动初期的“民众”还不具备“阶级”意涵，后期才引入“阶级”的语义。另外，尽管“大众”在不同时期的子概念始终处于变动之中，但作为概念指示器的用语却保持相对稳定。像“大众”用语较为集中的20世纪三四十年代，虽然使用同一个词——大众，但显然其概念内涵不断地从“工农”大众向“工农兵”大众发生流变。

既然如此，在考察“大众”概念的流变之时，不仅仅需要考察概念用语的变换，更重要的是在已经变化的历史语境中窥探概念内涵的细微差异。

---

① 〔英〕梅尔文·里克特：《政治和社会概念史研究》，张智译，华东师范大学出版社，2010，第3页。

② “延异”是法国结构主义大师雅克·德里达发明的一个新词，延异（Diffêrance），顾名思义，“延”，指的是延缓，“异”指差异，“延异”即由“差异”（difference）与“延缓”（different）两个词合成。它是产生差异的运动，是差异的起源。在德里达看来，本原总处于延异之中：它总是延迟着到场，在它内部已蕴含着区别、差异。德里达在《撒播》《哲学的边缘》等文本中对之都有相应的论述。

③ 〔美〕B. 斯韦曼：《后现代主义、德里达和延异》，王光荣译，《世界哲学》2000年第3期。

比如1949年以后“大众”仍然包含着“工农兵”群体，但是“兵”的比例越来越少，相比之下“工农”的比重越来越大了。这与新中国成立以后我们的主要任务从“革命”到“建设”的目标转移不无关系。可以说，“大众”的言说与历史时期的特殊语境息息相关，离开了这个语境，“大众”概念的内涵便无从谈起。

事实上，近代以来“大众”概念转换背后的“支配力量”集中体现在话语权的变换上。但问题是谁有“能力”掌控这些话语权呢？民国初期操控着话语权的大多是留日归来的精英知识分子，他们把在日本吸收的源自西方的现代话语，与中国传统的“臣民”进行整合，从而制造出了具有现代启蒙气息的“民”“新民”“庶民”“民众”等现代性“大众”。到了20世纪30年代名副其实的“大众”正式登场，这不仅体现在“大众”用语的广泛使用，而且表现在表征着革命主力军的“工农”阶级也被整合到“大众”之中。然而，此时仍然掌握着话语权的知识分子一方面喋喋不休地言说着“大众”，另一方面又不愿意自身被“大众化”而丢失启蒙者的身份。[①] 此后，随着“工农大众”这一话语的构建成型，知识分子也逐渐作为言说对象被“规训”到“大众”的阵营之中，尽管他们始终没能够真正融入这个群体。

当然，“大众”话语的流变也不仅仅是话语权的转移问题，同时也是与整个历史的潜在冲动紧密联系在一起的。这个带有历史发展必然性的“潜在冲动”，在言说者背后形成的时代话语“规定”了“大众”话语的言说方式。换句话说，不仅仅是诸如知识分子、革命领袖在言说“大众”，而且也是“更大尺度中一种话语运作‘外部’决定的结果”[②]。这正如福柯所说“谁在说话有什么关系？”[③] 在福柯看来，一切由言说者在“发动和操持的言说和写作中，其实都是某种外部看不见的话语塑形方式在制约着作者”[④]。

---

① 要说明的是，这里所讨论的“知识分子”与“革命领袖”的身份表述，可视为两种不同“观念群体”。事实上，在“大众”讨论中，比较纯粹的“知识分子”与“革命领袖”都是小部分，大多数人的身份是二者兼而有之。

② 张一兵：《话语方式中不在场的作者》，《文学评论》2015年第4期。

③ *The Foucaul Reader*1926－1984. Foucault, Michel, Penguin, 1991, p120. 原话是：“What difference does it make who is speaking?”

④ 张一兵：《话语方式中不在场的作者》，《文学评论》2015年第4期。

显然，20世纪“大众”话语的生成与流变既是充当时代代言人的言说主体言说的结果，同时也是更大的时代话语（比如中国近代以来的“启蒙”“革命”“救亡”等时代话语），在言说那些“言说者”的结果。

正是基于以上思考，本书在研究中国近代以来“大众”话语的生成与流变时，必然涉及言说主体、言说对象的变化，以及话语权的转移，进而更深入地透析时代的“大话语”给予言说者的话语“指令”。在展开论述之前，我们还需梳理一下国内学术界关于本论题的已有成果，以期在已有成果的“短处”开始我们的写作。

“大众”研究的历史与视角

一 此前国内的主要研究模式

自20世纪80年代以来，国内关于“大众”概念的研究也时有所见。从类型上看，大致有“片段式”与“总述式”两种，这两种研究类型的划分主要是基于其研究所涉及的时间段落。

具体来看，“片段式”研究主要针对“大众”概念在某一历史时段的“分述语”进行研究，这种研究具有很强的时代针对性，对特定时段的“分述语”有时也有详细地拷问。如这些研究把时间点集中在“大众”用语出现比较集中的20世纪三四十年代和当代，似乎没能够关注到“民众”“群众”等“大众”概念的语义场。“片段式”研究的另一种样式就是在谈论“大众”概念时，只是把这个问题作为“副业”，重点是为了论述别的问题；或者是针对“大众”所参与的部分活动或部分属性进行研究，这些研究往往把“大众”作为其他概念的限定词，如“大众文化”“大众媒介”“大众消费”等。当然这也是当前学术界在“大众”研究领域较为普遍的倾向，即认为“大众”是个不言自明的概念，所以在频繁地把“大众”与其他词语合在一起使用时，并没有打算对“大众”概念本身进行必要而系统的研究。显然，这些成果很难让人对20世纪“大众”概念的流变有个整体把握，即缺乏系统的关于“大众”的“史”的知识系脉，也就难以达到对“大众”概念整体全面的认识。而“总述式”研究克服了“片段式”的

“史”的不足，能够使人对“大众”概念有个整体把握，但这种研究的不足在于其研究方法偏于“实证”，缺乏应有的“话语分析”。

不过把当前的研究模式简单地归于“片段式”和“总述式”，仍然显得太笼统或不够全面。因为我们在对现有研究进行分析时，我们更注重其对“大众”研究时所采取的研究方式。因为在面对相同的研究对象时，不同的研究方式或研究视角其研究效果是很不一样的。从这个意义上说，我们可以把此前的国内针对“大众”的研究模式归结为偏于概念历史原因的研究，以及偏于概念话语生产的研究。下面就具体分析这两种研究模式的优势以及不足。

（一）“大众”概念历史原因研究

目前国内偏于“大众”概念历史原因的探索，主要观点是认为“大众”概念源于历史，用近乎历史“考据式”的方式探究“大众”概念产生的历史原因及历史背景，这种研究方式在国内占据很大一部分。毫无疑问，这种研究的价值为我们搞清楚“大众”概念的来龙去脉奠定了知识基础，并且把“大众”概念放在历史语境中去分析，有利于我们在特定的历史中去把握“大众”的特性。这种研究模式的核心是探讨“大众是什么”的问题，它触及了20世纪中国“大众”的“阶级”与“消费”属性，并把20世纪三四十年代的“大众”指认为“工农”，而把当代的“大众”解读为消费群体。

这方面的研究有很多，像郭国昌的《二十世纪中国文学的大众化之争》一书把“大众”概念放在文学史中进行研究。这部著作的中心是梳理出一条“文学大众化”的知识脉络，并以“论辩性”为突破口，总结出“大众化”的三种类型：启蒙式、革命式、救亡式，基本上集中在“大众”概念转换的几个关键节点。尽管这部书的重点不是专门论述“大众”概念的，但是从中我们可以看到与文学史同行的“大众”概念在不同时期的流变。在绪论的结尾作者谈到著作最终所要达到的目的：

> 不仅要对“文学大众化”论争进行历史的叙述，而且也要对“文学大众化”论争产生的社会根源、论争的历史意义以及对现实的启示

> 意义等方面进行客观的评价，从而凸显“文学大众化”论争在整个20世纪中国文学论争中的位置。①

即在讨论“文学大众化”的同时，也对“大众”的“社会根源”与“意义”进行“客观的评价”，这意味着不仅仅是考察“大众是什么”，而且把它与其社会语境联系起来进行研究。

还有吴晓黎发表在《思想文综》第四期的《作为关键词的“大众”：对二三十年代中国相关讨论的梳理》一文，以“大众”为中心对20世纪30年代前后的“文艺大众化”以及革命话语问题进行研究，其中涉及与“大众”有关的几个名词——平民、民众等。文章的出发点是试图找到“‘大众’是什么人的问题”，并认为1990年代以后的“大众”一词的混乱与30年代有相似之处。文本从当下的“大众”词义的混乱出发来梳理30年代的“大众”概念，是比较典型的把这个概念作为一个客观知识谱系进行描述。

“大众”语义场的“子场”除了“大众”之外，还有“平民”“公民”“国民”等。这方面的著作偏重“大众”的“思想史”研究。

李金和的博士学位论文《平民化的自由人格——梁启超新民人格研究》论述了梁启超“新民”的思想来源：传统思想的启迪，日本明治思想的渗透，近代西学的影响。陈永森在《告别臣民的尝试——清末民初的公民意识与公民行为》一书中提出公民概念是梁启超从日本引进的。“国民”是从“臣民”到“公民”的过渡概念。万齐洲的《“公民”观念的输入及其近代中国的传播》一文中梳理了“citizen”这个词在西方不同历史阶段的不同内涵。后翻译到中国被维新派人士进行重新阐释，对近代“国民”概念的演进起到重要推动作用。郭双林的论文《“国民”与“奴隶”》考察了“国民”与“奴隶”二词的渊源及其从古典向近代的意义转化过程，并探讨了两词对中国近代社会变迁的意义。馨元在《公民概念在我国的发展》一文中论述了古代“臣民”概念中“公民”的缺失，从法学的角度梳理了从臣民、国民到人民、公民的概念演变中“公民”理念所起到的作用，进而论证变化背后折射出的政治话语的变迁和政治文明的转型。王中汝《精

① 郭国昌：《二十世纪中国文学的大众化之争》，百花洲文艺出版社，2006，第4页。

英——大众命题与自由主义民主的基本逻辑》提出自由主义的哲学根基是精英与大众的二元对立，大众是没有财产、容易冲动的大多数人。此外，当代的“大众”研究有张汝伦的《论大众文化》、王先霈的《为大众文化减负》、尹鸿的《为人文精神守望——大众文化批评导论》等文章，把“大众”概念与“大众文化”“大众媒介”的研究联系起来，探讨“消费大众”生成的社会文化根源，并对其进行文化批判。

这些成果关注的重点是思想史视野下的“大众”概念研究，其研究价值在于既弄清了“大众”概念的来源，又在具体的历史中把“大众”概念的变化与史实结合起来，具有历史“在场”感。不足之处在于只注重“知识”的考论而忽略了“知识”的生产过程。

（二）“大众”概念的话语生产研究

与“大众”概念的历史原因研究相比，“大众”概念话语生产研究在成果数量上相对较少，但后者却在前者的基础上把研究思路往前推进了一步。从某种意义上看，“话语生产”研究克服了“大众”概念的“历时性”研究的不足，也就是注意到了“大众”概念在“话语”中生成。

这方面的研究成果有文贵良的论文《大众话语：对20世纪30、40年代文艺大众化的论述》，文章认为文艺大众化的发展中形成了一种话语模式：大众话语。并重点分析了当时大众话语的特征以及知识分子接受改造的原因和改造过程中的内心焦虑。不过由于作者的出发点并不是重点分析“大众”，因而我们不能看到“大众”在20世纪三四十年代是如何生成的。曹霞的《“大众”与“工农兵”批评话语的生成和流变》一文中认为“大众”及其演化而成的“工农兵”批评话语在不同时期的批评实践中被赋予不同的功能和内涵。20世纪初“大众”指底层民众，大革命后开始和“革命”相联系，“大众”成为无产阶级政治道德的意象指符，承担对人群进行分类归属的政治文化功能。“大众”对知识分子起着引导身份“改装”的重要作用。在延安时期，“大众”被阐释为“工农兵”。“工农兵”话语被赋予强大的政治功能，对知识分子进行规训，达到统一意识形态的目的。“十七年”期间，“工农兵”话语成了具有政治正当性与道德优先性的红色霸权词汇。文章以大众文艺为例梳理了“大众”概念内涵的演变。曹霞的论文考察了从革命文学到“十七年”文学，在与不同政团和政体意识形态的“合力”中，“大众”与“工农兵”批评话语的生成和流变。这里把“大众”和“工农兵”看成不同的话语形式，而实际上“工农兵”是整个20世纪“大众”话语在三四十年代的一个语义场而已。此类论文还有很多，像王维国的《“大众话语”的转换与生成》，从“话语”的视角分析大众话语的核心内涵是知识分子同工农群众相结合。罗立桂《“阶级大众”的话语营构和文学书写》一文分析了“阶级大众”的建构过程。

当代的“大众”研究常常把它与媒介研究相提并论，如周歆睿《博客，迈向大众话语的狂欢》论述了博客里话语权的争夺对传统的精英话语带来的冲击；朱羽君《大众话语空间：电视谈话节目》等论文都与媒介研究有关。

总的来看，以上两种研究模式都有一定的学术价值，但其不足也是很明显的。大致看来，偏重于“大众”概念的历史原因研究，总体难以摆脱“实证”的研究的套路以及思想史研究的传统。从另一方面看，这种“大众”概念的历史研究属于比较“传统”的“概念史”研究，即把“大众”史的研究类同于“词语”或者“关键词”考查。而“新”的“概念史”研究则是让“概念史”与“政治语言史”相遇，因为“要理解一个概念，就必须不仅要理解用来表达该概念的术语的意义，而且要理解可以用该概念所做的事情的范围”[①]。偏向于“大众”概念生成的研究，引入了“话语分析”的研究思路，把研究推进了一步，但工作依然没有做完，主要是这种研究往往局限于某个时间段的“话语”研究，如20世纪三四十年代以及当代，没有一个对20世纪“大众”的整体的观照。

因此，本书要做的就是沿着已有的“话语”研究思路，更全面地、自觉地、深入地把“大众”概念史与“话语”研究结合起来，在概念史研究的基础上引入话语生产的视角，以期既观照20世纪“大众”概念的流变的整体脉络，又把这种“观照”放入“话语”的理论视野中进行。也就是说，

---

① Quentin Skinner, “A Reply to my Critics”, in Tully (ed.), *Meaning and Context. Quentin Skinner and His Critics*, Oxford, 1988: 293.

对“大众”概念史的研究“既聚焦于语言的‘历时性’层面，也聚焦于语言的‘共时性’层面”[①]。针对“大众”概念的“历时性”层面的分析凸显这一概念的意涵的流变，而“共时性”层面则更聚焦于特定历史时期的“大众”概念的生成。这样一来，本书的研究思路就是从“话语”的视角切入大众“概念史”研究。

二　“话语”视域下的大众“概念史”

将“大众”视为一种“话语”来研究，是本书的一个研究目标。所谓的“大众话语”，也便是本书从诸种概念、术语中概括出来的一个意义集合体，为此对之的研究也会依据一般话语研究的方法或路径。

既然“话语”作为一种理论构架与研究视角，首先要搞清楚的便是何为“话语”。“话语”是从西方旅行过来的概念。“‘Discourse’（话语）源自拉丁语的 discursus，而 discursus 反过来又源自动词 discurrere，意思是‘夸夸其谈’。”[②] 可见“话语”的本原就是说话、言说。不过这个术语经过巴赫金、福柯等人的创造性使用，在当代的学术场域中已蜕变成了一个富有特殊意识形态内涵的重要概念，“话语研究”自然地成为当代一个极富有阐释力的学术研究范式。李静在《〈新青年〉杂志话语研究》中对“话语”有个比较简洁的概括：

> 话语是伴随着哲学的“语言学”转向而出现的一种新的范式，话语是一种言说，一种叙事，一种实践，它通过一定的术语、概念和范畴来表述，但它又不是纯粹的语言问题，话语更多的承载着思想及其相应的历史。[③]

① 〔英〕伊安·汉普歇尔-蒙克：《比较视野中的概念史》（引论），周保巍译，华东师范大学出版社，2010，第 3 页。

② 〔德〕曼弗雷德·弗兰克：《论福柯的话语概念》，陈永国译，见汪民安等主编《福柯的面孔》，文化艺术出版社，2001，第 84 页。

③ 李静：《〈新青年〉杂志话语研究》，天津大学出版社，2010，序言。

可见，话语是以语言为介质的实践活动，既源自语言又不同于语言。话语理论既强调对于现实世界的建构意义，同时力图去揭开话语背后权力和知识的共生关系。对此，斯图尔特·霍尔在《表征》一书中把福柯的话语理论作了更系统的总结：

> 福柯认为，话语构造了话题。它界定和生产了我们知识的各种对象。它控制着一个话题能被有意义地谈论和追问的方法。它还影响各种观念被投入实践和被用来规范他人行为的方式。①

在福柯看来，话语是“知识”生产的本源，同时还控制着“知识”生产的方式。虽然从话语生产意义来看，我们会认为近代以来的“大众”话语是言说者/言说主体的主观“制造”，然而这并没有触及本论题的核心。因为“是话语，而不是主体，生产了知识。话语权被权力所缠绕，但对权力/知识的运作而言，并不需要找到‘一个主体’——国君、统治阶级、资产阶级、国家，等等”②。这就涉及一个关键问题：“大众”话语的言说主体何在？通常情况下，我们会把“主体”视为一个有完全意识的个人，是行为和意义的独立的、真正的来源。③ 但是在福柯那里，主体被剥夺了知识和意义的特权地位，依然回到上面那句话“是话语，而不是讲话的主体，生产了知识”④。霍尔进一步分析“知识”的真正来源：

> “主体”是在话语内生产出来的。这一话语的主体不能身处话语之外，因为它必须在话语中被主宰。它必须服从于话语的规则和惯例，服从于其权力/知识/的处置。主体能成为话语所产生的知识类型的承

① 〔英〕斯图尔特·霍尔编《表征——文化表征与意指实践》，徐亮等译，商务印书馆，2013，第65页。

② 同上书，第81页。

③ 同上书，第82页。

④ 同上书，第81页。

载者。它能成为权力通过它而得以传递的客体。但它不能作为权力/知识的来源和作者而站在它们之外。[①]

这些关于“主体”与“知识”关系的详细论述，有助于我们厘清本书中“制造‘大众’”的真正幕后“主使”，即从表层意义上看，是一个社会群体的思想结构“制造”了大众，但显然这个“思想结构”又受制于更大的社会观念结构，也即“大众”是在更大的时代话语“指使”下，并借助某一社会群体的思想结构“制造”而成的。这就是“大众”话语生成与流变的根本原因。

当然如前所述，本书中“大众”有“总体语”与“分述语”的区分，20 世纪的话语言说也是如此。本书标题中的“大众”话语即为“总体语”意义上的，表示大的意义集合体的“总话语”；而自近代以来各个不同历史时段出现的“国民”“民众”“大众”“群众”等“分述语”，则是相对较小的意义集合体的“子话语”。显然“总话语”与“子话语”之间存在着包含关系，或者说，“子话语”是“大众”这个“总话语”在各个特定历史时期的流变。这当然与表示“总体语”的“大众”概念与其语义场之间的包含关系有着一致的内在逻辑。此外，各个时期的“子话语”除了由一个最常用的词语来表示外，也常常交替出现其他意义相近的词语，这是因为“对于真正的‘概念史’而言，一个‘概念’意味着一个‘语义域’（semantic field），而不是一个‘词条’（a lexical item）”[②]。

基于以上所述，本书引入“话语”理论主要是因为“‘概念’需要在‘话语’的框架中加以诠释”[③]。

---

① 〔英〕斯图尔特·霍尔编《表征——文化表征与意指实践》，第 82 页。

② 〔英〕伊安·汉普歇尔-蒙克：《比较视野中的概念史》（引论），周保巍译，华东师范大学出版社，2010，第 10 页。

③ 马丁·万·吉尔德伦：《在剑桥和海德堡之间：思想史中的概念、语言和图像》，选自〔英〕伊安·汉普歇尔-蒙克：《比较视野中的概念史》，第 353 页。

首先，“大众”概念史[①]的研究如果不引入“话语”机制，那么我们就很容易返回到传统的“实证”研究之中，即把“大众”当作客观知识进行追问，这种研究的不足最明显的一点便是没有摆脱在场的形而上学，主要还停留在对“表象”或表面“真实性”意义的追逐上，而“自从人文和社会科学的‘文化转向’以来，意义与其说是被简单地‘发现’的，还不如说是被生产（建构）出来的”[②]。基于此，我们将话语研究作为新的学术模式，“关注的不再是对象的客观性，也不再是人对客观对象的认识，而是语言是如何呈现对象的、语言在人的建构和社会建构中的深层作用”[③]。也即当我们将话语视为是一种建构性的（而不单是实存性的）力量之时，就不仅能够穿过表象去发现“大众”言说背后的一种更为深层的结构，也能够发现言说的权力关系和权力斗争是如何形成，以及如何构成和改变近代以来中国的“大众”话语的实践。这种重视“大众”言说变异、变化和斗争的话语实践，其实是各种社会力量的斗争所形成的历史变化过程。而话语实践的结果则又造成了“大众”概念的不断生成与流变。

其次，在“概念史”研究中，话语起着核心作用。我们可以把“大众”

① 大致从20世纪50年代开始，“概念”在历史中表现出来的时间性和多重性日益受到学界关注，这也使得“概念史”研究逐渐发展成为专门的学术领域。而在德国，“概念史”研究甚至可追溯到黑格尔，对一些基本概念的关注是因为这些概念“既是历史进程中的一个推进器（factor），又是历史进程中的一个指示器（indicator）”，这当然与语言的“共时性”和“历时性”层面有关。因为“语言会随着时间的演化而演化，但是它在任何一个时间点上都有一个既定的结构。‘概念史’既聚焦于语言的‘历时性’层面，也聚焦于语言的‘共时性’层面，它不仅在一个特定的历史时间点上，在一个特定的语义域内对‘核心概念’（core concepts）做‘共时性’分析，而且还对‘核心概念’做一种‘历时性’分析，这种‘历时性’分析将凸显出‘概念’的意义变迁”。到目前为止，对概念史研究的理论和方法已经发展成两大学术流派：一是以昆廷·斯金纳为代表，关注概念与修辞的关系；二是以德国的历史学家考斯莱克为代表，他将概念的变迁与社会的变化集合在一起进行考察（〔英〕伊安·汉普歇尔-蒙克：《比较视野中的概念史》，周保巍译，华东师范大学出版社，2010，“中文版前言”和“引论”）。本书把“概念史”放在“话语”的视角进行观照，既关注“大众”概念与“修辞”的关系，即考察近代以来“大众”概念建构过程，以及在某个特定的历史时刻是如何逐渐取得了其主导性地位，同时也关注“大众”概念的流变与特定时代话语语境的关系。而就概念史本身而言，我们关注的是“词语的社会、政治史或曰社会、政治的词语史”（孙江等主编《亚洲概念史研究·序》（第一辑），三联书店，2013，第7页）。

② 〔英〕斯图尔特·霍尔编《表征——文化表征与意指实践》（导言），第8页。

③ 高玉：《论“话语”及其“话语研究”的学术范式意义》，《学海》2006年第4期。

作为一个在特定语境中生成的流动的不确定的概念，造成“大众”的这种流动性和不确定性的根源就在于时代话语的规定与制约。因为“大众”概念的意义必然是从特定的话语结构中获得，并得以使用。从近代以来“大众”概念的生成与流变来看，一方面从大的历史进程来说，“大众”的概念是随着时代语境的变迁而流动，也就是说，针对“大众”概念的这种“‘历时性’分析必定首先在语言/话语层面上展开的，而不是在概念的层面上展开的，因为只有在语言中，我们才能查知概念用法上的变化”[①]；另一方面就某一特定时期的群体用语看，又有一定固定性。如自“延安”到1970年代末这段时期，“工农兵”概念一直占据主流地位，但是“兵”的概念只有在全面抗战时期才具有实际而独立的意义，其他时期则附属于“工农”之后而被淡化，使得更多的时候“工农兵”等同于“工农”概念；还有从抗战结束到新中国成立前的几年，“人民”取代了“工农兵”概念，特指一种“非友即敌”的规定性。此外，延安时期的“大众”概念特指“工农兵”群体，对待这一历史“事实”似乎更适合“实证式”研究，而不是话语分析。但实际上，“从‘社会史’的立场来看，‘事实上’所发生的事情——而不仅是语言层面上发生的事情，从长远的观点看，仍然是一种学术性的建构，其证据依赖于其背后的理论在多大程度上值得信赖”[②]。因为话语不光是一种言说，它还是一种“权力”和分类的工具，延安时期把“工农兵”而不是其他社会群体划分为“大众”，正是这种作为分类工具的话语权的体现。就像西尔勒所说，“世界是按照我们划分它的方式而划分的，而我们把事物划分开的主要方式是运用语言。我们的现实就是我们的语言范畴”[③]。话语就是运用手中的权力对特定人群进行分类，从而产生了关于“大众”的知识。同时话语也是概念生成和流变的“语境”，概念在话语中被言说。近代至1990年代以来，伴随着启蒙、革命和消费语境的形成，“大众”概念的生成与流变也分别由启蒙话语、阶级话语和消费话语所建构。因此本文中作为语言论范式的“话语”表征着一种言说、权力和语境。

---

① 〔英〕伊安·汉普歇尔-蒙克：《比较视野中的概念史》，第69页。

② 同上书，第36页。

③ 〔英〕麦基（Magee）编《思想家——当代哲学的创造者们》，周穗明等译，三联书店，1987，第267页。

另外，本书中围绕着“大众”的两个关键词：“话语”与“概念”还需做进一步论说。文中作为行文主线的“大众概念史”研究是在“话语”的理论框架之下进行的，也就是概念在话语中被言说。因为“话语——是一个环境，在那里慢慢在数量上积累着一些变化”①。就是说“话语”不单单表征一种权力、知识建构，同时也是“大众”概念流变的历史语境，这个语境是由革命的、政治的、文化的力量所构成的斗争场域。换句话说，“大众”概念被不同时期的言说主体所言说，同时更是被不同时期言说者背后的“大话语”所言说；或者说言说者也被话语所言说。再者，“大众”概念是本论文要研究的对象和线索，但是如果仅仅停留在概念上，容易使得研究落入实证研究之中，所以根本的还是要回到“话语”之中，也即在概念的基础上进一步探讨概念背后的话语逻辑；而“大众”话语则是本书研究的方法、视角与落脚点，“大众”概念是在“大众”话语系统中建构起来的，是话语的“指示器”。也就是说，本书的研究是建立在“大众”概念史基础上的“大众”话语史研究，它们之间是相互指涉的：一方面，“大众”概念是在话语言说中生成与流变的；另一方面，促使“大众”概念的生成与流变的权力话语、意识形态以及语境等即是“大众”话语。从这个意义上，我们甚至可以说“概念史”就是“话语史”，因为与“观念史”研究中“不变的”观念相比，“概念史”中的“概念”总是处于“流动”之中，这样一来，“概念史所探讨的是特定语言在特定场合中的应用，正是在这种应用中，概念被发展出来并为特定的言者（specific speaker）所使用”②。关于“概念史”与“话语史”之间的关系，德国历史学家考斯莱克有更为详细的论说：

> 尽管基本概念总是在话语中展开的，它们是话语的核心，所有的论证都是围绕着它们展开。出于这个原因，我并不相信“概念史”和“话语史”是可以互不相容的、对立的。“概念史”和“话语史”不可避免地是互相依赖的。为了表达其所正在谈论的，一种话语需要基本

① 〔苏联〕巴赫金：《巴赫金全集·周边集》（第二卷），李辉凡等译，河北教育出版社，1998，第360页。

② 〔英〕伊安·汉普歇尔-蒙克：《比较视野中的概念史》，第94页。

> 的概念。而对于概念的一种分析也需要语言的和非语言的背景，包括那些由话语所提供的背景。[①]

之所以可以把“概念史”等同于“话语史”，是因为随着“语言学转向”的最终实现，那种静态的、非历史的“概念分析”，正在为“一种更为动态的、历史主义的、强调‘概念变迁’和‘概念建构’的‘概念史’”[②] 所取代。

行文至此，本书所采用的理论视角与研究理念已大致清楚，需要进一步强调的是，无论是“话语”抑或是“概念史”研究，都是基于“文化研究”的理论范式之上的具有本土化色彩的“大众”研究。因此，有必要介绍一下本书所采用的具体的研究方法与路径。

第一，在具体研究中，我们关注的往往不仅仅是文本的“整体”，更关注的是包含“大众”这一关键词的句子，尽管关键词的内涵需要根据文本的语境才能作出判断，但这样直接从包含关键词的语句中寻找概念的变化，让这种资料汇编式的“语句”自行“言说”大众概念，比笼统地根据“经典”文本进行“主观”阐释要“客观”得多。这样就使得本书的论述过程中，不是“作者”在“说”大众“话语”，而是各种不同“语句”在“言说”。正如米歇尔·福柯所说，“词默默地和小心谨慎地在纸张的空白处排列开来，在这个空白处，词既不能拥有声音，也不能具有对话者，在那里，词所要讲述的只是自身，词所要做的只是在自己的存在中闪烁”[③]。可见，当“语句”在言说“大众”的时候，“作者”便宣布“死亡”，那么“谁在说话有什么关系?”[④]

第二，研究所涉及的对象并不限于经典文本，而是尽可能广泛搜罗与特定时期的“时事”更为贴近的著作、文章中关于“大众”的言说，也包括散落在各种报刊中的相关言论。

---

① Koselleck, “‘Responce’ in Lehmann and Richter (eds.)”, *The Meaning of Historical Terms and Concepts*, Occasional Paper, No. 15 (1996), p. 65.

② 〔英〕伊安·汉普歇尔-蒙克：《比较视野中的概念史》，第 116 页。

③ 〔法〕米歇尔·福柯：《词与物——人文科学考古学》，莫伟民译，上海三联书店，2012，第 393 页。

④ 〔法〕米歇尔·福柯：《作者是什么》，逢真译，见王潮编《后现代主义的突破——外国后现代主义理论》，敦煌文艺出版社，1996，第 291 页。

第三，以句子为单位，将某一特定历史时期出现的包含“大众”语义域的代表性句子，从各种文本中找出来，“分析这些意义类型中哪些、在哪一时段是普遍使用的以及如何变化的”[①]。

总之，在本书中引入“话语”这个言说语境，是为了搞清楚“大众”这个概念在近代以来的不同历史时期，由掌控话语权的言说主体建构“大众”概念的过程，由此形成带有中国特色的“大众”理论体系。而在具体的“话语分析”过程中，不仅强调“话语”的“建构性”，更重要的是要“揭露‘话语’主体的言说或分析‘策略’、政治动机、价值预设及其实践功能”[②]。简单地说，本论题中与“大众”相关的“概念”“话语”“理论”之间形成这样一种关系：在话语视角中研究“大众”概念的流变，同时在考察“大众”概念史的基础上探讨“大众”话语的生成与流变，最终的目标是建构中国特色的“大众”理论。

三 “大众”概念释名

如果从最直接的字面意义上去理解，“大众”概念大致指的是“多数人”。然而在中西不同的文化语境中，“大众”概念的语义又差别较大。语言学家黎锦熙在《国语运动史纲·序》里对于中国“大众”概念从古至今的内涵演变作了简单地梳理，从中我们能够大致看到中国语境下，近代前期以及古代的“大众”概念演变史[③]；而常被人引用的《关键词：文化与社会的词汇》一书中关于“大众”（包括 Masses 和 Popular）的疏解，则可视为西方语境下“大众”概念的变迁史。[④]

---

① 金观涛等：《观念史研究——中国现代政治术语的形成》，法律出版社，2012，第 6 页。

② 黄兴涛：《文化史的追寻——以近世中国为视域》，中国人民大学出版社，2011，第 31 页。

③ 黎锦熙：《国语运动史纲》，商务印书馆，2011，第 1~81 页。在这本 1934 年出版的语言学著作的序言里，作者认为“大众”这个名词是古已有之，同时也是舶来品。根据历史时代可分为四大类：上古指农民被征发而当兵作工的一大堆子人；中古变成了聚在一起的和尚尼姑以及居士女居士们；近代的用法是众人，没有阶级宗教的限制，也不必聚在一起；现代“大众”相当于英文的“The Masses”，是翻译西洋的“舶来品”。

④ 〔英〕雷蒙·威廉斯：《关键词：文化与社会的词汇》，刘建基译，三联书店，2005，第 281~289 页。威廉斯认为在许多保守的思想里，“Masses”是一个轻蔑词，但是在许多社会主义的思想里，它却是个具有正面意涵的词；而“Popular”在现代的主要意涵是“受欢迎的”“受喜爱的”。

本书认为，从中国的“大众”话语实践来看，“大众”概念贯穿了整个 20 世纪的历史进程，而近代以来相继出现的“国民”“民众”“大众”（分述式的）等概念则是“大众”概念的“分述语”（这一点前面已经讲过）。也即“大众”是一个总体性概念，而随着历史场景的变化，分述性的概念则是不同的，有变化的。而且“大众”在特定的阶段也是一个分述性的概念，如 1930 年的“大众化”讨论以及 1990 年代之后的“消费大众”等。

大致说来，近代以来的“大众”概念首先是“大众”视为一个现实的实体。当然这里面又有两种情形，一是历史言说，即把“大众”看作社会的实有群体，比如“工农兵”大众，以及不同时代在每次历史转折时期给“人民大众”的不同划分。① 不同话语个体把不同的人群进行分类，并贴上政治标签进行区分。另一种“大众”概念则主要是学术性言说，这多数出现在 1980 年代之后。研究者也多将“大众”看作现实的实体进行考察，比如把媒体时代的消费大众指认为大多数生活在城市里的青年人，以及有一定经济地位的中等收入群体等。

据上已述，在承认大众概念的客观实在性的前提下，我们也更愿意把“大众”作为一个“话语实践”的概念。因为“大众”概念也是一种命名，而“命名总是指向行动的，它是话语权力中的核心元素。它既可以激活行动，又为行动提供合法性，让行动客观化，同时确保权力主体不断生产和复制知识话语”②。我们甚至可以说“大众”概念的演变也是那个特定的群体不断被命名的结果，因为“人类通过命名所有其他事物来传达自己的思想存在”③。近代以来不论是知识分子还是中共，都是通过给处于社会较底

① 关于毛泽东对人民大众的划分：（1）什么是人民大众呢？最广大的人民，占全人口百分之九十以上的人民，是工人、农民、兵士和城市小资产阶级。——《在延安文艺座谈会上的讲话》，《毛泽东选集》第 3 卷，人民出版社，1991，第 855 页。（2）人民是什么？在中国，在现阶段，是工人阶级，农民阶级，城市小资产阶级和民族资产阶级。——《论人民民主专政》，《毛泽东选集》第 4 卷，人民出版社，1991，第 1475 页。前后两次给“人民大众”的命名基本相同，但是其内涵也有些许差异。

② Julie Peteet, “*Words as Interventions: Naming in the Palestine - Israel Conflict*,” Third World Quaterly, Vol. 26, No. 1, p. 156.

③ 〔德〕瓦尔特·本雅明著《本雅明文选》，陈永国等译，中国社会科学出版社，1999，第 277 页。

层的广大人群命名，以体现人民的属性。比如当封建时代的“臣民”已经不能满足现代知识分子改造社会的强烈要求，于是拥有强大“文化资本”①的知识分子，试图用“新民”来改造传统的“臣民”。

当然，作为“总体语”的大众概念除了建构性、实践性（可付诸行动的）、规范性之外，它也有其时代的合目的性。如延安时期的“工农兵”言说即是把“工农兵”群体既作为革命的主力军，同时也视为革命所解救的对象。这种符合历史发展方向的“大众”分类，使得大众对知识分子或中共的话语建构有着强烈的认同与呼应，并积极参与到“大众化”运动之中。另外，“大众”概念的流动性注定了其边界与内涵的含混性，尤其是1990年代以后的大众，其所指不是很确切的，如从“精英”与“大众”的二元对立来言说“大众”。近代以来的“大众”言述也部分地带有理想乌托邦性质，如一直以来在把“工农”视为革命主力军的同时，也赋予了他们高尚完美的品质，无视“工农”本身的局限性甚至“劣根性”等。

需要说明的是，在这里有必要再次把作为“总体语”的“大众”和作为“分述语”的“大众”进行区分。作为“总体语”的“大众”概念包含近代以来诸如“民”“新民”“民众”“群众”等“分述语”，那么本书的“大众”概念史研究，就是基于这些分述性的词语、术语的分析，因为“‘概念’无非是那些具有特定历史意义的‘词语’”②。而作为“分述语”的“大众”只是“大众”概念语义域中的一个分述名，这个“大众”的内涵大致相当于“人数众多的底层人群”。我们之所以选择“大众”作为这一概念的“总体语”，主要是因为这个用语在当代学术中使用得最为广泛。同时，这种“总体语”与“分述语”的区分也凸显了“大众”概念的“实然”之外的“运动性”③，而不是简单地把“大众”定义为“是什么”（what is）。

可见，“‘大众’不是一个始源的固定的概念，而是一个在特定语境中

① 〔法〕皮埃尔·布尔迪厄（Pierre Bourdieu）：《文化资本与社会炼金术——布尔迪厄访谈录》，包亚明译，上海人民出版社，1997，第192~193页。布尔迪厄认为文化资本也是资本的一种形式，并且有三种形式：精神和身体的形式、文化商品的形式和体制的形式等。

② 〔英〕伊安·汉普歇尔-蒙克：《比较视野中的概念史》，第77页。

③ 同上书，第81页。

生成与流动的不确定的概念”[①]。而推动“大众”概念“流动”的动力很少来自其内部，其主要动力来自概念外部的“话语场”。由政治、经济、文化等因素组成的“合力”，驱使着“大众”概念总是处于“延异”状态之中。在这个斗争的场域里，“一个被视为是一种语言或认知结构的‘概念’具有极少的内在动力：‘它并不移动，它只是被移动’（it does not move，it is moved）”。[②] 因此我们说，近代以来的中国“大众”就是以“处于底层的人数众多的群体”为意涵内核的概念，同时也是这种概念“延异”运动的综合。

四　基本线索说明

本书希望通过关注几个话语节点中历史语境、言说主体和言说客体的变化，从而理出一条“大众”生成和流变的基本脉络。

要探究这些话语节点实际上就涉及了历史的分期问题，不过在“大众”话语视角下的历史节点与历史学中的分期又不尽相同。“历史编纂学中对历史的分期有自然的或技术的分期与理论性分期两种。”[③] 自然的或技术的分期主要依据历史事实把历史分成若干时间段落；而理论性分期则是“时间的阶段性服从于‘本质’的变化和人们关于该‘本质’的认定”[④]。那么我们依据什么来划分“大众”史的时间段呢？我想应该是兼而有之，我们围绕“大众”这个概念进行论证时，既要遵循自然的历史事实，又要考虑到历史的“本质”性的问题，不过最关键的还是要在“大众”这个概念之下进行思考与论述。近代以来的辛亥革命、新文化运动、延安革命以及“社会主义革命”等社会语境，对于“大众”的生成与流变起到极大的推动作用。当然，概念的演进是一个缓慢的“延异”过程，我们很难确定在某个确切的时间点概念发生了“质”的变化，且历史的发展具有连续性，任何历史分期都是相对的，“大众”概念史的划分更是如此。

---

① 范玉刚：《“大众”概念的流动性与大众文化语义的悖论性》，《人文杂志》2011 年第 1 期。

② 〔英〕伊安·汉普歇尔-蒙克：《比较视野中的概念史》，第 83 页。

③ 赵轶峰：《历史分期的概念与历史编撰学的实践》，《史学集刊》2001 年第 4 期。

④ 同上。

基于以上考虑，我们把近代以来的“大众”① 概念的流变大致分成三个：自近代到1928年启蒙时期提出的“民”的概念；从1928年到1980年的“工农”大众概念；20世纪90年代以后出现的“消费”大众概念。与之相对应，“大众”概念的流变过程形成了三个转换节点：从晚清“臣民”到戊戌变法前后“国民”的转换；1928年前后由“民众”到“工农”大众的迁移；自20世纪80年代始的“工农”大众到“消费”大众的质变。且这三个时间段落可分别由启蒙、革命和消费等概念所表征。经过一个“去粗取精”的淘洗过程，“大众”概念史的研究主线便可由三个时间段、三个转换节点和三个关键词所统领。

首先是晚清以来中国社会在经历了鸦片战争、甲午战争的失败，以及戊戌变法的尝试，一批留学海外的知识分子自觉承担起了建设具有现代意识的“新国民”的历史重任。而此时的“大众”也是知识分子在批判传统“臣民”的劣根性的基础上建构起来的理想群体。当然自洋务运动、戊戌变法以来，知识分子关于现代性的探索经历了从器物文明、制度文明到文化的心路历程，而文化的现代性的实现又首先被看作要靠现代意义上的“民”去实现。基于此，我们把“大众”概念现代转型的时间点设定为1900年前后，这时充当启蒙者的精英知识分子又自诩为“民”的精神导师。

从1900年前后到1920年代末，中国社会经历了辛亥革命、五四新文化运动等社会与文化运动。此时以“革命”为行为指向的启蒙现代性话语占据了时代主流意识，辛亥革命的成功即为其标志。随后一场大规模的文化启蒙运动，高举“民主”“科学”的旗帜，以“破旧立新”的言说方式，把“国民”话语继续向前推进。这时恰逢俄国十月革命胜利，“工农”被推上了时代的风口浪尖，于是为五四所推崇的“民主”（Democracy）话语演化为一种“平民主义”言说语境。在这种语境中，“工农”被整合进1920年代的“大众”话语之中，使得“工农民众”取代了“国民”言说，成为时代的主流言述。这种包含新的“工农”群体的“民众”话语一直持续到1928年前后。同时，新的“工农”概念的生成也成为“国民”与“民众”话语转换的标志。此为本书的第一大块。这一块涉及两个概念：国民和民

① 这种带有总括性的用语一般意指“大众”概念的“总体语”，下同。

众，行文中大致以 1919 年的五四运动为节点分成两个章节来论述。

1928 年到 1980 年是以“革命”为言说中心的“工农大众”建构期，“工农”成为革命主体力量，知识分子与“工农”身份发生位移，他们以走进“工农”作为改造自身的目标，从精神导师开始退居话语言说的边缘。

从“民众”到“工农大众”的概念转换，大致可以 1928 年作为分水岭。这主要基于以下几点考虑：首先 1925 年的五卅惨案是“工农”革命的导火索，“工农”被推到时代的风口浪尖，以“工农”为主体的“大众”成了革命的主力军和可依靠的坚实力量，新兴的中国工人阶级的出现直接导致“民众”向“工农大众”概念的转换。其次是 1928 年《大众文艺》的创刊，从日本“引入”大众用语，虽然从日本旅行过来的这种“大众”用语还不具备“工农”内涵，但是为“工农大众”概念的生成准备了一个新的名词。再次是国际大众化运动，尤其是俄国的“十月革命”在给我们送来马克思主义的同时，也为“工农大众”增添了阶级内涵——“普罗”；再加之当时的无产阶级左翼话语的酝酿，使得“工农大众”这一带有“阶级”色彩的话语言说在 1920 年代末逐渐清晰起来。最后是“工农大众”概念的出现，成仿吾 1928 年发表的《从文学革命到革命文学》中较早提到“农工大众”的概念，而这个概念已经很接近后来的“工农大众”。尽管 1928 年之前也偶有人使用“大众”一词，但由于使用的频率很小，且内涵与 1930 年代之后的概念差距较大，因此我们依然认为把 1928 年作为“工农大众”正式登场的时间节点比较合理。

以上这些就是本书第二大块要论说的主要内容。当然由于第二大块内容时间跨度较长，我们又依据自然和理论相结合的分期理路把这一块分成三个章节。可将 1928 年到延安文艺座谈会视为“工农”大众的建构时期，其言说主体仍以知识分子为主；从延安文艺座谈会讲话到共和国建立，“兵”被第一次整合进“大众”之中，“工农兵”大众话语正式生成；新中国成立之后，“大众”概念的语义场由“工农兵”向“群众”语义渐变，且“兵”的概念被渐渐整合出“大众”之外，此时代表“大众”语义场中的“群众”是一个与领导相对的词。

对以“革命”为中心的“工农大众”概念的论说，也将是本书行文的重点。从全书来看，“工农大众”可视为“总体语”——大众的“分述语”，但是在以“工农大众”为中心的第二部分，又分出“工农大众”、“工农兵大众”以及“人民群众”等次一级概念。为了研究方便，我们把“工农大众”作为这一时期的“总体语”，由此把这一“总体语”之下的三个“分述语”分别以三个章节论述之。

具体来说，可将从“工农大众”到“工农兵大众”的转换节点划定在1937年全面抗战开始，“兵”成为相对独立的概念进入话语言说之中，且“大众化”讨论由“化大众”走向“大众化”，知识分子由“化××”变为“被化为××”，话语言说的主体、客体与立场都发生了位移。由“工农兵大众”到“人民大众”/“人民群众”则是以1949年为时间节点，因为新中国成立之后“人民”进一步被赋予特殊的政治含义。当然这里还有个“兵”的问题，“兵”的在场不再与生死攸关的“救亡”任务相关，而是体现出对社会主义“果实”及社会主义的“纯洁性”的一种维护性价值。“兵”为此也失去了作为独立概念存在的意义，被淡化到“人民”之中。

1978年之后，消费时代悄然来临，以消费为特质的“大众”出场。从形式上看，似乎“大众”又回到了“工农”时代，然而此“大众”已非彼“大众”，“工农”话语已不复存在。以经济为中心的“阶级”划分让位于“文化”的话语视角。“文化”开始作为社会结构分类的标准。至此，当代的“大众”概念日益向西方的“the Masses”和“Popular”倾斜，他们都是以“文化”作为言说的基础。

正如前所述，“大众”概念的变迁往往具有渐进性特征，并非在某个时间点发生了“突变”，而是以诸如1900年、1928年和1978年等时间点为界限的变化更为显著。因此出于研究的方便把近代至今的时间段分成三个时期，分别以六个章节进行论述。总体思路是：以概念转换为“点”，以“大众”概念史演进为“线”，以政治、文化语境为“面”，以“话语”为“黏合剂”把“点、线、面”统合起来进行研究。

第一章 “国民”的现代性转型

近代以来，西方列强在对中国进行“物”的入侵的同时，也让中国的有识之士遭遇了一场现代性话语的“洗礼”。作为现代性话语表征的“科学”“民主”“自由”等概念则对中国传统的“臣民”言说进行“切割”，这在客观上刺激了中国传统“大众”话语向现代转型。而作为“大众”话语的第一个具有现代意义的子话语或语义场——国民，正好处在由“传统”向“现代”的“转型时代”，“大众”话语的现代性转型在所难免。关于这个“转型时代”的划分，学界也不一致而是见仁见智，如张灏在《中国近代思想史的转型时代》中是这样厘定的，“所谓转型时代，是指1895~1925年前后大约30年的时间，这是中国思想文化由传统过渡到现代、承先启后的关键时代”①。张灏基于思想史的研究理路这样划分“转型时代”是比较中肯的，不过本文所关注的是“大众”概念史或者话语史，与思想史略有不同。我们把“国民”话语生成的“转型时代”厘定为戊戌变法到五四运动前后。五四运动之后时代的主流话语则又转变为以工农为主体的“民众”话语。

同时，“转型时代”也是知识分子影响力上升的时期，他们借助各种媒介建构了一个“足以与中央权力平行抗衡的民间社会”②，这个“民间社会”一般也可叫作“知识分子社会”③。由于晚清政府“中心”权力衰落，

① 张灏：《中国近代思想史的转型时代》，见许纪霖等编《现代中国思想的核心观念》，上海人民出版社，2011，第3页。

② 许纪霖：《启蒙如何起死回生：现代中国知识分子的思想困境》，北京大学出版社，2012，第25页。

③ 许纪霖在《启蒙如何起死回生：现代中国知识分子的思想困境》这本书中，把梁启超所说的“既有思想之中等社会”称为“知识分子社会”（Intellectuals Society），指的是从帝国和家族秩序中游离到民间的知识分子所组成的社会，并认为“知识分子社会”大约出现于19世纪末20世纪初晚清年间，到民间初年发展成型（许纪霖：《启蒙如何起死回生：现代中国知识分子的思想困境》，第6页）。

“边缘”权力崛起，社会的权力重心向社会底层倾斜。于是，身为近代“国民”话语的言说者与实践者的知识分子，参与并发起了洋务运动、戊戌变法等具有现代意义的变革运动。这些知识分子的话语实践经历了从器物文明到制度文明，最终到“人”的文明的转变。其中，洋务运动就是较早从物质文明角度学习西方的。这是一场典型的“现代性”社会运动，“所谓现代性，就是着重于西方自启蒙运动以来发展出的一套关于科学技术现代化的理论”①。然而甲午海战的惨败让人们从器物崇拜中清醒过来，继而主张君主立宪、社会改良。显然这些器物和制度的现代性都没有能够切中问题的要害，“非天时、地利、物产不如也，人实不如耳”②。以梁启超为代表的维新派人士较早认识到：实现民族现代性的关键在于“人”的现代性。他们认为在漫长的封建时代，代表社会进步的主体力量——臣民其实都是皇帝的子民，他们有义务而没有权利。这些失去主体性的臣民显然无法胜任现代转型的时代要求。

因此，与西方反现代性语境中的精英知识分子对“大众”的批判不同，在中国近代语境中，启蒙知识分子却极力呼唤具有现代性特质的“大众”——新国民的诞生。而在近代关于“新国民”的呐喊声中，梁启超的声音无疑是最强劲的，在《新民说》中他把“国民”文明程度③视为国家兴衰的关键因素，“国民之文明程度高者，虽偶有暴君污吏，虔刘一时，而其民力自能补救之而整顿之”④。至此，近代知识分子从器物→制度→人的探索到这里找到了问题的症结所在，故而梁启超说“然则苟有新民，何患无新制度，无新政府，无新国家？”⑤

不过自晚清伊始的“大众”话语，在向现代迈进的过程中也与传统保持着既传承又断裂的关系。所谓“传承”是指新兴的“大众”话语仍然保

---

① 李欧梵：《未完成的现代性》，北京大学出版社，2006，第1页。

② 冯桂芬：《制洋器议》，见中共中央党校文史教研室中国近代史组编《中国近代政治思想论著选辑》（上），中华书局，1986，第237页。

③ 在《新民说》中梁启超所说的文明程度主要指在民德、民智、民力等“三民”方面的优秀程度，而这个“三民”思想则是严复在《原强》一文中的言论，关于此，后面将详细论述之，在此不再赘述。

④ 梁启超：《新民说·论新民为今日中国第一急务》（1902），《饮冰室文集点校》（第一集），云南教育出版社，2001，第547~548页。

⑤ 同上书，第548页。

留了传统“臣民”的道德教化的内容，由于“国民”被预设为蒙昧无知的，需要精英分子的启蒙才能真正走向“现代”，因此维新派人士所倡导的“新国民”仍然是教化的对象。与此同时，“国民”话语的建立也无法割断与传统“臣民”本身的渊源关系，原因在于从传统向现代迈步的过程中，知识分子们所塑造的新“国民”承担着“因袭的重负”，也即鲁迅所说的“国民劣根性”。因而无法在短时间里蜕变为知识分子们所想象的“共同体”。另外，作为“国家”组成部分的“国民”，仍然是“国”之“臣民”，“国民”要服从“国家”的法律，并对“国家”负有“责任”与“义务”。

由此，我们说这种话语的传承过程是一个自然且漫长的过程。在这个过程中有关“国民”的言述也不尽相同。以康有为为代表的保守派主张君主立宪，在不否定“皇权”的基础上进行局部的改良，不赞同彻底的“革命”，“国民”的现代转换也要以“皇权”为轴心才能实现。以梁启超为代表的激进派则主张“民治”，他们相信“国民”经过改造能够承担起社会改良的重任。当然康有为与早期的梁启超同属于“国民”话语中的改良派，即把“革命”（Revolution）不是理解为“政权的激烈交替”，而是“已脱离了以暴力手段改朝换代的中国传统‘革命’的语境，而带有强烈的日本色彩，并与西方和平演进的革命意义相融合”①，也就是“希望中国能以日本明治维新为榜样，以和平方式完成政治现代化”②。这样一来，他们的“国民”话语最终还是落在维护“皇权”政治，实行君主立宪。

至于“大众”话语的断裂，则是指随着西方的“公民”“群”“民主”（Democracy）等“现代”概念的引进，“作为一个历史分期的概念，现代性标志了一种断裂或一个时期的当前性或现在性”③，因而传统的“臣民”话语遭遇到来自西方的现代话语的碰撞与整合，儒家基本价值观念逐渐解体。进而在语言上制造出了现代性的“大众”概念——国民。这种融合了西方民族国家观念的“国民”理想，放弃了恪守已久的儒家“天下国家”式的“臣民”理想。实际上，从“臣民”到“国民”的转换形成了一种二元对

① 陈建华：《“革命”现代性——中国革命话语考论》，上海古籍出版社，2000，第9页。

② 同上。

③ 〔法〕安托瓦纳·贡巴尼翁：《现代性的五个悖论·总序》，许钧译，商务印书馆，2005，第2页。

立的言说模式：奴隶与国民的对立，也即“革除奴隶之积性，振起国民之精神”[①]。这里所说的“奴隶”并不是传统意义上与“地主”“封建主”对立的下等阶层，而是已经“内化为一般民众的意识结构与行为模式”[②]。

尽管此时的“国民”还是一群被大多数启蒙知识分子看作带有浓厚“国民劣根性”的“铁屋子里的熟睡者”或“梦醒了，无路可走”之人，但是启蒙现代性的客观要求使得“国民”的塑造势在必行，并且“20世纪中国历史的核心问题是如何建立近代的国民与国家”[③]。而革命派的代表人物孙中山的“三民主义”的提出，则标志着知识分子真正从“帝王师”转向“大众师”，即“完成从帝国‘臣民’向民国‘国民’的转变”[④]。同时“公民”概念的引进，直接导致了“国民”与传统“臣民”的断裂。在这个过程中，现代性话语在“国民”的建构中起到关键作用。

需要强调的是，自“臣民”到“国民”演进，中国的“大众”也已完成了从传统向现代的流变之旅。然而这一话语实践过程如果悬置了现代“国家”的生成机制，那么“国民”的生成性品格则成为空谈，继而成为脱离了言说语境的纯粹的“概念”。也就是说，虽然“国民”被言说成现代性主体，但其生成与国家“互为前提，相互建构”[⑤]：一方面积国民而成国家；另一方面从“天下”到“国家”的结构性变迁，为现代国民意识的生成提供了直接的言说语境。反过来也可以说，从“臣民”到“国民”的现代性流变，也“是一个使‘天下’成为‘国家’的过程”[⑥]。

首先，现代“国民”概念的生成是建立在解构传统“臣民”的基础上的。当然现代启蒙知识分子在解构传统“臣民”的时候，其实也建构了与“国民”相对的想象的“臣民”。他们的“臣民”话语与其说是对传统

---

① 《国民公会章程》，原载1903年5月5日《苏报》。

② 沈松侨：《国权与民权：晚清的“国民”论述，1895～1911》，见许纪霖等编《现代中国思想的核心观念》，第310页。

③ 黄克武：《近代中国转型时代的民主观念》，见许纪霖等编《现代中国思想的核心观念》，第479页。

④ 同上。

⑤ 贡华南主编《现代性与国民意识》，上海辞书出版社，2012，序言。

⑥ 〔美〕约瑟夫·列文森（Joseph R. Levenson）：《儒教中国及其现代命运》，郑大华译，中国社会科学出版社，2000，第87页。

“民”的言述，不如说是对其进行有意识地择取，对“臣民”的批判也是取其一点不及其余。也即是说，近代知识分子在建构“国民”的同时也建构了他们想象中的“臣民”。

其次，现代“国民”的生成也是西方的 citizen、citizenship、society、democracy 等概念“理论旅行”的结果。在这种“旅行”过程中，与“国民”相关的一些概念从一种文化转移到另一种文化，或者说从一种语言转移到另一种语言，其意义也在持续不断的变化着，因为概念的意义与其说是固定的，不如说是通过不同的言说系统的言说实践而固定的。这个言说系统就是通常所说的“语言”，在“语言”这个文化“空间”中，有关“国民”概念的“意义的生产（也就是表征）通过语言而进行的”①。

再次，由于中国近代以来的现代性是“植入型”而非“原生型”，这就决定了近代“国民”现代性的发生是被迫的，而不是主动生成的。就像梁启超的“新国民”概念虽然不是直接从 citizen、citizenship 语义中翻译来的，但仍是对西方公民概念的“创造性的借用、挪用，从西方的文化语境中不断向中国特定的语境运动的结果”②。因此可以说，近代的“国民”概念是“翻译中生成的现代性”③。沈松侨对此有很好的言述，“作为一个指涉特定价值与意义的现代政治概念，当前常用的‘国民’一语，却是十九世纪末、二十世纪初，中国知识分子自日本的汉字新词中辗转而成的政治术语”④。比如对于维新派而言，“国民”概念的提出直接源于戊戌变法的失败，康、梁逃亡海外，其余有六人被杀。康、梁在法国和日本吸收了来自西方的“公民”概念，用以改造中国传统的“国民”概念，从而生成了现代的“新国民”。从这个意义说，“国民”话语的现代性的发生又是言说主体——精英知识分子们主动选择的结果。不过在论证“大众”话语的现代转型之前，有必要对“大众”语义的古代渊源有个大致的了解。

---

① 〔英〕斯图尔特·霍尔编《表征——文化表征与意指实践》（导言），第 15~16 页。

② Edward W. Said, *The Word*, *the Text*, *and the Critic* [M], Cambridge, Mass.: Harvard University Press, 1983, pp. 226-227.

③ 刘禾：《跨语际实践：文学，民族文化与被译介的现代性·序》（中国，1900~1937），宋伟杰等译，三联书店，2002，第 7 页。

④ 沈松侨：《国权与民权：晚清的“国民”论述，1895~1911》，载《史语所集刊》第 73 本第 4 分，2002 年 12 月。

第一节 “大众”话语溯源与批判

从用词来说，中国传统社会语汇中已经有了诸如“民”“臣民”“大众”等词，在本文中我们把他们都看作“大众”话语的传统形式，其中以“民”的使用最为常见。在传统社会中“民”常见于封建专制时代[①]的典籍之中，如“民以君为心，君以民为体”。古代典籍中关于“民”的论述有很多，其大体的意思是皇帝的子民。在家天下的时代，君主就像家庭里的家长，拥有至高无上的权威和话语权，而“民”就是这个大家庭里的普通成员，听命于君主的号令。也就是说，作为被统治者他们只能效忠君主，而不能有太多自主性。封建帝王用“王道”来教化天下子民，以期把“子民”们规训成他们所预设的“顺民”。这套逐渐完善的伦理纲常权力系统生产出了具有封建时代特色的“臣民”。在传统“臣民”的言述中，“臣民”的语义场一般有“子民”“庶民”“黎民”，以及一些含有等级与贬义色彩的“小民”“草民”“贱民”“流民”“寇民”等。

在“臣民”话语体系中，“君主”与“臣民”之间是“上下”与“尊卑”关系。这种关系在“民以君为心，君以民为体”言说中，“君”与“民”之间又演化为“中心”与“边缘”的关系。“中心”是国家的权力的表征，“边缘”则是“中心”的基础和根本。也就是说，封建时代的“臣民”并不都被言说成“顺民”，一方面，他们是“君王”的子民、被管理的对象，“溥天之下，莫非王土；率土之滨，莫非王臣”（《诗经·小雅》）；另一方面“臣民”也被视为社会秩序的主体，君主统治的合法性也要靠民意来检测。这主要体现在封建时代的“民本”话语之中，比如《礼记》里的“大学之道在明明德，在亲民”。因为在儒家话语体系中，“民”并不全是被宰制的对象，而是拥有一定的主体性。“从盘庚的‘重民’、周公的‘保民’到孔子的‘爱民’、孟子的‘贵民’、荀子的‘民水君舟’再到汉唐以来各式各样的民本论”[②]，“臣民”成为“民本”话语的主体。《新书·

---

① 为了论证的方便，本文把中国古代漫长的奴隶社会和封建社会时期都笼统称为封建专制时代。

② 刘彤、张等文：《论中国共产党民本思想对传统民本思想的传承与超越》，《马克思主义研究》2012 年第 12 期。

大政下》更是把官吏的命运与民众的意见挂钩，“故夫民者，吏之程也，查吏于民，然后随之”。中国的封建时代的儒家就是以“民本”为中心构筑他们的“民”话语。“民可近，不可下，民惟邦本，本固邦宁”（《尚书·五子之歌》），这是“民本”话语的源头[①]。而真正建立“民本”思想的应该首推孟子，“民为贵，社稷次之，君为轻”（《孟子·尽心章句》）。孟子不仅赋予“民”的主体性，而且把它提高到“君”之上，甚至与“君”平分秋色，分庭抗礼[②]，君之视臣如手足，则臣视君如腹心；君之视臣如犬马，则臣视君如国人[③]。这些儒家的“民”话语与近代启蒙知识分子所言说的“臣民”完全不同，其根本原因在于中国近代的启蒙者把封建专制体制下的“臣民”言说成全部封建时代的历史事实，是一种建构论的话语策略。实际上，封建时代的“臣民”也具有一定的自主性和主体性。他们在历史变革时期常常成为推动历史发展的“主力军”。并不完全是被动的、任人宰割的“子民”。

话又说回来，虽然整个儒家话语体系中，知识分子更多的是以“民本”话语建构理想的封建“臣民”身份，但本应在“民主”语境中生成的“民本”话语却在封建时代与“专制”话语之间存在着“二律背反”[④]。即一方面传统的儒家以“民本”为言说中心建构其“民”话语；另一方面，包含封建君主与传统知识分子在内的主流意识的言说者虽然声称“国以民为本”，但同时更强调“民以君为本”，因为“就其思想实质而言，中国传统民本主义者同时也是君主主义者”[⑤]。当“民本”话语触犯上层集团利益的时候，“以民为本”就会为“以君为本”所取代。事实上，儒家的“民本”话语，与封建时代的主流话语策略相契合。其实质表现在封建君主最终还是利用了儒家的社会影响力，用“民本”的口号愚弄臣民，以达到巩固政权的目的。因此，近代的启蒙思想家更倾向于把传统“臣民”塑造为“顺民”形象，从而为更具主体性的“新民”的出现作铺垫。

---

① 关于“民本”言说在古代典籍里还有很多，“民无不以为本也，国以为本”（贾谊《新书》）；“曲而不失正，以民为本也”（《墨子·内篇》）等。

② 金耀基：《中国民本思想史》，法律出版社，2008，第72页。

③ 《孟子·离娄下》。

④ 林甘泉：《中国古代政治文化论稿》，安徽教育出版社，2004，第227页。

⑤ 俞可平：《中国传统政治文化论稿》（第一辑），天津人民出版社，2001，第109页。

与“臣民”不同，“大众”在传统中国相对而言并不是一个规范性的政治叙述用语，概念的能指在中国古代似乎专指某些特殊群体。关于这一点，语言学家黎锦熙有个比较清晰的概说。单说这个词，“大众”既是舶来品也是古代常见的用语。上古时期，“大众”是农民被征发而当兵作工的一群人，《礼记》里有“毋聚大众，毋置城郭”；《吕氏春秋》中有“无聚‘大众’，巡劝农事”。显然这里的“大众”是指从农民中征发来的兵士；而在中古时期，“大众”语义与现代相距甚远，是指聚在一起的和尚尼姑以及居士们，此义源于印度的梵语“僧伽”；到了近代“大众”就是众人，不但阶级宗教种种限制都没有，并且不必聚作一团。①

可见在传统社会，“大众”与“民”两个用语虽然指的都是“大多数人”或底层民众。但是“大众”一词在不同的时代指代不同的群体，其内涵随着时代发生流变，是狭义上的“民”；而“民”则更多用于与“君”相对的一个用语，体现出封建时代的等级差别，除“君”之外的人都是“民”，在封建时代其意义相对固定。

从我们的理解看，这些封建时代的“民”“大众”“臣民”等共同构成了“大众”话语的传统语义场。但是正如上所述，这些概念之间也存在着缝隙，它们的内涵与外延都存在着各自的适用范围与语境。同时，近代早期的启蒙话语中还没有明确提出“大众”概念，而是更多的使用“国民”的概念，因此我们把“国民”视为近代启蒙知识分子为对抗“臣民”而提出的一个新的概念。在启蒙现代性的话语语境中，知识分子要做的是去除传统的“臣民”人格，建构初具“公民”人格的现代“国民”。从晚清至民国前夕，从传统“臣民”言说过渡到“国民”话语，改良派知识分子无疑起到重要作用。他们改造民众的愿望，首先表现在对“臣民”人格进行批判，使得“国民”与传统的“臣民”话语发生了断裂。我们知道，经过了 1895 年的思想激荡之后，中国近代社会的现代化过程走过了一条清晰的变革演进路线：器物→制度→文化，最终落实到文化的变革上，而文化的变革首要是“人”的变革。具有现代视野的知识分子严复在《辟韩》一文中就把传统中国人与西方“现代人”进行比较：

① 黎锦熙：《国语运动史纲》，商务印书馆，2011，第 5~7 页。

是故西洋之言治者曰：“国者，斯民之公产也，王侯将相者，通国之公仆奴隶也。”而中国之尊王者曰：“天子富有四海，臣妾亿兆。”臣妾者，其文之故训犹奴隶也。夫如是则西洋之民，其尊且贵也，过于王侯将相，而我中国之民，其卑且贱，皆奴产子也。[①]

严复借用韩愈的话来生发自己的思想，把西洋之民“尊且贵”与中国臣民“贱且卑”进行比较，凸显出中国传统帝王所提倡的“民贵君轻”的欺骗性，从而为具有现代人格的“新民”的出现造势。接着严复又对韩愈关于君民关系进行分析：

而韩子又曰：“君者，出令者也；臣者，行君之令而致之民者也；民者，出粟米麻丝，作器皿，通货财，以事其上者也。君不出令，则失其所以为君；臣不行君之令而致之民，则失其所以为臣；民不出粟米麻丝，作器皿，通货财，以事其上，则诛。”[②]

严复认为如果君民之间的关系天经地义的是统治和服务的关系，那么桀、纣、秦之政治与尧、舜、禹就没有什么两样。实际上，在中国传统社会中“君”被视为“出令者”，“民”则为“行君之令”的人。传统的儒家把这种“君—民”关系作为各自定义的前提。显然，这种卑贱且愚忠的“臣民”人格已经不能满足时代文化发展的需要。鲁迅后来在分析“臣民”人格时也对之有精辟的概括：想做奴隶而不得以及暂时坐稳了奴隶。这句话里的中心词“奴隶”很恰当地概括出“臣民”人格的基本特征“奴性”。这种人格最主要的缺陷是没有思想和责任，“饮食男女之外无思想，自私自利之外无责任，纳租税供鞭挞之外无事业，惟知服从专制主权，视为神圣不可侵犯之天宪”[③]；未署名的文章《说国民》中通过“国民”与“奴隶”的对比更是全面地道出了传统奴性的不足，“奴隶无权利，而国民有权利；奴隶无责任，而国民有责任；奴隶甘压制，而国民喜自由；奴隶尚尊卑，

① 严复著《辟韩》，《严复集》（第一册），中华书局，1986，第 36 页。

② 同上书，第 33 页。

③ 《论中国之前途及国民应尽之责任》，选自《湖北学生界》1903 年第 3 期。

而国民有责任；奴隶好依傍，而国民尚独立”①。那么“国民”该如何顺应历史文化之潮流呢？谭嗣同在《仁学》中大胆提出“冲决君主之罗网”“冲决伦常之网罗”等口号，对封建的纲常名教进行批判的同时，还较早提出“民权”的思想，“民权兴则国权立，民权灭则国权亡”。② 现代知识分子在实践中逐渐意识到，从“臣民”人格向现代“民”的转变中，“民权”居于中心地位。“民无权则不知国为民所共有，而与上相睽；民有权则民知以国为国，而与上相亲”③，“民权不伸，士气不振，师统垂绝，华之所以为华，固不待外人扑蹴，久已昆仑断纽、羲辔停骖矣”④。这些发表于 19 世纪末期的言论，在批判“臣民”人格的同时，以“民权”的获得和实施作为建构现代人格的重要手段。实际上，有无“民权”也成为了现代民与传统民的主要区别。而且民权并不能简单地等同于人道主义，而是有实实在在的益处。也就说近代知识分子在建构现代“国民”时，都有极强的现实功利性。民权的获得被看作直接有益于国家和人民的，“人人有权，其国必兴；人人无权，其过必废”，“寰宇宙之内，人人有自主之权，则天下和平。民权之说如此，自主之权如此”⑤。

总之，对“臣民”人格的批判和“民权”概念的提出，为“臣民”向“国民”话语的转换做了知识与思想上的铺垫。

第二节 “臣民”到“国民”的“现代”转型

话语的转型主要源于话语言说主体和话语语境的转移，并由此而引起对话语言说对象的重构。在传统的“臣民”时代，言说主体是君主与封建知识分子，而封建知识分子又大致有两种言说，一是作为主流话语的贯彻者和“传声筒”，把“君主”的意志付诸文字并进行话语强化，在话语实践

① 佚名：《说国民》，《国民报》（第二期），1901 年 6 月 10 日。

② 谭嗣同：《谭嗣同全集》，三联书店，1954，第 56~90 页。

③ 汪康年：《论中国参用民权之利益》，见丁守和主编《中国近代启蒙思潮》（上），社会科学文献出版社，1999，第 274 页。

④ 毕永年：《存华篇》，《湘报》（34 号），1898 年 4 月 14 日。

⑤ 何启、胡礼垣：《劝学篇》，见《新政真诠——何启、胡礼垣集》，郑大华点校，辽宁人民出版社，1994，第 412、418 页。

上倾向于“以君为本”；另一种具有“平民”情怀的知识分子则将话语视角移向社会底层，站在底层民众的立场倡导真正的“以民为本”。

然而在“溥天之下，莫非王土，率土之滨，莫非王臣”的话语语境中，普通民众的话语权是“不在场”的，即便是在知识分子话语中，“民”也是被管理、被作为政治调解的对象，而不具有离开统治模式的独立主体性，由此也是“第二性”的。总体而言“民”对国家、社会更多的是在尽义务，而缺乏现代意义上的个人权利。到了近代，随着启蒙现代性被“译介”到中国，一批有着西学背景的知识分子逐渐意识到了在从传统向现代转换中“人”的关键性作用。于是拥有话语权的近代知识分子重新塑造了有别于“臣民”的“国民”形象：“国以民为重，故称国民”，“国民对于国家，必完全享有国家的权利，也必要担任国家的义务”。[①] 这里基于“国”的认识，不是把“国”视为一个统治型的王国，而是所有民众共同参与的“国家”。这样“民”自然成为“国”的主体，其地位从依附转移为自主。因此我们说从“臣民”到“国民”的话语转换既是“现代性”的客观要求，又是启蒙知识分子不断言说的结果。在绪论中我们说近代以来“大众”话语第一个转换节点发生在 1900 年前后，因为在这个时间点前后，近代“大众”概念的命名正式从“臣民”变成了“新民”“国民”等初具现代性意涵的“大众”语义场。尽管从实际来看，语言不可能精确地以某个时间点为准发生突变和断裂，但是新的话语系统强制性地把“臣民”以重新命名的方式改造成了“新民”“国民”等。

可以说，从“臣民”到“国民”的话语流变是由不同时代语境与言说机制所致。但是作为“国民”话语“指示器”的“国民”这一语词，其使用含有某种偶然性与随机性。黄克武在论述中国近代用以表达新观念的新语汇时认为，其语汇来源于两个方面，“一是从西方传教士的书刊中所创造的新词汇，一是当时留日学生从日本引进的日译新名词，双方或采音译，或从中国古典著作中汲取灵感来创造新词，且两者之间互有交流”[②]。不过，

---

① 陈天华：《国民必读——奉劝一般国民要争权利义务》（1905 年 10 月），见《陈天华集》，刘晴波、彭国兴编，饶怀民补订，湖南人民出版社，2008，第 179~180 页。

② 黄克武：《近代中国转型时代的民主观念》，见许纪霖等编《现代中国思想的核心观念》，第 462 页。

近代“国民”概念的出现似乎并没有这么简单，金观涛认为由于近代使用“国民”用语比较早，甚至“日本的‘国民’一词也很可能来自中国”。[①] 早在1833~1837年出版的《东西洋考每月统记传》一书中就出现了“国民”用语：

> 所以强调“国民之犹水之有分派，木之有分枝，虽远近异形，要其水源则一”。[②]

到了1843年魏源在其名著《海国图志》中也提到“国民”一词：

> 道光二十七年，民叛，国王逃避于英国，国民又自专制，不复立君矣。[③]

显然，这些“国民”用语与近代的“国民”概念尚有很大不同。金观涛在《观念史研究》一书中对“国民”概念的出现做了较为详细的考证：

> 检索“数据库”可以看到，把中国人称为“国民”发生在甲午后。这意味着“国民”越出儒学经世致用的范围，成为民族国家的组成单位。更准确地说，“国民”作为公共意识的一部分，是1900年中西二分二元论意义形成后的事；用其指涉中国人，则表明当时人们已认识到国家主权是由国民权利合成[④]。

可见，现代意义上与“国家”相关联的“国民”概念出现在1900年之后，在这之前特别是洋务运动期间，“‘国民’大多用于指涉外国人，极少出现用来指涉中国人的例句”[⑤]。因为“国民”概念的生成与“国家”密切

---

① 金观涛等：《观念史研究：中国现代重要政治术语的形成》，法律出版社，2012，第85页。

② 黄时鉴整理《东西洋考每月统记传》（导言），中华书局，1997，第13页。

③ （清）魏源：《海国图志》，陈华等点校注释，岳麓书社，1998，第1217页。

④ 金观涛等：《观念史研究：中国现代重要政治术语的形成》，第85页。

⑤ 同上。

相关，“而‘国家’一词的使用，也是在1895年后突然增加了”[①]，从金观涛在《观念史研究》一书中所列的“‘天下’、‘民族’和‘国家’使用次数（1860~1915）”曲线图，可以看到1900年是“国家”这个概念发生根本变化的“转折点”。[②]

此外，在我们论述“国民”话语生成的同时，我们不能忽视同期出现的一些与之相关的概念，它们共同构成了一个新的语义场，即大众的现代语义场。我们可以通过一个简单的图标勾勒这些概念与“大众”的传统与现代语义场之间的包含关系：即“大众”的传统语义场/“大众”的现代语义场。

大众的传统语义场：“臣民” —“臣民”到“国民”→ 大众的现代语义场：“国民”
- 民
- 新民
- 公民
- 族民
- 庶民
- 平民

这里有必要对“大众”语义场里的几个主要概念作一简单的区分。本节所涉及的主要概念“国民”与“族民”相类似，在法律上“国民”近似共同体内的所有成员的概念。“国民”与“平民”也不相同，侠少在《国民的国家》中认为：平民Plebeians起源于罗马王政时代及共和时代，是与贵族相对的词，不是国内人民一切平等，“盖平民者，即吾国古代所谓庶人”，“国民者，则统君主贵族平民而言也”。[③] 显然，文中认为“国民”是一个平等的概念，而“平民”则指的是明显带有阶级性的底层人民。再就是“国民”与“人民”的差异，“人民者，无数之个人也。国民者，则人民之全体”，[④] 这样言说似乎还是没能够把他们区分清楚，侠少在《国民的国家》中继续对它们进行甄别，“国民者，为统一的意思，而称人类之多数为国民”，“国民者，法人也；人民者，自然人也。国民者，法律上之无形人也；

① 金观涛等：《观念史研究：中国现代重要政治术语的形成》，第242页。
② 同上。
③ 侠少：《国民的国家》，见《云南杂志选辑》，第113~114页。
④ 同上。

人民者，事实上之有形人也”[①]。当然“人民”的概念也是有变化的，如自延安后期始，“人民”在中共的言论中特指在其意识形态阵营之内的人群，与之相对的则为敌人。

因此，“国民”之所以与“平民”“人民”概念都有区别，在于“国民”是法律上的、有国家意识、有平等意识的现代概念，是基于启蒙现代性话语之上建构起来的概念，同时也是建立在现代法治国家之上的政治话语。

重要的是，近代中国社会处于古今交替、东西碰撞的时代，各种思想流派交织在一起，他们各自从不同的立场出发，基于不同的政治抱负和社会理想提出了不同的“国民”话语。在这个多声部混响的话语场中，存在着两种主要的话语斗争：维新派的“国民”话语和革命派的“国民”话语，它们均源于现代意义的“民”话语，但由于对社会走向的不同理解，以及对实现现代社会所采用的不同方式而形成了不同的话语建构。当然“维新（改良）派”与“革命派”的划分最直接的理论渊源还是基于他们不同的revolution话语，即“改良”与“革命”。秦力山以一种描述性的方式把这两个概念进行了比较：

> 今试有一物于此，其全体尚未破坏，而有一部分之丧失或糜烂，吾人为弥补之，或更易之，使成一完全之物，是之谓改良。有一物于此，其全体皆腐败，或腐败其大半，今欲修补之，反不如更张之，其资力益神，于是乎弃此而另置一物，其义直同于革命。[②]

可见，“改良”是在“原物”的基础上“修补”，使之成为“完全之物”；而“革命”是弃一物而“另置一物”。显然，这个“物”指的就是“改良”与“革命”话语中的“社会制度”。

无论是维新派还是革命派，他们的“国民”话语的言说主体大都是近

---

① 侠少：《国民的国家》，见《云南杂志选辑》，第115~116页。

② 秦力山：《说革命》（1905年6月），见《秦力山集》（外二种），中华书局，2015，第140页。

代的精英知识分子，且有相当一部分人有留学日本的经历。他们在吸收了经日本中转而来的源于西方的“被译介的现代性”之后，用西方的“公民”（citizen）改造中国传统的“臣民”概念，而“公民”话语中的核心概念是“民主”（democracy）[①]。这个“民主”概念“旅行”到近代知识分子那里之后，一方面与中国传统的“民本”或“贵民”的理想有所对接；另一方面也带来了一些新的东西，如三权分立、地方自治，宪法等，从而在近代知识分子那里被整合进现代“国民”概念之中。

改良派与革命派的知识分子在“想象”出这些新的“国民”形象之后，也提出了铸造现代“国民”的具有相似性的话语言说。

首先，改良派与革命派都倡导，健全的“国民”要有权利。近代知识分子之所以大力鼓吹权利，原因是他们想象的“臣民”是没有自主权利可言的，否则“国民”就会退回到“臣民”中去。秦力山将“权利”视为“国民”与“奴隶”的重要区分，“所谓国民者，必有参政之实权”[②]；不仅如此，“权利”属于国家也属于“国民”，邵力子在《主权在民》中认为“共和国之主权，当然属于国民全体”[③]。1903 年发表在《直报》上的《权利篇》则认为“可以救吾民之质格、打破礼法之教者，无他，吾只恃权利思想”[④]。因为权利的目的可以“全”其本性，权利与宗教、政治等同等重要。权利的作用一是强制，二是竞争。“竞争者，富强之兆也”，“强制者何？制人不制于人之谓也”。人如果没有权利则会受制于人，那么人性自然就不会健全，更有甚者“不能制人者必为人所制”。而权利的实质就是人的“本分”[⑤]。可见，权利不光是法律意义上的东西，更是塑造健全之“国民”

---

① 当然，在中国自近代以降“民主”概念也是在随着时代的变迁其语义也不断流变，如到了延安时期直至新中国成立，“民主”一直是政党政治中的重要概念，但“民主”中的原初意义如“议院”“三权分立”等已不复存在，代之而起的是“人民民主专政”“人民当家作主”等新的政治制度与程序。而中国近代大多数知识分子的“民主”观实际上是综合了传统的儒家道德理想，与卢梭式的以实现人民的共同意志与全民福祉为宗旨的现代民主。

② 秦力山：《说奴隶》（1901 年 5 月 28 日），见《秦力山集》（外二种），中华书局，2015，第 62 页。

③ 邵力子：《主权在民》（1913），原载 1913 年 4 月 9 日《民立报》。

④ 佚名：《权利篇》，原载《直报》第二期，1903 年 3 月。

⑤ 丁守和主编《中国近代启蒙思潮》（上卷），第 344 页。

的重要部分。革命者陈天华不仅强调国民的权利还谈到其义务，“何谓义务？义务的话，犹言各人本分内所当做的事，所当负的责，通皇帝、官长、国民都是有的”。国民“当以义务向皇帝、官长要求权利，不可抛弃权利，因就不尽义务。义务的解释如此”。[①] 陈天华的义务概念更多还是倾向于权利，通过义务来实现更多的权利，并且他还提出实现国民权利的几个必要条件：学问、武力、合群和坚韧。[②]

此外，“国民”的权利问题还应该包括男女平等的权利，也即女子要享有与男子同等的各种权利，这也是“国民”与“臣民”的重要区分。“臣民”被认为是男尊女卑时代的产物，而“国民”则是男女平等时代的话语。康有为在《大同书》中对此有较为翔实的言述：

> 窃谓女之与男既同为人体，同为天民，亦同为国民。同为天民，则有天权而不可侵之，同为国民，则有民权而不可攘之。[③]

近代由康有为、梁启超等知识分子所“制造”的“国民”已经深入人心，然而许多文本尤其是官方的许多条文中实际上还是把男女区别对待，就像邵力子所说“从法律上去看，许多条文，都是把女子屏在‘国民’或‘人’以外的”[④]。就是说，如果女子不能享有更多的权利，那么她们就被排除在“国民”之外，那“国民”也就退回到“臣民”的言说之中。

其次，维新派与革命派的“国民”话语都是建立在“国家”的基础之上的，并且“将国民与国家想象为一个不可分割的整体”[⑤]。

维新派知识分子认为，作为政治话语的“国民”与现代“国家”的形成密不可分。“国民”的主体性体现在它是“构成国家之实体”，梁启超就

---

① 陈天华：《国民必读——奉劝一般国民要争权利义务》（1905 年 10 月），见《陈天华集》，第 180 页。

② 同上书，第 197 页。

③ 康有为：《大同书》，中华书局，2012，第 131 页。

④ 邵力子：《女界的悲声》（1921），原载 1921 年 9 月 4 日上海《民国日报》“通信”。

⑤ 许纪霖：《启蒙如何起死回生：现代中国知识分子的思想困境》，北京大学出版社，2012，第 39 页。

认为“国者积民而成，舍民之外，则无有国”[①]。不仅如此，“国民”与“奴隶”的区分也表现在与“国家”的关联上：

> 凡立于一国之下，而与国家关系休戚者，则曰国民；立于一国之下，而与国无关系休戚者，则曰奴隶。[②]

我们说“国民”与“臣民”的不同在于其既有义务又有“权利”，而这个“权利”的实现也必须与“国家”相勾连才能够实现。对此。梁启超有更明确的言说：

> 一曰：国民者，人格也。据有机之国家以为其体，而能发表其意想，制定其权利者也；二曰：国民者，法团也，生存与国家中之一法律体也。国家有完全统一永生之公同体，而此体也；必赖有国民活动之精神以充之，而全体乃成。故有国家国民，无国家亦无国民，二者实同物异名也。[③]

可见，“国民”是“国家”的“精神”和“人格”，“国民”的权利也要在“国家”的法律中得到保证。同时，立国也是立民，只有创立了“现代”国家，才能塑造“现代”之民。梁启超还用“人格”把“国家”与“国民”连接起来：

> 人格云者，谓法律上视之为一个人也。而国家者，则最高最大之团体，而具有人格者也。[④]

---

① 梁启超：《论近世国民竞争之大势及中国前途》（1899 年 10 月），见《梁启超全集》（第一册），北京出版社，1999，第 309 页。

② 余一：《民族主义论》，原载《浙江潮》第一期，1903，第 4 页。

③ 梁启超：《政治学大家伯伦知理之学说》，原载《新民丛报》第 38～39 期合刊，见《饮冰室文集点校》第 1 集，云南教育出版社，2001，第 452 页。

④ 张品兴编《梁启超全集》，北京出版社，1999，第 2025 页。

革命派认为“国家”与“国民”具有相同的“人格”，由此“国家”就成为“国民”的团体。这种对“国家”的认识与中国传统观念完全不同，“国家不是领土，不是君主，也不是社会中任何一个家庭或者社会本身，而是凌驾于这一切之上的独立实体”[①]。这种具有法人意义的“独立实体”已经具有了现代性的意涵，诚如约翰·麦克里兰所说“国家要中立，必须与社会分开”[②]，与社会分开保持“中立”性的国家既不偏向传统的君主、贵族，也不偏向其他人。在这种国家“语境”中才能“制造”出现代意义上的“国民”。

而更多革命派知识分子则把“民”视为“国”的“民”或把“国”视为“民”的“国”，它们是相辅相成的关系。戊戌变法之后的秦力山以“国”为基础来言说“国民”，“划一土于大地之中界，而命之曰国；群万众于一土之中域，而区之曰国民”[③]，即有“国”才有“国民”。廖仲恺认为“中华民国就是‘民之所有’、‘民之所治’、‘民之所享’的国家”[④]。杜亚泉也有类似言论，“国家者，国民共同之大厦。我国民生于斯，聚于斯，而不可一日无者也”[⑤]，也就是“民国”是“民”之“国”。另外，“民”还是“国”之本，如邵力子所说“国本何在，在于国民”[⑥]。

然而，近代中国随着民族矛盾的加深以及外来列强的入侵，无论是革命派抑或是维新派的知识分子都有“无国感”或“无国民感”的焦虑。王汎森对此有很好的概括，“在革命派方面，主要是从种族主义观点出发而得出无国的结论，他们抱怨过去两百多年间中国是被异族所窃据，看来有国，其实是‘无国’……另外一种‘无国’的感叹，则是从现代国家

① 李军科：《论梁启超的国家观》，《五邑大学学报》（社会科学版）2012年2月第一期。

② 〔英〕约翰·麦克里兰：《西方政治思想史》，彭淮栋译，海南出版社，2003，第328页。

③ 秦力山：《〈国民报〉序例》（1901年5月），见《秦力山集》（外二种），中华书局，2015，第45页。

④ 廖仲恺：《革命继续的功夫》（1919年10月10日），原载1919年10月10日《星期评论》纪念号（20号）。

⑤ 杜亚泉：《杜亚泉文选》，华东师范大学出版社，1993，第130~131页。

⑥ 邵力子：《和平会议开幕》（1919），见《邵力子文集》（上册），中华书局，1985，第86页。

（Nationstate）的角度发出的，认为中国历史上只有‘朝廷’，没有‘国家’”①。这种“无国”感也就意味着无现代国民可言，这就给近代知识分子建构现代“国民”话语提供了现实基础。

另外，两派都以“命名”的方式“制造”出“国民”的概念。作为言说主体的精英知识分子，把“命名”作为制造“国民”的重要方式。常言说“名不正则言不顺”，命名也是一种权力和意识形态表征，同时命名也是制造意义的基本前提。“国民”用语虽然自古就有，但是古为今用本身也是一种特殊的命名。以“国民”来命名各种刊物和团体也是制造“国民”的常见的方式。维新派的命名包括1902年创刊并命名的《新民丛报》以及1910年的《国民公报》等；以“国民”命名的团体有“国民公会”等。同样，革命派知识分子创办的以“国民”命名的报刊包括1901年的《国民报》②、1903年的《国民日日报》以及1919年的《国民》杂志；革命派知识分子还将自己的政党取名为“国民党”，同时把他们所从事的革命定性为“国民革命”。这些命名都体现了当时的“国民”话语带来的影响。秦力山甚至在《〈国民报〉序例》中以下定义的方式言说“国民”，“能尽其责而善其事，则其地治，其国强，其民有完全无缺之人权，可表而异之曰国民”③。

这两派均主张通过教育来养成“国民”。“欲养成国民，不可不注意学校教育；欲改良风俗，不可不注意于社会教育。”④ 且在各种教育形式中小学教育是基础，“无良好之小学，焉得有良好之国民”⑤。除此之外，社会教育起到辅助作用。教育者本人要有基本的自尊自重之精神、有担当责任之观念、有独立自营之能力、有判断是非之智识。要使国民养成独立之精神，

① 王汎森：《中国近代思想与学术的系谱》，河北教育出版社，2001，第169~170页。

② 需要说明的是，1901年5月秦力山在孙中山资助下，与戢翼翚、沈翔云等人在东京创办《国民报》。秦力山与樊锥、毕永年等人活动于戊戌变法运动前后到辛亥革命早期，他们属于维新运动中的激进派，但在戊戌变法失败之后他们又不同程度地走上了革命的道路，成为革命派的重要力量。因此我们在本文中所划分的改良派与革命派并没有绝对的界限，包括梁启超在内的改良派后期或多或少都受到革命派的影响甚至直接走上革命道路。

③ 秦力山：《〈国民报〉序例》（1901年5月10日），见《秦力山集》（外二种），第45页。

④ 佚名：《教育泛论》，原载《游学译编》第9期，1903年8月。

⑤ 邵力子：《模范小学》（1918），原载1918年3月5日上海《民国日报》“时评”。

否则就是奴隶教育。

以上这些“国民”话语言述在革命派与改良派那里几乎雷同，其原因在于虽然两派存在着论争，但是它们之间也并非绝对对立，“革命与立宪，要非绝对的名词也。夫立宪为专制改良的政体，而革命者，即所以求此政体之具也。求共和立宪以革命，求君主立宪亦以革命”[①]。沈松侨更明确谈到两派的共同出发点，“两派人士，取径固有参差，策略不无轩轾，原其本心，要皆以塑造深具权利、义务观念，享受自由、平等，并能积极参与国家政治事务之中国新‘国民’为旨归”[②]。

但是改良派与革命派在“国民”话语言说的侧重点上还是有明显差异。如梁启超在《新民说》中把“部民”与“国民”进行对比，所强调的是“国民”的国家意识；而《国民报》中的《说国民》一文则把“国民”与“奴隶”比较，更注重的是“国民”的“权利”意识。这从某个方面昭示了后来“国民”话语的两种不同发展路向，即“一个从国家意识阐释国民，一个从民权本位强调国民，以后发展出国家主义与民主主义两种歧路”[③]。除此之外，改良派与革命派的“国民”话语言说方式，言说主体以及话语走向都存在差异，下面分别详细论述之。

一　改良派（维新派）的“国民”话语

改良派也可以称为维新派，是与革命派相对而言的。同为中国近代以“变”为行动指向的“国民”话语，“改良派”不像“革命派”那样寄望于疾风骤雨似的“革命”，而是在维护皇权前提下的“变革”。从用语来看，两派也都是在“革命”的旗帜下进行“国民”言说的。但从语义上看，他们在建构各自的“国民”话语时，对于“革命”这个核心概念的语义选项不尽相同，可以说各取所需。梁启超曾在《释革》一文中对“革命”进行了详细的解说，“‘革’也者，含有英语之 Reform 与 Revolution 之二义”[④]。

---

① 汪东：《论支那立宪必先以革命》，原载《民报》第二期，1905 年 11 月，第 1 页。

② 沈松侨：《国权与民权：晚清的“国民”论述，1895～1911》，载《史语言所集刊》第 73 本第 4 分，2002 年 12 月，第 711 页。

③ 许纪霖：《启蒙如何起死回生：现代中国知识分子的思想困境》，北京大学出版社，2012，第 40 页。

④ 梁启超：《释革》，原载 1902 年 12 月 14 日《新民》第 22 号。

显然，以梁启超为代表的改良派所选择的是“革命”概念中的“Reform”义项，即“Reform 者，因其所固有而损益之以迁于善”[①]。相应地“革命派”偏向选择的则是“以暴易暴”的“Revolution”，即梁启超所说“Revolution 者，若转轮然，从根柢处掀翻之，而别造一新世界”[②]。不过梁启超也常常用“Revolution”来言说其“国民”话语并奉为圭臬，“此所以 Revolution 之事业，即日人所谓革命，今我所谓变革。为今日救中国独一无二之法门”[③]。梁启超乃至改良派的知识分子一般均选取“变革”之义的“革命”作为其“国民”话语言说的基调。

改良派的代表人物有陈炽、王韬、严复、康有为、梁启超、谭嗣同等人。后来又分化出立宪派、保皇派等，其基本主张是“君主立宪”，如梁启超就认为“君主立宪，政体之最良者也”[④]，它的优势在于“立宪政体者，必民智稍开而后能行之”[⑤]。改良派的成员尤以康有为与梁启超最有代表性，初期以康有为首开维新变法之先河，“窃以为今之为治，当以开创之势治天下，不当以守成之势治天下”[⑥]。后来以康有为为代表的改良派渐趋保守，以至走向了改良派的反面；而以梁启超为代表的改良派则较为彻底，逐渐与革命派靠拢甚至被其收编，最典型的代表就是章太炎。

事实上，早在 19 世纪初期知识分子们已经在心目中酝酿具有现代主体性的“民”。当然我们一再强调概念的转换不可能有一条以时间点为准的分界线，如果是这样的话，那么这种划分肯定是有问题的。在《尊隐》这篇大约写于 1814 年[⑦]的文章中，龚自珍多次用“山中之民”“山中之淬民”“山中之傲民”等“民”的形象。[⑧] 虽然这些“民”的所指尚有争议，但至

① 梁启超：《释革》，原载《新民》第 22 号。

② 同上。

③ 同上。

④ 梁启超：《立宪法议》（1901），原载 1901 年 6 月 7 日《清议报》第 81 册。

⑤ 同上。

⑥ 康有为：《上清帝第二书》（1895），《康有为政论集》（上），中华书局，1981，第 122 页。

⑦ 由于龚自珍没有注明写作时间，写作时间尚需进一步考证，但可以确定它是龚自珍少年之作，龚自珍的生卒年是 1792~1841 年，而根据是其《己亥杂诗 · 二四一》中云“少年尊隐有高文，猿鹤真堪张一军。难向史家搜比例，商量出处到红裙”（《龚自珍全集》，上海古籍出版社，2012，第 532 页），“少年尊隐”说的是龚自珍年少时写作了《尊隐》一文。据多种考证学界大致推断为 1814 年前后。

⑧ （清）龚自珍：《龚自珍全集》，上海古籍出版社，1975，第 86~88 页。

少这里的“民”已经不是封建时代那种“臣民”式的顺民形象。他们具有自己对时局的独立思考和对前途模糊而实际的看法。这篇文章中“民”的言述，具有自“臣民”向现代“国民”转型的特质。而最早刊于1883年的《弢园文录外编》里的《重民》《达民情》等文章中，王韬更是强调了对“民”的重视，“善为治者，贵在求民之隐，达民之情，民以为不便者不必行，民以不可者不必强”“以是亲民之官，其为政不敢大拂乎民心，诚恐一为人所不许”①。这里强调为政者的一切施政行为都要为“民”着想，体现出传统儒家的“民本”观念。为君者不能把“民”看作封建时代的“子民”，因为自古以来就有教训，“三代以上，君与民近而世治；三代以下，君与民日远而治道遂不古若”②。梁启超早在1896年发表的文章中多使用“国人”“民”等用语，诸如“好民之所恶，恶民之所好”“《洪范》之庶人，《孟子》之国人，下议院也”③；“凡国之民，都为五等，曰士、曰农、曰工、曰商、曰兵”④。当然以上这些“国人”“民”等用语更多的还是取自传统的“臣民”概念。

严复关于“民”的言述使之真正具有了现代气息，他提出“民力、民智、民德”等三民思想，尤其是对于“民智”的强调，解构了传统的“臣民”话语。因为在传统“民”的话语体系里“君贵民轻”占据主流，而严复在《原强》篇中明确提出“果使民智日开，民力日奋，民德日和，则上虽不治其标，而标将自立”⑤。这样强调“三民”之后严复似乎言犹未尽，在《原强修订稿》中再次对此进行阐释，“是以西洋观化言治之家，莫不以民力、民智、民德三者断民种之高下，未有三者备而民生不优，亦未有三者备而国威不奋者也”⑥。由于受到西学的影响，严复极力鼓吹科学救国，开启民众的智慧。强调西学而贬抑中学，如他指出“是故欲开民智，非讲

---

① 王韬：《弢园文录外编》，楚流等选编，辽宁人民出版社，1994，第36页。

② 同上书，第35页。

③ 梁启超：《古议院考》（1896），原载1896年11月5日《时务报》第10册。

④ 梁启超：《变法通议·学校总论》（1896），见《饮冰室文集点校》（第一集），云南教育出版社，2001，第27页。

⑤ 严复：《严复集》（第一册），中华书局，1986，第14页。

⑥ 同上书，第18页。

西学不可”[①]。以此初步建构现代“民”的概念。“民智”的提出使得“臣民”现代性的转换找到了一个核心点，“民智”既是现代意识，又是“民”的主体性确立的基础与前提。

后来严复的“三民”思想为梁启超所继承，为追求国家富强、抵御西方侵略，梁启超把民德、民智、民力等质素融合进现代“国民”的建构之中。[②] 1902 年开始在《新民》上连载的《新民说》一文中，梁启超把严复的这种“三民”思想融合进自己的独立思考之中，并不无忧虑地说“若以今日之民德、民智、民力，吾知虽有贤君相，而亦无以善其后也”[③]。可以说，严复“三民”话语中“民”的这种主体性的确立，为“臣民”向“国民”的流变迈出了关键的一步。

总的来说，以上这些涉及“民”的话语虽然还没有能够建构起一个清晰的具有现代气息的“民”的形象，却也在近代“大众”话语转换的第一个节点起到过渡和铺垫作用。而且尽管此时的“民”的言说还没能完全摆脱传统的“臣民”话语的窠臼，但也初具现代气息。传统的“臣民”既是维持封建统治的话语工具，同时也是君王笼络民心的话语策略。而 19 世纪初以来的“民”的言说依稀可见“自由”知识分子的现代性诉求，其具体表现在主体性进一步增强，以科学、理性为表征的启蒙意识进一步凸显。因而与传统的“君以民为主”的言说有所区分。而“群”的概念的提出则更进一步推动了话语的现代性变换。

就目前所见到的资料来看，我们认为近代“群”概念的首倡者应该是严复。[④] 1895 年 3 月严复在他的《原强》中提到“‘群学’者何？荀卿子有言：‘人之所以异于禽兽者，以其能群也’”[⑤]。而后又在译著《群学肄言》(1903）中用到了“群”的概念。虽然他首倡“信、达、雅”的翻译标准，

① 严复：《严复集》（第一册），第 30 页。

② 梁启超：《新民说》（1902~1906 年），《饮冰室文集点校》（第一集），第 547~650 页。

③ 同上书，第 548 页。

④ 学界对此也有争议：陈旭麓认为，康有为、梁启超的“群”概念来自严复（参见陈旭麓《戊戌时期维新派的社会观——群学》一文）；萧国亮认为群学是康有为首创，梁启超继之，而后严复承袭（参见袁方《社会学百年》）；但孙本文指出，“据我所知，初用‘群学’之名者，为康有为氏”（参见孙本文《当代中国社会学》）。

⑤ 严复：《原强》，原载《直报》1895 年 3 月 4~9 日。

但是他的译著则是“达、雅”超过了“信”，这种“不信”并非乱译，而是要通过翻译来言说他的“群”的概念，因为“当概念从客方走向主方语言时，意义与其说是发生了‘改变’，不如说是在主方语言的本土环境中发明创造出来的”①。从这个角度来说，翻译不是中立的，而是政治斗争和意识形态斗争的场所。国内学界之所以对于“群”概念的首倡者有争议，很大程度上源于概念和词的混淆。因为在严复之前也会偶有人使用“群”这个词，但是真正赋予这个词的现代内涵，并使之成为现代“群”概念的人应该首推严复。

从历史来看，“群”这个概念也非严复首创，《荀子·王制》中提到“人生不能无群”；《论语·阳货》里说《诗》可以兴，可以观，可以群，可以怨。这里的“群”有团结，沟通之义。而严复是将英文中的 sociology（社会学）译为“群学”，意指“用科学之律令，察民群之变端，以明既往、测方来也”②。需要说明的是严复把西方的“社会学”（sociology）改造为“群学”，也使得“群”与“社会”（society）形成相近的概念，或者说严复是把中国传统的“群”的概念与西方的“社会”概念相互整合后，安顿在传统术语“群”的外壳之上形成的具有现代意义的“群”概念。从这个意义说，虽然严复的“群”译自斯宾塞的“社会”（society）概念，但这个“社会”概念经过“理论旅行”到中国之后，形成了初具中国“特色”的“群”的概念。一方面严复把“群”的概念与中国传统的儒家话语对接，他在《〈群学肄言〉译余赘言》中说“荀卿曰：‘民生有群。’群也者，人道所不能外也”③。并且严复认为“群”也与儒家话语中的“修身、齐家、治国、平天下”有相合之处。另一方面，严复在《译〈群学肄言〉序》中更是把“群”的概念与“国家”“政治”话语联系起来：“群学者，将以明治乱盛衰之由，而于三者操其本耳”④；同时在《喻术第三》里又有近乎给“群”下定义式的言说：“群者皆一之积也，所以为群之德，自其一之德而

① 刘禾：《跨语际实践：文学，民族文化与被译介的现代性》，第 36~37 页。

② 〔英〕赫伯特·斯宾塞著《群学肄言》，严复译，商务印书馆，1981，x。

③ 同上书，xi。

④ 同上书，vii。

己定，群者谓之拓都，一者谓之么匿。”[①]

接着，1895 年 8 月康有为在《上海强学会章程》中提出“群人共学”；1895 年 11 月在《上海强学会序》及《后序》中提到“讲学术在合群，累合计什百之群”[②]，“今者思自保，在学之群之”[③]。当然这里的“群”相当于群体、集体，与古代“群”的团结之义更接近，因而不能作为严格意义上的现代“群”概念。

严复的“群”概念多与“社会”相关，而梁启超则视“群”为“会”“学会”形成的前提。1896 年梁启超在《论学会》一文中首先论述了“群”之于现代“民”的重要性，“群故通，通故智，智故强”[④]，如果失去“群”，则“曰鳏寡孤独，是谓无告之民”[⑤]。不过“群”又有区分需作取舍，“群之道，群形质为下，群心智为上。群形质者，蝗蚊蜂蚁之群，非人道之群也；群之不已，必蠹天下，而卒为群心智之人所制”[⑥]。而心智之“群”则是形成“学会”的关键。当然梁启超的“群”概念受到其师康有为的影响，《说群序》中提到“启超问治天下之道于南海先生，先生曰：‘以群为体，以变为用’”[⑦]，由此可见“群”还有浓厚的传统话语色彩，是一种与“帝王之术”“天下”等相联系的概念。另外，梁启超也吸收了严复《治功天演论》与谭嗣同《仁学》中的思想，进一步把“群”运用于现代社会分析，“若是乎群者，万物之公性也”[⑧]。这里又引申到“合群”“自然规律”等意思，“平等”是其最重要的内涵，即“万物之公性”。当然，“梁启超关心的是如何将中国人集合或整合为一个有凝聚力的组织良好的政治实体”[⑨]，因而梁启超把“群”与中国政治的参与、合法性和政治共同体

---

① 〔英〕赫伯特·斯宾塞：《群学肄言》，第 38 页。

② 康有为：《上海强学会序》（1895），见《康有为政论集》（上），中华书局，1981，第 169 页。

③ 同上书，第 172 页。

④ 梁启超：《变法通议·论学会》，《饮冰室文集点校》（第一册），第 38 页。

⑤ 同上。

⑥ 同上书，第 38～39 页。

⑦ 梁启超：《〈说群〉序》（1897），《饮冰室文集点校》（第一册），第 128 页。

⑧ 梁启超：《饮冰室合集》第一册，《饮冰室文集之二》，中华书局，1989，第 5 页。

⑨ 〔美〕张灏：《梁启超与中国思想的过渡（1890～1907）》，江苏人民出版社，1995，第 69 页。

的问题联系起来进行思考，凸显了当时的政治危机，最后用于分析我国的“民”身上缺少的元素：

> 群组而居、自成风俗者，谓之部民；有国家思想、能自布政者，谓之国民。[①]

梁启超直接把“群”与现代“民”的话语建构联系起来，而“民”“群”话语的提出为后来梁启超给现代的“民”正式命名提供了很好的语义基础。

从“群”的概念到后来的“社会”概念的变换，在从“臣民”到“国民”话语的转换中起到至关重要的作用。而关于“群”与“社会”的关系严复在《〈群学肄言〉译余赘言》中说“社会者，有法之群也。社会，商工政学莫不有之，而最重之义，极于成国”[②]。看来严复已经把“群”与“社会”作了初步的区分，“社会”是一种公益化、平等化人群通过契约而自组成的一个群体世界（这是西方启蒙时期的主要思想），这一概念的引入是建立在对国家、民众的重新认识与构建之上的，有极为重要的意义。由社会组成的“国家”才是合理的，进而才能在其中产生“国民”的概念。在从群→社会→国家→国民的概念演绎过程中，“革命”话语的提出有画龙点睛之功，我们将在后面具体论说之，在此不再赘述。

需要强调的是，维新派“国民”话语也要求“国民”人格的独立性。而“群”（社会）是一种公益化、平等化人群通过契约而自组成的一个群体世界。看来“国民”的独立性似乎与“群”的概念有些冲突。不过“国民”的独立也有两层意义：一是国家意义上的；另一是个体意义上的。“国民”的“独立”与“国家”的“独立”相辅相成，是一种群体自主性和主体性，不是独立于世界之外另有其他的个体。发表于《云南杂志》上的《国民势力与国家之关系》一文中说“有完全独立之国民，斯有完全独立之

---

① 梁启超：《新民说》，中国文史出版社，2013，第33、37页。

② 〔英〕赫伯特·斯宾塞：《群学肄言》，xi。

主权”，“独立之国家，必具有独立之国民”[①]。梁启超则提出“独立者何？不藉他力之扶助，而屹然自立于世界者也。人而不能独立，时曰奴隶”[②]。可见独立是“国民”的特权和重要品格，它是“臣民”人格与“国民”人格的区别；更重要的是它牵涉一个国家的独立与否，这与近代中国主权受到西方列强的侵犯，与“国民”独立人格的缺乏有很大关系。梁启超由此批判做学问的依赖古人，治理国家依赖外国，做官的依赖君主，百姓依赖政府；等等。中国的问题不在于国家不独立，而在于民不独立。“故今欲言独立，当先言个人之独立，乃能全体之独立。”[③] 同时，梁启超又把独立与“群”进行区分，“合群云者，合多数之独而成群也”。[④] 因此，“国民”的独立又是一种个体意义的主体性的彰显，是“民智”的体现与要求，而非国家意义上的与其他人和组织断绝往来。在这里“独立”与“群”是辩证统一的关系，而不是相对的。“独立之反面，依赖也，非合群也；合群之反面，营私也，非独立也。”[⑤] 也即要求“国民”兼具独立与“群”的人格。

当然“群”的概念使用比较短暂，戊戌变法以后就基本被“社会”所取代了。严复的贡献就在于创制了“群”这个概念，至于说后来用词发生了变化，其基本的语义却大体一致。可见，同一个词——“群”可以表示不同的概念：古义和现代义；而不同的词也可以在某段时期内表达同一个概念：群和后来维新变法时期的“社会”。这主要是概念背后“话语”言说的结果。具体来说，因之于作为话语言说主体的近代启蒙知识分子，以期引入西方社会学理论改造中国传统的“臣民”话语，而要做到这一点先要用群的概念来型塑一个新型的国家概念，即将国家看作一个所有的民众都能享用其共同权力的“社会”。“社会”这一概念的偏重点是全体民众的契约关系，而不是臣与民之间的利益关系、等级关系。之所以着重“社会”

---

① 死灰：《国民势力与国家之关系》，见《近代史资料专刊——云南杂志选辑》，《近代史资料》编译室主编，知识产权出版社，2013，第46、65页。

② 梁启超：《国民十大元气论》，《清议报》（第33册），光绪二十五年（1899），选自《清议报》（中国近代期刊汇刊·第二册），中华书局，2006，第2118页。

③ 梁启超：《十种德性相反相成义》，《梁启超选集》（下卷），中国文联出版社，2006，第541页。

④ 同上。

⑤ 同上书，第542页。

的概念，是因为它为“国民”话语的言说提供了进一步的理论基础。

另一个与“社会”相等的重要概念是“新民”。梁启超在《论幼学》（1897）一文中较早提出了这一概念：

> 康诰曰，作新民，国者，民之积也。未有其民不新，而其国能立者。彼法国、日本维新之治，其本原所自，昭昭然也。①

1898年他又在《〈经世文新编〉序》中说“《书》曰：‘人惟求旧，器惟求新。’又曰：‘作新民’”②。梁启超不光提出“新民”概念，并且强调了其对于国家的重要性，由此而给传统的“新民”概念赋予现代意义。这里的“新民”中的“新”可视为一个修饰限定词，梁启超后来在《新民说》中所提“新民”中的“新”渐次演化为动词，意为“使……新”。

不过近代的“新民”概念也不是梁启超最先提出，光绪二十一年（即1895年）维新派的早期代表陈炽就有“新民”言述。在《新政策》文中论述各国的治国之法时论及中国有“四事焉”，“一曰教民之法；二曰养民之法；三曰安民之法；四曰新民之法”③。文中把“新”与“教”“养”“安”等动词对应使用，使得“新”具有使动用法，即具有“使……新”之义。因而这里的“新民”概念更接近《新民说》中的相关言说，“自新之谓也，新民之谓也”④。据此，梁启超详细阐释了“新民”的特征：

> 新民云者，非欲吾民尽弃其旧以从他人也，新之意有二：一曰淬厉其所本有而新之，二曰采补其所本无而新之。⑤

梁启超把“新民”中的“新”解释为“淬厉”与“采补”，显然是

---

① 梁启超：《论幼学》（1897），见《时务报·强学报》（第二册），中华书局，1991，第1151~1152页。

② 梁启超：《〈经世新编〉序》（1898），原载1898年3月22日《时务报》第55册。

③ 陈炽：《新政策》（1895），《陈炽集》，中华书局，2014，第373页。

④ 梁启超：《新民说》（1902），《饮冰室文集点校》（第一集），第548页。

⑤ 梁启超：《新民说》（1902~1906），中国文史出版社，2013，第18页。

把它作为一个动词来采用。于是“新民”就可理解为“使民新”而不是“新的民”，那么是谁“使”民自新呢？梁启超的答案是“自新之谓也，新民之谓也”①。这里有个关键词“自新”，即自我更新而不是求助于外力。在梁启超的“新民”话语中，并没有所谓的“启蒙者”与“被启蒙”的对象，而是自我启蒙，“新民云者，非新者一人，而新之者又一人也，则在吾民之各自新而已”②。不过从梁启超后面的“新民”言述中，我们不难看出让民“自新”只是一个理想状态，最终还是要由启蒙知识分子“使之新”。

梁启超在现代语境中把传统“新民”概念进行整合，从而提出了20世纪“大众”话语词群中较早的新概念“新民”，从某种意义上看，梁启超也是真正具有现代意义的“民”的命名者。当然，梁启超对“新民”的重新命名绝不是标新立异，而是有其直接的现实功利性，在后来1902年《新民丛报》创刊号上有这样的告白：“本报取《大学》新民之义，以为欲维新吾国，当先维新吾民。中国所以不振，由于国民公德缺乏，智慧不开，故本报专对此病而药治之。”③ 维新国家的希望在于维新国民，但是近代中国的国民在“德”和“智”上都存在缺陷，而《新民丛报》则是梁启超为医治国民而开的药方。

可以说，梁启超的“新民”话语一方面受到严复的“三民”话语的影响，同时也是建立在批判中国传统“臣民”话语（淬厉其所本有）的基础之上的。梁启超把中国传统的“臣民”建构成只知道家不知国、只知己不知群、只知私德不知公德的人群，因而“新民”之说势所必然；另一方面也从西方“公民”话语（采补其所本无）中吸取了一些新的元素，即以为权利与义务同时存在。

梁启超受到“三民”影响，仅从《新民说》后面提倡“民力、民德、民智”可见一斑，而传统的影响则从发刊词中也可寻得，“本报取《大学》新民之义，以为欲维新吾国，当先维新吾民……”④ 前面也提到过，“新民”

① 梁启超：《新民说》(1902)，《饮冰室文集点校》(第一集)，第548页。
② 同上。
③ 丁文江、赵丰田编《梁启超年谱长编》，上海人民出版社，1983，第272页。
④ 《新民丛报·发刊词》第一号，1902。

一词并非梁启超首创，儒家经典《大学》里说“大学之道，在明明，在新民”，这其实强调道德修养对人的革新作用。但是当梁启超赋予“新民”一些理想的人格：强烈的上进心、爱自由民主、遵纪守法、有强健的体魄，“新民”就被制造成一个表征现代历史前进方向的崭新概念。关于这个词里的“新”字，有人把之理解为两种含义，其一用作动词，“新民”就应该理解为“人的革新”；其二作为形容词“新民”就是“新的公民”或“新的国民”[①]。不论作动词还是形容词，“新”都与源自西方的启蒙话语不无关系。而就梁启超上面言说中的“淬厉”“采补”用语而言，其主要倾向于把“新”用作动词“革新”，其所支配的对象应该是传统的“臣民”，通过增补、改换的方式把传统“臣民”改造为与启蒙话语相契合的“国民”。因此本书中我们主要把它理解为“革新臣民”。同时梁启超的“新民”也与他所提到的“群”的概念密切相关，即都强调基于“革新”意义上的集体主义（合群）的道德观，不管是国民的“公德”还是“私德”都是群体的基本素质。从“群”到“新民”，我们可以看到，梁启超所建立的是集体主义而不是个人主义的“国民”[②]。

可以说，“国民”用语的频繁使用一般可视为“国民”概念的出现的标志。中国近代首次使用“国民”用语的文本尚难准确考证，可以肯定的是，像梁启超、康有为、孙中山等都是“国民”概念的较早使用者。不过在梁

---

① 〔美〕张灏：《梁启超与中国思想的过渡（1890~1907）》，江苏人民出版社，1995，第107页。

② 需要补充说明的是，我们在论述梁启超的“国民”话语时，涉及“群”“新民”等概念。我们认为“群”是从“臣民”到“国民”概念演变的过渡性概念，而“新民”则不是。就是说，“新民”与“国民”之间不存在先后或递进关系，而是相互平行的两个概念。我们认为“新民”有“使民新”之义，即它是从“臣民”到“国民”流变的方式与话语策略。如果说我们把“国民”视为近代“民”话语演变的理论言说，那么“新民”则是“民”话语流变的话语实践。梁启超在创办《清议报》（1898~1901）之前分别提出了“新民”“国民”等概念，而在《清议报》办报期间，梁启超开始自觉进行现代“国民”话语建构；1901年12月《清议报》因为报馆失火而停刊。接着梁启超于1902年2月又在横滨创办了《新民丛报》，在创刊号中其开宗明义地提出了办报宗旨“本报取《大学》新民之义，以为欲维新吾国，当先维新吾民”。虽然“新民”用语来自《大学》，但梁启超取其“维新吾国”之义，进而成为传统“民”向“国民”转换的方式与路径。也就是“淬厉其所本有而新之”“采补其所本无而新之”，其中“其所本有”可视为传统的“臣民”的积极部分；“其所本无”显然是包括日本在内的现代西方文化因素。同时，“新”的“维新”之义也是对日本“明治维新”的政治模仿。

启超那里“新民”（1897）与“国民”的概念几乎同时采用，甚至更早使用“国民”概念。1896年梁启超在《时务报》上发表的翻译文本《中国论》中就开始使用“国民”一词[①]；1897年梁启超又在《论变法必自平满汉之界始》中提到“凡属国民，皆有爱国忧国之职分焉”[②]；在《〈仁学〉序》（1898）中说“视同胞国民之糜烂而不加怜，任同体众生之痛痒而不知觉”[③]；写于1898年10月的《戊戌政变记》更是多次使用“国民”概念，“选编国民为兵，而司其教练”；“国权日削，国民日困”[④]。当然梁启超在这些文本中使用“国民”，更多的是一种“语境”性的用词选择，而不具有完全自觉的现代“国民”意识。梁启超真正具有现代“国民”意识的言说始于《清议报》的创刊，1898年11月23日梁启超在《横滨清议报叙例》中有这样的言述：

> 此正我国民竭忠尽虑，扶持国体之时也。是以联合同志，共兴《清议报》为国民之耳目，作维新之喉舌。呜呼！我支那四万万同胞之国民，当共鉴之，我黄色种人欲图二十世纪自治之业者，当共赞之，今将本报宗旨规例列左：
>
> 宗旨
>
> 一　维持支那之清议，激发国民之正气。
>
> ……[⑤]

《清议报》是梁启超与康有为在戊戌变法失败后流亡日本时创办的期刊，梁启超在“叙例”中明确地点出了其办报宗旨为“维持支那之清议，激发国民之正气”。显然在这种特殊时代语境中诞生的《清议报》，其时代

① 中国史学会编《戊戌变法》（第三册），神州国光社，1953，第276页。
② 梁启超：《变法通议·论变法必自平满汉之界始》（1897），《饮冰室文集点校》，云南教育出版社，2001，第70页。
③ 梁启超：《仁学》（1898），《梁启超全集》（第一册），北京出版社，1999，第170页。
④ 梁启超：《戊戌政变记》（1898年10月），《梁启超全集》（第一册），北京出版社，1999，第188、216页。
⑤ 梁启超：《横滨清议报叙例》（1898），原载《清议报》（第一册），1898年12月23日；见《清议报》（第一册），中华书局，2006，第4页。

“功利性”是不言而喻的，而这当中“国民”意识的自觉尤其显得重要。因此可以说，“梁启超‘国民’意识的自觉始自1898年底，标志性文章即为《〈清议报〉叙例》”①。

1899年梁启超更具体地论证现代“国民”，并把“国民”与“国”相联系。

> 国民者，以国为人民公产之称也。国者积民而成，舍民之外，则无有国。以一国之民，治一国之事，定一国之法，谋一国之利，捍一国之患，其民不可得而侮，其国不可得而亡，是之谓国民。②

梁启超把“国”视为“国民”的“公产”与前提，而“国”又是由“国民”积成，没有“国民”也就无所谓有“国”。当然这里的“国”与“国民”均具现代性意味的概念。1903年，梁启超又借用伯伦知理的“有机”国家理论来论述“国民”与“国家”的关系：

> 一曰国民者人格也，据有机之国家以为其体，而能发表其意想，制定其权利者也；二曰国民者法团也，生存于国家中之一法律体也。③

“国民”是国家之民，而不是封建时代的“君”之“臣民”。国家由“国民”组成并且由其来治理，“民与国，一而二，二而一者也”④。既然国家由“民”组成，那么“国家之主人为谁？即一国之民是也”⑤。这种凸显主体性的“国民”，与封建时代以国为一家私产的“臣民”有本质区别：传统“臣民”被视为毫无政治权利的人，而“国民”不仅能够作为国家主体，

---

① 董炳月：《“同文”的现代转换——日语借词中的思想与文学》，昆仑出版社，2012，第120页。

② 梁启超：《论近世国民竞争之大势及中国前途》，原载《清议报》（第30册），1899年9月11日；见《清议报》（第二册），中华书局，2006，第1921页。

③ 梁启超：《政治学大家伯伦知理之学说》（1903），《饮冰室文集点校》（第一集），第452页。

④ 梁启超：《爱国论》（1899），《饮冰室文集点校》（第二集），第663页。

⑤ 梁启超：《中国积弱溯源论》（1901），《饮冰室文集点校》（第二集），第672页。

而且有权参加国家的政治生活。梁启超还把“国民”与“国家”之间视为相辅相成的甚至是同一的关系，“故有国民即有国家，无国家亦无国民，二者实同物而异名耳”①。

虽然“国”由“民”组成，但“民”只是“国”的组成部分。梁启超对于“国”的概念也进行了阐述，“领土、国民，要素之有形者也；统治权，要素之无形者也。三者合为一，字曰国家”②。梁启超又把“国”进行拆解分析其组成要素，“国”字古代作“或”字，按照《说文解字》解释，“从口，所以表国民也；从一，所以表领土也；从戈，所以表统治权也”③。在梁启超看来，“国民”是组成“国家”的有形要素之一。进一步说，“国民”的生成要以“国家”为前提，“国民云者，国之民也，惟有国斯称国民”④。然而，与其他近代知识分子一样，梁启超也有“无国”的焦灼，“中国号称有国，而国之形体不具，则与无国同”⑤。因而梁启超在建构现代“国民”概念的同时，也在极力建构现代“国家”概念。

为了更进一步阐述“国民”为“国”之“民”，梁启超还把“国民”与“民族”概念进行区分：

> 故夫民族者，有同一言语风俗，有同一之精神性质，其公同心渐因以发达，是固建国之阶梯也。但当其未联合以创一国之时，则终不能为人格、为法团，故只能谓之民族，不能谓之国民。⑥

梁启超认为“民族”缺少形成“国民”的要素：人格、法团，不过“民族”与“国民”的本质区别在于能否“联合以创一国”。

后来汪兆铭在《民族的国民》中继承了梁启超的“国民”概念，“国民

---

① 梁启超：《政治学大家伯伦知理之学说》（1903），《饮冰室文集点校》（第一集），第452页。

② 梁启超：《宪政浅说》（1910），《饮冰室文集点校》（第二集），第954页。

③ 同上书，第955页。

④ 梁启超：《杂答某报》（1906），《饮冰室文集点校》（第三集），第1481页。

⑤ 梁启超：《政治学大家伯伦知理之学说》（1903），《饮冰室文集点校》（第一集），第450页。

⑥ 同上书，第452页。

云者，法学上之用语也。自法律论言，则国民者有国法上之人格者也。专制国则其国民奴隶而已，以其无国法上之人格也”。[①]“国民”不仅仅是国家的分子，而且是立宪国家的基本身份，享有独立的人格，既有义务又有权利。

可见，“国民”与“国”息息相关，“民”是“国”之民。当然“国家”一词古已有之，但是中国古代的“国”与“天下”常常混淆不清。在传统的农耕文明中诞生了“华夏中心主义”的观念，“天下”概念也就应运而生。直到19世纪西方的现代物质文明打开了中国这个“天朝”王国的大门，一些有识之士逐渐意识到中国并非“天下”的中心，“天下”由许多“国”组成。更为重要的是西方现代性的入侵，淡化“天下”的同时却增强了国人的主权意识。这样“以‘华夏’为中心到列国并立，使‘民’与‘国’的关系更加密切，从而为‘国民’地位的最终确立提供了观念基础”[②]。换句话说，正是19世纪以来西方思想的进入，遂引起国人对“国家”属性的思考，并进而认识到一个先进国家的建立，是与“民”的平等境遇密切相关的。这也使得改良派的先觉者逐渐意识到“民”在“国家”主权独立中的革命性力量，因为现代“国家”的建立不可能依靠封建时代的“顺民”，而是初具某种现代倾向的“民”。因此这种现代的“国家”意识势必要内化为现代的“国民”意识。

从上述可知，梁启超等人把“国家”置于“国民”话语的中心地位，使得“国民”成为既具独特个体性的“个别”，又是抽象意义上的政治群体。那么，晚清知识分子在构建“国民”话语时为何总是把关于“国家”的构想置于其上呢？这恐怕还与当时另一个主流话语——社会达尔文主义相关。自1895年严复翻译《天演论》以来，“社会达尔文主义”理论便“旅行”到中国，其理论核心是“生存竞争，优胜劣汰”。也即既然“国家”由“国民”凝聚而成，那么“国家”也与“国民”一样成为拥有独立人格的有机体。就像梁启超所说，“国也者，积民而成。国之有民，犹身之有四肢、五脏、筋脉、血轮也”[③]。国家的兴衰系于“国民”，同时也成为

① 《民报》（第一号），日本明治三十八年（1905）。
② 陈永森：《告别臣民的尝试》，中国人民大学出版社，2004，第65页。
③ 梁启超：《新民说》（1902），《饮冰室文集点校》（第一集），第547页。

“国民”素质的表征。从这个意义说，在有“臣民”而无“国民”，有“奴隶”无“主人”的传统社会，自然不存在现代意义的“国家”。由此看来，梁启超等人极力建构“国民”的话语实践，其旨归却在建构一种抽象意义上的主体性的“国民”，而非具体的被宰制的“国民”客体。也就是说，占据梁启超的“国民”话语核心位置的，“绝非国民本身，而是他们所构成的有机整体——国家”[①]，由此，建立现代国家远甚于个人自由的解放。因而在他的“国民”话语中，“不是把个人从政治生活中解放出来的西方现代自由主义，而是把个人纳入到公共政治生活的古典自由主义”[②]。

行文至此，关于“维新派”的“国民”话语论述已完成。我们大体是沿着梁启超的“国民”言说展开论证的。不过“维新派”的另一个重要人物康有为的“国民”言论，对于“国民”话语的建构功不可没。作为改良派的先驱，康有为的“国民”话语一开始就充满了不彻底性或者保守性，其思想反映了“中国农业社会与西洋工业社会的矛盾时代”[③]。虽然康有为较早具有现代“国民”意识并进行“国民”言说，如他也多次较早地使用“国民”一词：“震厉维新，鼓荡国民”（1889）、“为国民所托命，复宗社土地”（1898）、“中国不亡，国民不奴”（1898）[④] 等。然而，当梁启超等人在 19 世纪末为“新民”与“国民”概念摇旗呐喊时，康有为仍然对“臣民”情有独钟。希望通过光绪帝推行立宪新政。在 1895 年给清帝的上书中依然使用“臣民”用语，“闻日本索偿二万万，是使我臣民上下三岁不食乃能给之”[⑤]，在这一点上梁启超与康有为差异甚大。

二 革命派的“国民”话语

在维新派的“国民”话语论述中，我们援引了梁启超的“革命”言述，即把“革命”视为“改朝换代”。在革命派的“国民”话语中，著名政治家邵力子则把“改朝换代”概述为“否认”，即“真正的革命精神应由

① 许纪霖等编《现代中国思想的核心观念》，上海人民出版社，2011，第 330 页。
② 贡华南主编《现代性与国民意识》，上海辞书出版社，2012，第 26 页。
③ 郭湛波：《近五十年中国思想史》，上海世纪出版集团，2010，第 12 页。
④ 康有为：《康有为政论集》（上册），中华书局，1981，第 305、257、300 页。
⑤ 康有为：《上清帝第二书》（1895 年 5 月），《康有为政论集》（上），第 123 页。

‘否认’出发，如果不否认，便只须改良，不必革命”[①]。那么，革命精神“否认”什么呢？邵力子认为“革命党人否认满洲人是中国共主，力辟保皇党的邪说，革命才能成功”[②]。在邵力子看来，“革命”与“改良”的“区别即全在否认这一点”。

由此来看，在近代以来的话语场中，革命派和维新派的话语分歧最主要地表现在是否需要保存以满族人为代表的清王朝。显然革命派的最终目标是“否认”清王朝的统治，因而对维新派的“国民”言述颇有异议，如云“对于国民，诡名立宪，以为欺饰，其实则剥夺国民种种权利，以行中央集权之实”[③]。不过他们都面临共同的敌人——早期殖民主义与国内封建专制势力。

革命派的代表人物主要是辛亥革命的领导者，诸如孙中山、黄兴、朱执信、邵力子等。改良派的领军人物梁启超等在辛亥革命之后也逐渐向革命派靠拢，近代学者章太炎甚至在1900年之后激烈反对改良派的“国民”话语，继而成为革命派的中坚力量。最终，随着孙中山以“共和”为内核的“国民”话语的形成，多数改良派与革命派的“国民”话语汇聚到这一革命的时代主流话语之中。在这个时代的话语坐标系中，革命派与维新派的“国民”话语曲线呈现出始而相同，渐次趋异而后最终合流的总体走向。

革命派中较早提出初具现代意义的“国民”概念的当属孙中山，几乎在梁启超提出“新民”概念的同时，1897年孙中山在《伦敦被难记》中首次使用“国民”概念，“无论为朝廷之事，为国民之事，甚至为地方之事，百姓均无发言或与闻之权”[④]。并且也较早谈到“国民”的权利问题。而在同年的8月，孙中山又在《与宫崎寅葬平山周的谈话》中提到“国民”现代性的根本诉求，“余以人群自治为政治之极则，故于政治之精神，执共和主义”[⑤]，这里提出了其政治理念中的“自治”“共和”等关键词，接着批

① 邵力子：《革命与否认》（1923），《邵力子文集》（下册），中华书局，1985，第819页。

② 同上书，第818页。

③ 黄兴：《致暹罗同志书》（1911年11月），《黄兴集》，中华书局，1981，第27页。

④ 孙中山：《伦敦被难记》（1897），《孙中山全集》（第一卷），中华书局，2006，第50页。

⑤ 孙中山：《与宫崎寅葬平山周的谈话》（1897年8月），《孙中山全集》（第一卷），第172页。

判“人或云共和政体不适支那之野蛮国，此不谅情势之言耳”① 的观点，进而谈到“且夫共和政治不仅为政体之极则，而适合于支那国民之故，而又有革命上之便利者也”②。

这两篇文章道出了孙中山“国民”话语的核心：权利与共和，同时也标志着革命派“国民”现代性概念的确立。“国民”是“国家”之民，享有权利和义务，而不是传统的“君主”之“子民”。孙中山认为“从前是皇帝在上，人民在下，现在我中华民国人民已经从奴隶的地位变做主人的地位”③。从“奴隶”到“主人”充分体现了“国民”的主体性所在。然而如何体现主体性呢？“我们做主人翁的，要晓得做主人有主人的资格，有主人的学问，有主人的度量。一国的人民都有一定要尽的义务，大家尽了义务，方能算是主人。”④

那么现代意义的“国家”又是什么呢？其实就是孙中山所说的“民国”，他以比较的方式对“民国”进行了阐释，“民国是和帝国不同的：帝国是由皇帝一个人专制，民国是由全国的人民做主；帝国是家天下，民国是公天下”⑤。也就是说，帝国时代是不存在现代意义的“国民”的，同时我们也可以说，革命派的“国民”话语的正式生成应该在中华民国建立之后。

近代著名学者章太炎的“国民”话语重在对改良派的“维新”“改良”进行批判。章太炎在戊戌变法前后比较支持维新变法，但1900年之后他强烈反对康有为的“君主立宪”“满汉不分”的言论，倡导以“革命”为中心的“国民”理念。章太炎认为与君主立宪相比，开议院能够“使国民咸操选举之权以公天下其仁如天，至公如地”⑥；而从“国民”的权利而言，“革命之权，国民操之”，但“维新之权，非国民操之”⑦，“国民”权利的

① 孙中山：《与宫崎寅葬平山周的谈话》（1897年8月），《孙中山全集》（第一卷），第172页。
② 同上书，第173页。
③ 孙中山：《在江阴各界欢迎会的演说》（1912），《孙中山全集》（第二卷），第525页。
④ 同上。
⑤ 孙中山：《在广州商团及警察联欢会的演说》（1924），《孙中山全集》（第二卷），第58页。
⑥ 章太炎：《驳康有为论革命书》（1903年5月），《章太炎政论选集》（上），中华书局，1977，第198页。
⑦ 章太炎：《驳革命驳议》（1903年6月），《章太炎政论选集》（上），第231页。

实际有无成为“改良”与“革命”的重要区分。

革命派的另一个理论家，与孙中山同为同盟会早期成员的朱执信，其“国民”话语紧跟孙中山的“三民主义”，强调“国民革命”的主力是“细民”“平民”。1906年朱执信在《论社会革命当与政治革命并行》中谈到“政治革命之主体为平民，其客体为政府（广义）；社会革命之主体为细民，其客体为豪右”[①]。朱执信把“国民革命”分为“政治革命”与“社会革命”，并把“平民”与“政府”、“细民”与“豪右”相对应。朱执信的这些概念大多来自日语，如“至于细民，则日本通译平民，或劳动阶级。平民之义，对政府用之”[②]。可见，这里的“细民”与“平民”是一对同义词，只是语体色彩不同而已。它们可以视为朱执信“国民”话语语义场中的“分述语”。

朱执信的“国民”话语除了对“三民主义”的继承之外，更大的特点是体现出由“国民”向工农“民众”话语的过渡。写于1920年的《野心家与劳动阶级》一文，朱执信较早地提到了“阶级”“工人”“农人”等概念，而这些概念正是1920年代的工农“民众”话语语义场中的关键概念。与1920年代的工农“民众”言说不同的是，朱执信认为“国民”中的“劳动者”“工人”等还没有斗争的力量，但“我们正应该帮助他们，替他们想办法”，而且“工人的力量是一天增加一天”，“离开了农工的帮助，学界也没有真正的力量”[③]。朱执信“国民”话语中的“农工”虽然还没有力量，处于萌芽状态，但毕竟让人看到未来的希望。

佚名发表在《国民报》上的《说国民》一文也在与奴隶对比之中建构起“国民”话语，“奴隶无权利，而国民有权利；奴隶无责任，而国民有责任；奴隶甘压制，而国民喜自由；奴隶尚尊卑，而国民言平等；奴隶好依傍，而国民尚独立。此奴隶与国民之别也”[④]，从而更为清晰地描画出时代所需要的“国民”人格。这种“国民”比“君”对于国家更为重要，以这样的“国民”治国事则“无事不治”。然而，近代的中国之民，“不为奴隶

---

① 朱执信：《论社会革命当与政治革命并行》（1906），原载1906年6月《民报》第5号。

② 朱执信：《论社会革命当与政治革命并行》（1906），原载《民报》。

③ 朱执信：《野心家与劳动阶级》（1920），原载1920年3月《建设》第2卷第2号。

④ 佚名：《说国民》，原载《国民报》第2期，1901年6月10日。

者盖鲜”，自秦汉之后在封建专制统治之下只有奴隶而没有“国民”。真正的“国民”具有强大的力量，“以国民而伐奴隶之兵，奴隶安有所不败；以国民而握奴隶之利，奴隶安有所不穷”①。

前面也提到过，革命派和维新派（后期变为立宪派）都是出于社会变革的初衷而建构各自的“国民”话语。而在近代这个新旧交替、东西碰撞的话语斗争场域中，革命派知识分子逐渐建构出一套与时代发展方向相契合的“大众”话语谱系，并成为新、旧革命派“大众”话语言说的基调。国民→群众→民众→工农大众等。作为 20 世纪“大众”话语知识谱系的“元”话语——“国民”，在革命派与立宪派那里差异越来越大。这其中的主要原因在于他们对现代“革命”话语的不同理解和实践所致。改良派把“革命”言说成“改革”“变革”；而革命派则采用“革命”概念中的“以暴易暴”之义。为了更好地说明他们之间的差异，我们选取革命派的《民报》和立宪派的《新民丛报》，以他们在这些报刊上的论争来说明各自立场和观点的不同（见表 1-1）。

表 1-1　《民报》与《新民丛报》辩驳的纲领

报刊 序号	革命派的《民报》	立宪派的《新民丛报》
1	主共和	主专制
2	望国民以民权立宪	望政府以开明专制
3	以政府恶劣，故望国民之革命	以国民恶劣，故望政府以专制
4	望国民以民权立宪，故鼓吹教育与革命以求达其目的	望政府以开明专制
5	主张政治革命，同时主张种族革命	主张开明专制，同时主张政治革命
6	以为国民革命，自颠覆专制而观，则为政治革命，自驱除异族而观，则为种族革命	以为种族革命与政治革命，不能相容
7	以为政治革命必须实力	以为政治革命只须要求
8	以为革命事业，专主实力不取要求	以为要求不遂，继以惩警
9	以为凡虚无党皆以革命为宗旨，非仅以刺客为事	诋毁革命，而鼓吹虚无党

① 佚名：《说国民》，原载《国民报》第 2 期，1901 年 6 月 10 日。

续表

序号＼报刊	革命派的《民报》	立宪派的《新民丛报》
10	以为革命所求共和	以为革命反以得专制
11	鉴于世界前途，知社会问题必须解决，故提倡社会主义	以为社会主义，不过煽动乞丐流民之具

资料来源：周佳荣：《新民与复兴——近代中国思想论》（第二版），香港教育图书公司，2008，第186页。

从表1-1我们能够看到革命派与立宪派截然不同的话语立场，而与之相对应的“《民报》与《新民丛报》激战的论点，自然是包括民族、民权、民生所谓的‘三民主义’的全部，但使当时一般读者最感觉兴味的，还是在关于民族、民权两问题的文字”①。具体来说，立宪派最终指向的是“君主立宪”，而革命派则要求推翻原有的君主国家，重建民主共和国。他们的分歧的核心点在于对政治变革中的“革命”话语语义的选择不同，立宪派所选取的是自日本“旅行”过来的“革命”概念，即把“革命”视为“变革”或“维新”，立宪派这种理解“其实已脱离了以暴力手段改朝换代的中国传统‘革命’的语境”②。而以孙中山为代表的革命派则把“革命”看作彻底改朝换代的工具，也即“孙中山造成了传统‘革命’话语的内在转换，和梁启超强调思想层面的转变不同，在于他保持了政权转移的‘革命’理论的内核”③。可见，革命派的“革命”不是简单地“变革”而是把“革命”变成了社会公器，纳入了“法国革命”式的现代性话语轨道。④ 在近代这个话语权斗争的场域中，立宪派逐渐失去先前的话语权，其“国民”话语也慢慢退出历史舞台；而革命派中的一部分则接受了国际“共产主义”话语的影响，其“国民”话语也由此成为后来“工农民众”话语的先声。

总体来看，革命派的“国民”话语具有以下特征。

首先，革命派的“国民”话语倡导在人人平等的前提下进行彻底革命。未署名的文章《说国民》中认为人生下来并没有尊卑上下，如果不想做奴

① 李剑农：《中国近百年政治史》，商务印书馆，2013，第235页。

② 陈建华：《“革命”现代性——中国革命话语考论》，上海古籍出版社，2000，第9页。

③ 同上书，第65页。

④ 同上。

隶而做“国民”，就要“冲决治人者与被治者之网罗，则人人皆治人者，即人人皆被治者；冲决贵族与平民之网罗，则人人皆王侯，即人人皆皂奴”，“夫然后一国之内无一人不得其平，举国之人无一人不得其所，有平等之民斯为平等之国。故不平等者，非国民也”[①]。“国民”要想平等只有经过暴力“革命”消除社会不平等，否则就不能称其为“国民”。这篇文章还分别给“国民”和“奴隶”下了个简短的定义，“何谓国民？曰：天使吾为民而吾能尽其为民者也。何为奴隶？曰：天使吾为民而卒不成其为民者也。”[②] 文中采用了非此即彼的思维模式，平等是成为“国民”的重要条件，如果不能实现则“卒不成其为民者也”，也即沦为奴隶。这种把“国民”与“奴隶”对立的非此即彼的“国民”话语，使得暴力革命成为必须，因为它不存在“中间地带”式的“折中”革命，而是彻底地改朝换代。

其次，革命派的“国民”话语中普遍存在浓厚的“大汉族主义”或“排满”色彩。这一点也是革命派与维新派对“革命”的不同理解之外的又一个明显的区别。“排满”与“满汉不分”这两个相对的言述，其实所彰显的正是“革命”与“变革”的不同主张，最终导向“君主立宪”与“民主共和”两种不同的话语指向。

辛亥革命的主要领导人黄兴就在《在武昌受任民军战时总司令时的讲话》中宣称“此次革命，是光复汉族，建立共和政府”[③]。因而他们的“国民”概念主要指汉人，而把满洲人整合出了“国民”概念之外，视其为“异类”。革命者邹容写于1903年的《革命军》一文对“国民”进行重新定义，“吾先以一言叫起我同胞曰：国民”，“全国无论男女，皆为国民”。但是这里的前提是“我皇汉人民，永脱满洲之羁绊”。这当然与其强烈的“排满”思想有关。文中直抒胸臆式的指出“中国最不平伤心惨目之事，莫过于满洲人而为君”。然后从人数、文明程度等方面论证满洲人统治的不合理性，并历数清军入关满人对汉人的血腥镇压以挑起民族仇恨。“吾宁使汉种

---

① 佚名：《说国民》，原载《国民报》第2期，1901年6月10日。

② 同上。

③ 黄兴：《在武昌受任民军战时总司令时的讲话》（1911年11月），《黄兴集》，中华书局，1981，第78页。

亡尽杀尽死尽，而不愿其享升平盛世，歌舞河山，优游于满洲人之胯下。”[①]很显然，这些带有极强情绪化的“国民”话语，是一种激进的“以暴易暴”“改朝换代”等“革命”现代性话语。汪兆铭在《民族的国民》中把“国民”与“专制”对立起来，“国民云者，法学上之用语也。专制国则其国民奴隶而已，以其无国法上之人格也”。[②] 与邹容的相同之处在于其激烈的排满主义和大汉族思想，强烈批判康有为的“满汉不分，君民同体，以为政权自由，必可不待革命而得之，而种族之别则尤无须乎尔”[③] 等话语。并且强烈鄙视满洲人，认为其为劣等民族，“是则满族与我，真若风马牛之不相及，无他之问题可以发生”[④]，“彼其东胡贱族（西方谓之通古斯种），方以类聚，故斩合至易，连及蒙古，视之有间矣”[⑤]。汪兆铭认为民族主义是人的天性，“况今之政府，异族之政府也，非我族类，其心必异，彼惧其民族之孤，而虞吾之逼，乃为是以牢笼我，乃遽信之乎！”[⑥] 汪兆铭在其言论中多次强调“非我族类，其心必异”，把社会的衰败悉数归因于满洲人的统治。

可见，大多数革命派的这种“民族主义”话语都带有强烈的主观情绪色彩，而孙中山的“民族主义”话语中“排满”思想依然存在，只是更加理性化和系统化，“民族主义，并非是遇着不同族的人便要排斥他，是不许那不同族的人夺我民族的政权”[⑦]，而我们“国民”的问题在于“无团体”。与激进的绝对化的排满话语不同，孙中山有所区分地提出“我们并不是恨满洲人，是恨害汉人的满洲人”[⑧]。

这种“民族主义”在安德森那里被作为一种“想象”的产物，安德森认为，民族“是一种想象的政治共同体——并且，它是被想象为本质上有

① 邹容：《革命军》，《猛回头：陈天华、邹容集》，辽宁人民出版社，1994，第179 220页。
② 汪兆铭：《民族的国民》，原载《民报》第一号，日本明治三十八年（1905）十一月二十六日。
③ 同上。
④ 同上。
⑤ 同上。
⑥ 同上。
⑦ 孙中山：《在东京〈民报〉创刊周年庆祝大会的演说》（1906），《孙中山全集》（第1卷），第324页。
⑧ 同上书，第325页。

限的（limited），同时也享有主权的共同体”①。安德森的“想象”并非“捏造”而是社会群体的认知过程，“是一种社会心理学上的‘社会事实’”②。回到我们的话题，革命派“想象”出“大汉族主义”之后，自然会“想象”出与立宪派不尽相同的“国民”形象，而且这种思想在革命派中很有代表性，至少在辛亥革命胜利之前这种“想象”的民族主义占据了革命派的主流。但是，在近代的历史语境中这种排满尊汉的“国民”话语，能够以一种话语的力量，把一部分对晚清政府不满的汉人动员到革命的队伍之中，直到辛亥革命胜利，这种“排满”话语才发生转向。

总之，作为现代性“大众”话语的第一个概念——国民，是“大众”话语从传统走向现代的转折和过渡概念。而随着启蒙现代性思潮的推进，作为现代性话语的伴生品——“革命”（Revolution）几乎贯穿了整个中国20世纪的话语实践。自戊戌变法至五四运动前夕，各种话语实践聚合在一起形成了一个巨大的话语场，在这个场域之中立宪派与革命派的话语发生碰撞、裂变、整合，最终“革新”“改革”等语义淡出“革命”话语之外，“革命”也就自然成了“改朝换代”的代名词。这个经历了“现代性”洗礼的“革命”话语实践又不断地推动“大众”话语的生成与流变，也即“国民”话语在不断地“言说”中被“民众”等更具“阶级”倾向性的话语所替代。

三　民国初期的“群”与“社会”

从以上改良派与革命派的“国民”话语言说脉络中，我们可以看到，“国民”话语始于改良派的“变革”（Revolution）话语，最终生成于革命派的“革命”话语言说。具体而言，从群→社会→国家→国民的概念变换，到“大众”话语的现代性转换，在这个转换过程中从“群”到具有现代气息的“社会”概念的演变是具有决定性意义的。同时，从源头上说，“臣民”话语的现代性转型体现了时代的客观要求，在这一点上“改良派”与“革命派”的“国民”话语具有共通性。而从“群”到“社会”概念的转

① 〔美〕本尼迪克特·安德森：《想象的共同体》，吴叡人译，上海人民出版社，2011，第6页。
② 同上书，第8页。

换，在时间上处在“改良派”的“国民”话语逐渐向“革命派”靠拢的时期。因此，至少从“社会”概念始，后面几个概念“国家”“国民”等的流变基本可以归于“革命派”的言说之中。[①] 我们先用一个图来展示从传统到现代转换的几个概念、话语间的隶属关系。

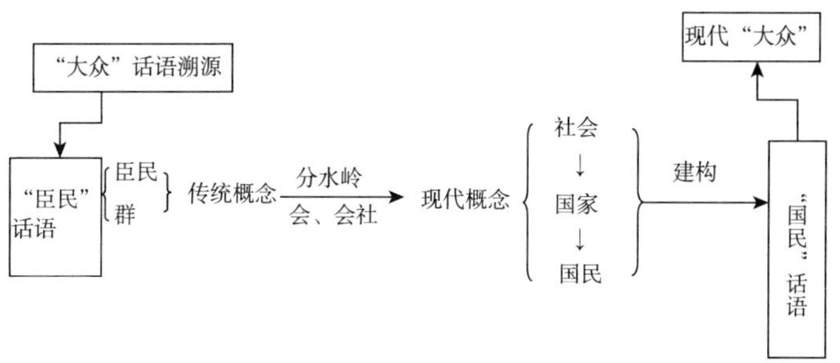

从图可以看到，从“臣民”到“国民”的言说，不仅经历了概念的过渡：群、会、会社等，而且还伴随着其他的“辅助”概念：社会、国家等。这当中从现代意义的“群”到“社会”的概念演变起着关键作用。1895 年严复在《原强修订稿》一文中较为集中地论说了“群”的概念，“号其学曰‘群学’，犹荀卿言人之贵于禽兽者，以其能群也，故曰‘群学’”[②]。不过到 1903 年严复在其翻译的《社会通诠》一书中开始大量使用“社会”概念：

> 治制者，民生有群，群而有约束刑政，凡以善其群之相生相养者，则立之政府焉。故治制者，政府之事也；社会者，群居之民，有其所同守之约束，所同蕲之境界。是故偶合之众虽多，不为社会。萍若而合，絮若而散，无公认之达义，无同求之幸福，经制不立，无典籍载记之流传，若此者，几不足以言群，愈不足以云社会矣。[③]

① 当然“改良派”与“革命派”的“合流”也是不完全的，一方面梁启超也没有彻底走进“革命派”行列中；另一方面，有些“改良派”的成员始终对“革命派”持反对甚至敌视姿态，最典型代表就是康有为，他竭力反对“革命”，认为这会给社会带来动乱甚至是流血性灾难。

② 王栻主编《严复集》（第一册），中华书局，1986，第 16 页。

③ 〔英〕甄克思：《社会通诠》，严复译，商务印书馆，1981，第 1 页。

严复把“社会”概念与“治制”“政府”“经制”等概念联系起来，用以与“群”的概念相区分。尽管严复的“社会”用语是译自“Society”一词，但显然“社会”在严复那里经历了“概念旅行”，比如《社会通诠》一书的书名是从英文“A History of Politics”译出的，用以突出“社会”概念的“现代政治”意义。之所以说“社会”在严复手中已经开始了“概念旅行”，因为在西方最初的“Society”并没有明确的“政治”含义，对此美国学者汉娜·阿伦特（Hannah Arendt）作了简单的考证：

> “社会的”（social）一词起源于罗马，而在希腊语言或者思想中却没有一个相对应的词——这一点尽管不具有决定性意义，但却至关重要。然而，拉丁语中对 societas 一词的运用最初则带有明显的、尽管是有限的政治含义；它指的是为了一个明确的目的而组织起来的人与人之间的联盟。①

这样一来，自 1895 年到 1903 年，中国近代史上用“群”指代“社会”（Society）前后经历了 8 年左右。“虽然‘群’的使用次数在 1903 年达到前所未有的高峰，但从那一年开始，‘社会’一词的使用次数就始终多于‘群’的使用次数，从此以后，‘社会’取代了‘群’。”② 但问题是为何在 1903 年前后知识分子开始采用“社会”一词呢？显然这里的“群”经历了从“传统”到“现代”的转型，至少“在 19 世纪末知识分子心目中，‘群’的意义与中国传统社会观、道德观和宇宙观是一致的，它代表了普遍天道”③。欧矩甲在戊戌变法前夕关于“群”有这样的论述：

> 今夫合质点而成体，合族类而成国，合众民而成君。君也者，民之积也，君与民一体也，故能群民谓之君，民所归往谓之王。④

---

① 〔美〕汉娜·阿伦特（Hannah Arendt）：《人的条件》，王世雄等译，上海人民出版社，1999，第 19 页。

② 金观涛、刘青峰：《观念史研究：中国现代重要政治术语的形成》，第 181 页。

③ 同上书，第 189 页。

④ 欧矩甲：《论大地各国变法皆由民起》，原载《时务报》第五十册（1898 年 1 月 3 日），第 1 页。

由上可知，在戊戌变法之前“群”的概念还保持着中国传统的“聚集”“质点成体”等内涵，且以“君”为核心。金观涛、刘青峰等人经过详细地统计《辛亥革命前十年间时论选集》中1901~1904年“群”与“社会”的用法，发现“从‘群’到‘社会’的用词变化，主要发生在1901至1904年”[①]（据王汎森考证，“1887年黄遵宪在《日本国志》中早已提到‘社会’一词，不过当时并未引起注意”[②]）。金观涛等人还具体描述了从群→社会概念流变的过程：

> 1901年“社会”一词甚少出现，人们主要用“群”来指涉Society；而1902年“社会”一词开始增多，与“群”混用；1903年“社会”的使用次数已多于“群”；而1904年虽然“群”仍在使用，但已经被“社会”一词抛离。[③]

金观涛等人从统计学意义上考察概念的流变，这给了我们分析概念演变准确的科学依据。从中我们看到，1902年成为从“群”到“社会”转换的节点。这点在1902年的《新民丛报》社论中也有言述：

> 社会者，日人翻译英文Society之语，中国或译之为“群”，此处所谓“社会”，即人群之义耳。此字今日译日本书者多用之，已几数见不鲜矣。本报或用“群”字，或用“社会”字，随笔所之，不能划一，致淆耳目，记者当任其咎。然“社会”二字，他日亦必通行于中国无疑亦。[④]

不过概念史的分析光有实证考察还不够，还需要有概念本身以及真实时代语境的分析。基于此，我们再来简单地看看“社会”一词在近代的出现，著名历史学家陈旭麓先生对之有很好的考证：

> 社会一词，已早见于中国古籍，宋人《近思录》的《治法》篇说：

① 金观涛、刘青峰：《观念史研究：中国现代重要政治术语的形成》，第205页。

② 许纪霖等编《现代中国思想的核心观念》，上海人民出版社，2011，第550页。

③ 金观涛、刘青峰：《观念史研究：中国现代重要政治术语的形成》，第205~206页。

④ 《新民丛报》第11号，1902年6月，第2页。

“乡民为社会，为立科条，旌别善恶，使有劝有耻。”察其释义，显然不是后来的社会。一八七五年，日本政论家福地樱痴译 Society 为社会，社会一词便以近代意义在日本流行。黄遵宪一八八七年定稿的《日本国志》中说：“社会者，合众人之才力，众人之名望，众人之技艺，众人之声气，以期遂其志也。”谭嗣同一八九七年写成的《仁学》，其中亦说“于西书当通《新约》及算学、格致、社会学之书”。①

与陈旭麓看法相近，学者黄克武认为“大约在 19 世纪 70 年代中期，日本学者开始以源于中文的‘社会’来翻译西文 soiety，并取得广泛的肯定”②。可见，这里可以把“社会”概念的来源追溯到日本，且在戊戌政变（1898）前后已经“旅行”到中国。③ 不过这个词的遭遇和当时很多新词一样，并没有马上被中国知识分子所使用，即使使用也是和其他词一起组成合成词，如社会进化论、社会学等。也就是说并没有把“社会”作为一个完全独立的概念进行应用，或者偶有使用其所指与“Society”相距也较远。另外，也有像未署名的《说国民》一文中开始把“社会”等同于“社会主义”④，“若者外国工人，有立会、演说、开报馆、倡社会之说者，我国有之乎?”⑤ 显然这里只是把“社会”作为国际共产主义中的一个专有概念，而不是我们所讨论的“Society”。

可以说，作为现代性标志的“社会”概念的出现，是因为当代的中国“社会正处于从传统、分层向现代、有功能分野过渡的时期”⑥。也就是说，与“群”的概念相比，现代的“社会”概念具有一种时间的维度，直接表现在“社会”与现代性的核心概念“进化”密切相联：

---

① 陈旭麓：《戊戌时期维新派的社会观——群学》，《近代史研究》1984 年第 2 期。

② 黄克武：《晚清社会学的翻译——以严复与章炳麟的译作为例》，见孙江等主编《亚洲概念史研究》（第一辑），三联书店，2013，第 7 页。

③ 关于“社会”概念来到中国的时间，黄克武在《晚清社会学的翻译》一文中说，“19 世纪 90 年代之后，社会、社会学两概念随着康有为、梁启超、黄遵宪等旅日士人与大批留日学生的引介，自日本传入中国”（黄克武：《晚清社会学的翻译》，见孙江等主编《亚洲概念史研究》，第7 页）。

④ “社会主义”一词较早出现的时间可以追溯到 1896 年的《时务报》中。见《时务报》第十二册（1896 年 11 月 25 日），第 27 页。

⑤ 佚名：《说国民》，《国民报》（第二期），1901 年 6 月 10 日。

⑥ 〔德〕冯凯（Kai Vogelsang）：《中国“社会”：一个扰人概念的历史》，朱联璧译，见孙江等主编《亚洲概念史研究》（第 2 辑），三联书店，2014，第 100 页。

> 盖变化者，进化于善也……则社会之进化于善，亦当求之于变化之中也。变化愈多，而进境亦必多。①

可见，作为现代性的概念，“‘社会’本身是一个社会性的人造物，视其所在的社会而定”②。

然而，前面我们已经提到中国近代的现代性是植入型，而不是原生型，也就是在西方现代性强制干预下的防御型现代性。近代中国就是在抵御现代性的同时逐渐意识到它的必要性，“师夷长技以制夷”这是当时有识之士的呼声。而要实现这一点，“社会”的现代性势在必行，国家需强化对底层民众的组织能力，并将个人凝聚为集体。关于社会的现代性严复在 1903 年已有所觉察，在《群学肄言》中说“荀卿曰：‘民生有群。’群也者，人道所不能外也。群有数等，社会者，有法之群也”③。严复把社会看作“有法之群”，“法”成为“群”与“社会”的重要区分。当然这里的“法”指的是现代意义上的“法制”而非传统的“宗法”。

据上可知，现代“社会”概念的真正形成应该在 1905 年之后。当然“社会”一词的使用有其较为久远的历史，它是“中国传统语汇，原指传统中国‘社日’（即节日）时乡村住民的集会、行赛活动”④。虽然“社会”用语在 1902 年已经大规模出现，但与“群”混用且意涵混淆不清。直到 1905 年这种局面才有所改观，“群”已经不足以涵盖现代“社会”之义。⑤ 1905 年的《新民丛报》对此有较清晰的言述：“社会者，有机体也”“凡有

---

① 〔日〕古城贞吉：《论社会》，原载《大阪朝日报》1898 年 12 月 10 日。

② 孙江等主编《亚洲概念史研究》（第 2 辑），第 100 页。

③ 〔英〕赫伯特·斯宾塞：《群学肄言》（译余赘语），严复译，商务印书馆，1981 年，xi 页。

④ 黄克武：《晚清社会学的翻译》，见孙江等主编《业洲概忘史研究》（第　辑），第 6~7 页。

⑤ 关于“群”到“社会”概念的流变，黄克武认为“根据统计，1895 至 1903 年间，‘群’与‘社会’两词汇处于并存与竞争的阶段，最后‘社会’一词得胜”。他把“社会”概念形成的具体时间定为 1903 年，认为“1903 年后，社会一词开始取得较为优势的地位”（黄克武：《晚清社会学的翻译》，见孙江等主编《亚洲概念史研究》（第一辑），第 8~9 页）。另外，需要补充一点的是，把 1905 年定为“社会”概念正式登场的时间，并不是说此后“群”这个术语完全被抛弃了，实际情况并非如此。关于这一点德国洪堡大学教授冯凯做过较为翔实的考证，“迟至 1936 年，鲁登伯格的《中德字典》仍将‘群’定义为‘社区’、‘社会’，‘群学’定义为‘社会’、‘社会学’”（〔德〕冯凯：《中国“社会”：一个扰人概念的历史》，朱联璧译，见孙江等主编《亚洲概念史研究》（第 2 辑），第 123 页。

机体必有成长代谢机能，而社会皆备之”“社会者有意识者也”①。看来“社会”比“群”更具有现代意义。

另外，前面提到的欧矩甲的“群”的概念，偏重于“群”的传统意涵，把它视为多数个体的集合，没有能够摆脱“臣民”话语中社会人群的“宗法”性，即“家天下”的传统组织。这种“群”向“社会”转型光靠知识分子的话语言说还是不够的，如前面所提金观涛所做的数据统计，实际上只是统计了当时的知识分子关于“群”与“社会”等使用情形。因为“革命知识分子的言论影响虽然相当大，但晚清主导国内社会变革的，仍是清廷新政活跃于政治舞台的广大绅士和官僚”②。在“群”之后相继出现了更具组织性的“会”“会社”等概念与绅士和官僚，特别是绅士阶层的活动不无关系。1895 年之后，“中国迅速出现了大量以绅士为主体的商会、学会和各类不是基于亲族关系的社会团体”③。这些不同形式的“会”形成了家庭之外的“公共领域”，也成为绅士和官僚们自由活动的空间，这种“空间”逐渐“取代了具有传统政治色彩的‘群’”④。于是形成了这样一个概念流变线索：会→公共领域→空间。不过从“群”到“会”还有个过渡性的概念——学会，梁启超在《变法通议》中有这样的论述，“国群曰议院，商群曰公司，士群曰学会。而议院公司，其识论业艺，罔不由学，故学会者，又二者之母也”⑤。梁启超把“议院”“公司”都划归“学会”之中。同时基于对自己组织的“学会”“社团”合理性的肯定，“社会”一词很容易被绅士们所认可，这就自然使得“‘社会’一词，无疑可以极为方便地成为概括各式各样‘会’的总称”⑥。

可见，“群”到“社会”的话语流变既是知识分子言说的结果，同时更是绅士等社会群体话语“实践”的产物，然而，促使“群”向“社会”转变的最直接的动力却来自戊戌变法的失败。这次变法失败，维新派人士的

① 《新民丛报》第二号，1905，第 1~3 页。
② 金观涛、刘青峰：《观念史研究：中国现代重要政治术语的形成》，第 208 页。
③ 同上书，第 209 页。
④ 金观涛、刘青峰：《观念史研究：中国现代重要政治术语的形成》，第 209 页。
⑤ 梁启超：《变法通议·论学会》，《饮冰室合集》第一册，中华书局，1989，第 31 页。
⑥ 金观涛、刘青峰：《观念史研究：中国现代重要政治术语的形成》，第 209 页。

领军人物康有为、梁启超逃亡日本，另有“戊戌六君子”被杀，这也自然宣布“变革”“改良”话语的失效，同时给“革命”话语的登场提供了良好的契机。像1902年“革命”话语开始生成的时候，“社会”概念也开始广泛应用。当推动社会变迁的主体力量由“上”（君主）向“下”（底层民众）转移之时，也使得当时形成于社会底层的各种“会”“会社”等指涉“society”的组织也获得了合法性。正如德国学者冯凯所说，“或许是社会变迁的加剧和革命热情的兴起，导致了‘群’向社会的转变。但更重要的是，似乎后一个概念更‘适合’现代的语义场，这才是决定性的因素”①。从这个意义上说，“社会”概念取代“群”的概念与“革命”压倒“变革”密切相关。

当然，由前面的论述我们知道，由“群”向“社会”概念的转换还不能直接促使“国民”概念的生成，现代“国家”的生成才是“质”的变化。正如一部分近代知识分子所认为的，传统的封建时代乃至晚清都是“无国”时代②，虽有“社会”而无“国民”。虽然“社会”是有“法”之“群”，但仍然不能生成“国民”，必须有现代“国家”的形成才能促使现代“国民”的生成。关于这一点，梁启超借用伯伦知理的学说对“社会”与“国民”作了详细区分：

> 夫国民与社会，非一物也。国民者，一定不动之全体，社会则变动不居之集合体而已。国民为法律上之一人格，社会则无有也。故号之曰国民，则始终与国相待而不可须臾离；号之曰社会，则不过多数私人之结集，其必要国家与否，在论外也。③

需要说明的是，以上所述基本上是沿着“改良”到“革命”的话语逻辑来论证“群”到“社会”的概念演变。事实上，自“群”到“社会”的流变也形成了近似于“改良”与“革命”的两条支脉。就严复而言，其

---

① 〔德〕冯凯（Kai Vogelsang）:《中国“社会”：一个扰人概念的历史》，朱联璧译，见孙江等主编《亚洲概念史研究》（第2辑），第136页。

② 王汎森:《中国近代思想与学术的系谱》，河北教育出版社，2001，第169~170页。

③ 梁启超:《政治学大家伯伦知理之学说》（1903），《饮冰室文集点校》（第一集），第450页。

“社会”言说偏向于调和和保守，与“改良”派的“国民”话语接近，而章太炎等人的“社会”言论则更强调社会的转型，主张激烈的社会革命，因而更趋向“革命”派的“国民”话语。

具体来说，严复在中国近代较早赋予了“群”的现代意涵，并促使其向“社会”概念转变。在严复的“群”与“社会”概念中，继承了中国传统的“天人关系”的构想，并且“糅合了斯宾塞‘任天为治’与赫胥黎‘以人持天’的观点”[①]。作为《天演论》的翻译者，严复的思想自然受到“进化论”的影响，同时他又受到“《易经》和《荀子》的影响，严复在译介赫胥黎与斯宾塞思想是展现出张灏所谓‘人本意识与演进史观结合’的概念。以西方演化理论为基底，承认历史线性发展的潮流，并强调唯有透过人为意识的精神动力，才能向前推进”[②]。在这种思想的主导下，严复的“群学”概念同时批评“那些过于保守者与盲目破坏的革命家”[③]，并且严复认为“通群学可以息新旧两家之争”[④]，也即在文化上坚守“中间路线”：

> 他开展出所谓的“中间路线”（middle path），不仅融合了中国与西方文化的特点，更免于陷入保守和激进革命之中的陷阱。[⑤]

尽管严复坚持对保守者与革命者均采取批评的“中间路线”，但由于其最终坚持的是渐进式的政治“改革”，反对激烈的“革命”，因而与“改良”派的“国民”话语更为接近，并影响到五四时期以章士钊、杜亚泉为代表的新旧调和言论，从而形成以“渐进调和”为中心的启蒙传统。

而章太炎的“社会”理论与严复之间呈现始而相同渐次趋异的情形，大致在1900年之后章太炎与严复的政治理念出现了分歧，“严复的调适渐进、宪政改革思想和章太炎的激进排满、革命思想，开始分道扬镳”[⑥]。这种分歧当然也与他们的生活经历有关，严复长期在国内潜心译事，而章太

① 黄克武：《晚清社会学的翻译》，见孙江等主编《亚洲概念史研究》（第一辑），第17页。

② 同上书，第22页。

③ 同上。

④ 〔英〕赫伯特·斯宾塞：《群学肄言》，严复译，商务印书馆，1936，第361页。

⑤ Max K. W. Huang, *The Meaning of Freedom*, pp. 107-108.

⑥ 黄克武：《晚清社会学的翻译》，见孙江等主编《亚洲概念史研究》（第一辑），第32页。

炎则去了日本。章太炎在吸收了心理取向社会学之后，“批评生物学因素在社会演进论中的重要性，认为心理学所描绘的人类之‘同类意识’是社会形成的起点”①。由此，章太炎的“社会”理论坚持激烈的革命主张，与严复的“渐进”性的文化保守主义的“社会”论形成鲜明对比。

总之，从“臣民”到“国民”的话语转换中，由另一套相关的话语，即群→社会→国家的变换起到质变作用。到了五四前后，民众社会的生成则又为“民众”话语提供新的言说场域，“国民”又逐渐为“民众”话语所取代。

小 结

本章主要论述了近代“大众”话语从“传统”向“现代”的转型，即由“臣民”到“国民”的流变过程。这种话语的转型发生在启蒙现代性的文化语境之中。不过由于现代性由西方“旅行”而来，在中国的文化土壤中历经了痛苦而缓慢的过程。根本原因在于现代性文化是一种“植入型”而非“原生型”的文化模式，因此我们说，“大众”话语的现代转型是“被动”而不是“主动”的现代性变换。

具体而言，中国传统儒家的“民本”话语中，“臣民”虽是“君”的“子民”，但是他们又是封建政权统治的根基，即“民为邦本”；同时“君”要为“民”着想，也就是“民贵君轻”。不过从历史实践来看，儒家的“民本”还是最终成了“君主”进行“臣民”话语言说的招牌，带有极大的“乌托邦”色彩；另一方面，在近代启蒙知识分子看来，中国传统的“臣民”是一些只有“义务”没有“权利”的顺民，从而使这些知识分子在“传统”与“现代”的碰撞中，自觉地以现代性的“公民”话语对传统“臣民”进行切割与整合，从而“制造”出现代的“国民”话语。在这个过程中，由于“革命”的方式与走向不同，近代的“国民”话语在“改良派”与“革命”派那里有着不同的言说。随着时代的发展，最终“革命派”压倒“改良派”，成为社会的主流话语。

不过“国民”话语的生成一方面得益于近代启蒙知识分子的“理论”

① 黄克武:《晚清社会学的翻译》，见孙江等主编《亚洲概念史研究》（第一辑），第42页。

言说；另一方面也是由于绅士、官僚等话语实践的结果，尤其是活跃在“公共领域”中的绅士阶层所组织的“学会”“结社”等成为“有法之群”——社会的生成桥梁与纽带，这个“社会”概念成为现代“国家”“国民”生成的关键环节。而促使这些概念生成与流变的动力则来源于“革命派”的“革命”话语实践。在“革命派”的“国民”话语中，革命的主体由“上层”君主变为“下层”的民众，这种“国民”话语言说也为五四之后“工农”民众话语的生成做了铺垫。

第二章 “民众”话语的现代性发展

五四运动之后，“民主”“科学”等现代性话语成为时代的主流话语。在这一话语支配下“中国向何处去”的讨论渐次成为时代的言说主题。我们知道，五四之后自西方“旅行”而来的现代社会理论，促使中国知识分子不得不就中国的社会性质做出抉择：是信仰资本主义还是社会主义？以戴季陶、胡适等人为代表的“旧革命派”与自由知识分子，主张走“全盘西化”的资本主义道路；而以李大钊、陈独秀等为代表的“新革命派”（也就是早期马克思主义派），则主张既批判传统文化又批判西方资本主义文化的社会主义道路。当然这当中还有一些支流，如以康有为、严复为代表的复古派，以及以梁启超、梁漱溟为代表的“东”“西”调和派，即在“东”与“西”的融通中需求传统儒家文化的重生。不过本书鉴于篇幅的限制及为能紧扣“民众”概念史的研究，仅主要以“新革命派”的相关言述作为论述的主线。

具体来看，1919 年前后“国民”话语已逐渐被“工农民众”话语所替代，此时的言说主体大多是革命知识分子。随着现代性革命话语的不断言说，“革命”成为知识分子们“大众”言说的话语语境。一批具有民主革命理想尤其是共产主义革命理想的革命者、革命领袖逐渐在关于中国社会性质的论战中崭露头角。他们在国际民主思潮特别是苏联共产主义思潮的感召下，深感“国民”已不足以完成时代的使命，因为这个脱离了“臣民”奴性的现代新民，其所指还有很大的模糊性。而他们所主张的社会主义话语显然是有着民主色彩的国际马克思主义。随后，“十月革命一声炮响，给我们送来了马克思列宁主义。十月革命帮助了全世界的也帮助了中国的先进分子，用无产阶级的宇宙观作为观察国家命运的工具，重新考虑自己的问题”。[①] 这种国

① 《人民民主专政》，《毛泽东选集》（第四卷），人民出版社，1991，第 1471 页。

际民主运动和共产主义运动，让早期的革命领袖们看到了来自社会底层的农民、工人等阶级的强大力量，而这与“世界大战以后，劳动问题，已成第一最重要的问题”① 也是密切关联的。“劳动”的主力军在这里主要指涉工人、农民等群体，而不是笼统不分的“国民”。五四运动特别是大革命（1925~1927）之后，随着科学、民主成为革命群众的行为指南，也使得革命群体由知识分子、学生转为工人、农民和小市民等。

这样一来，处于现代性革命话语与国际共产主义话语双重“言说”之中的“国民”，其内涵也在悄然变化，直至被工农“民众”这个更具革命性与平民化的概念所取代。可以说，“工农民众”概念的“发明”既体现了知识分子现代性的革命诉求，同时也是其共产主义言说的话语表征，因为“在‘概念史’中，概念的生成既是历史运动中的一个推进器，又是历史运动的一个指示器”②。

当然，尽管一个概念用语的流行有时是无意识的，具有一定的偶然性，但是一个概念或者一种话语的生成则往往是由多个“历史的合力”“有意识”构建而成。革命知识分子就在这种“合力”的推动下，以言说的方式“建构”起了更具现代意义的工农“民众”话语。与“国民”话语相比，工农“民众”话语更能够把“革命”所需要的力量征用起来，从而动员他们共同完成变革社会、重建新生活的远大理想。显然“民众”概念的出现表征着“民众”话语的正式生成。从五四到1928年“民众”概念的语义场有群众、庶民、平民、劳工等。我们可以借助下面的图直观地认识各个概念之间的隶属与包含关系。

大众话语→民众话语语义场 { 庶民 / 平民 / 群众 / 民众 / 劳工 }

① 邵力子：《快救工人的性命》（1920），原载1920年1月15日上海《民国日报》“随感录”。
② 〔英〕伊安·汉普歇尔-蒙克：《比较视野中的概念史》，第91页。

从图中我们看到，就概念本身而言，“民众”有“人民”“群众”的意思，而且这个意涵古已有之。《公羊传·昭公二十五年》：“季氏得民众久矣”；《史记·龟策列传》：“诸侯宾服，民众殷喜”；《英烈传》第三五回：“今苏湖一带地方，民众肥饶。”但是在中国近代的革命语境中，这个“人民”“群众”的内涵不单单指下层的人民，更重要的是他们要被征用为革命的主体依靠力量。如孙中山《遗嘱》中说，“必须唤起民众，及联合世界上以平等待我之民族，共同奋斗”①，而恽代英则认为“群众是一种力，我们是用力的人”②。

本节我们就主要以“平民”“群众”“民众”“劳工”等概念的言说来看这一时期的“民众”话语的生成。我们之所以选择“民众”作为这一时期的概述语，一是因为这个词在概括“工农”这一群体时更具涵盖性；另外，就是“民众”一词的使用频度也相对较高。当然本书中话语词的选择基本上是基于以上类似的考虑。总体而言，辛亥革命之后因“革命”压倒“改良”成为社会的主流话语，使“民众”也成了此后的话语言说主线。但如作细分，在五四这个“东”与“西”碰撞、“新”与“旧”交替时期，“民众”话语言说中仍会掺杂着多种声音，如启蒙自由主义、文化保守主义以及新旧革命派话语等。本章我们主要围绕这三种声音来看他们是如何基于各自的文化立场，进行与“工农”民众相关或相近的言说。

第一节 “平民主义”与“民众”话语

清末民初的“国民”话语强调“民权”与“国家”意识，是与“臣民”相对的，并成为由传统向现代转换的“过渡性”话语。而五四运动之后的“民众”话语则开始关注“阶级”身份，“平民”由此成为“国民”与“民众”之间的过渡话语。

需要说明的是，“平民”既是“民众”话语语义场中的一员，又是具有过渡意义的话语。同时这种“过渡性”又带有话语视角转换的表征，即体

① 孙中山：《遗嘱》，《孙中山选集》（下卷），人民出版社，1956，第921页。

② 张允侯等编《五四时期的社团》，三联书店，1979，第398页。

现了话语视角向底层转移的特征。虽然本书中我们也把“国民”视为“现代性”话语转移的一个重要环节，但是就指向性而言，“国民”话语在融合了“现代性”质素之后，使得话语言说的视角变得笼统与模糊。简单地说，“国民”就是现代“民”，它混淆了“精英”与“大众”的实际区分，把全体人民都整合进这种“国民”概念之中，没有特殊的所指。

然而，“民众”话语则不同，它自诞生之日起便有了清晰的所指——工农，并且把言说视角始终设定为社会底层。这就成为整个 20 世纪中国“大众”话语言说的转折点，或者说 20 世纪的中国“大众”话语言说真正始于“民众”话语的生成。基于本书所要探讨的目标之一是其与西方“大众”话语的差异，即具有中国特色的“大众”理论，所以可以推知，中国大众话语的特殊性恰恰在于其主要指涉这种依据“阶级”的准绳所划分出来的在经济上处于社会底层的劳动人民，而这又与贯穿 20 世纪始终的“革命”这个现代性任务紧密关联。

具体来说，“民众”话语中的“平民”概念与“平民主义”文化思潮息息相关。“平民”“平民主义”虽然都来自“民主”（Democracy），然而这个“民主”[①] 从“国民”那里一路走来，在国际共产主义思潮的催生下，其语义域中已经增添了“底层性”的义项。可见，20 世纪 20 年代的“民主”用语被赋予了特定时代的意识形态烙印之后，带有“底层性”色彩的“平民”概念就出现了，因为“一定社会、政治经验和意义积淀在特定词语里并被表述出来以后，该词就成为概念”[②]。同时，“平民”概念中“底层性”义项的生成有其重大意义，它使得 20 年代的“大众”话语形成了与“精英”相对立的“平民”“大众”立场。因此，中国近代以来的“大众”话语与其说是一种主流意识形态，不如说是一种言说立场与姿态。这种言说立场的特点是把底层力量最大化，从而为“革命”提供强大的力量支撑。

从总体上看，这种以民众意识为核心的“平民主义”文化思潮，也是

① 关于中国近代以来“民主”观念的流变，近代中国民主观念之生成与流变可参见闾小波编《近代中国民主观念之生成与流变》（江苏人民出版社，2012）一书。这本书中对 1840~1949 年间民主观念在中国的生成与流变作了全面的考察、梳理与分析，它揭示近代中国人的民主观念的流变与政治发展道路之间存在交互影响的关系。

② 孙江等主编《亚洲概念史研究》（第一辑），三联书店，2013，“序”第7页。

在无政府主义、马克思主义等社会思潮交织影响下形成的，并同时与以士大夫意识为中心的“精英主义”思潮相伴而生①，这也使得一方面“平民主义”文化思潮会提倡“劳工神圣”，将抽象的民众在道德上提放在一个优越性的位置上；另一方面，具体的民众又被看作愚昧与不开化的，由此又成了精英知识分子启蒙的对象。可见，“平民主义”语境中“民众”话语包含有“精英主义”与“平民主义”的内在悖论。

一 “平民主义”话语语义场的生成

1920年代的“平民主义”文化思潮既是各个派别主动选择的结果，同时也受到西方文化民主主义思潮的影响。就后者而言，杜威和罗素都提出过对社会成员进行民主观念教育，尤其是杜威直接提出了平民主义教育的思想。同时作为杜威的学生，胡适的一些倡议也使得“平民”观念在五四时期得以传播，周作人则在文学领域提出了“平民文学”的口号。因此，在考察“平民主义”文化思潮之前，有必要先厘清“平民”概念。

现代“平民”概念的出现首先与命名有关。一些以“平民”命名的社团、报刊、书籍，像“平民教育社”、《平民教育》、《平民导报》、《平民》、《平民词典》等大量出现于五四前后，有些报刊还专门开设“平民”专栏。同时也出现了一些关于“平民”概念的论述，当然“平民”概念早在清朝末期就已经出现，1903年《浙江潮》中的文章《最近三世纪大势变迁史》关于“平民”有这样的论说：

> 平民的社会个人皆以自己之力，生存竞争之社会也；平民的社会，能折毁梯子，使上层主人公个个滚下与平民对立之社会也；平民的社会，以天则及道德为基础之社会也。②

与之类似的是1919年周作人在《平民文学》中说“平民的文学正与贵族文学相反”③。可见“平民”被视为与“贵族”相对的底层民众，具体而

① 许纪霖：《启蒙如何起死回生》，北京大学出版社，2012，第66~67页。

② 大陆之民：《最近三世纪大势变迁史》（1903年8月），原载《浙江潮》第6期。

③ 周作人：《平民文学》，原载1919年1月19日《每周评论》第5号。

言主要指劳工和农民，当然这要视具体的语境而定。1918 年蔡元培在《劳工神圣》中把“平民”说成“劳工”，“不管他用的是体力、是脑力，都是劳工”，并充分肯定了这些“平民”的存在价值——“劳工神圣”①。

到了五四之后“平民”概念发生了一些变化。张允侯等编的《五四时期的社团》中的“平民”言说已具有了“阶级性”，“当时所谓平民，主要是指城市小资产阶级和其他市民”②；而晏阳初则依据文化程度来划分，“将对一般男女已过学龄期限的（就是在 12 岁以上的）不识字的，及识字而缺乏常识的都称为‘平民’”③。不过朱志敏认为这些定义有其特定的时代语境，“这是从当时的新文化运动所能达到的范围来说的，与当前思想界流行的‘平民’概念所指的不是一回事”④，他认为“平民”指的是我们现在称之为老百姓的下层民众，是与贵族、官僚、资本家、军阀、中等阶级、知识阶级相对立的群体。⑤ 朱志敏对于“平民”概念的概括比较具体和符合当时的语境。

就理论渊源而言，“平民”概念的形成与源自西方的“无政府主义”和“民粹主义”有关，它们的共性在于反对资本主义。就“民粹主义”而言，其核心话语就是无政府主义、强调平等、献身于全体民众。⑥ 它的兴起首先源于“中国无政府主义对劳动主义的宣传”⑦，同情平民并自视为他们的代言人。“无政府主义”的领军人物刘师复把《晦鸣录》杂志称为“平民之声”，并在《晦鸣录》的“绪言”中表达了其“平民”意识：

> 《晦鸣录》既以平民之声自勉，其言论即直接为平民之机关。今天下平民生活之幸福，已悉数被夺于强权，而自陷于痛苦秽辱不可名状

---

① 蔡元培：《劳工神圣》（1918），《蔡元培全集》（第 3 卷），中华书局，1981，第219 页。

② 张允侯等编《五四时期的社团》，三联书店，1979，第 134 页。

③ 晏阳初：《平民教育与乡村建设运动》，商务印书馆，2014，第 20 页。

④ 朱志敏：《“五四”时期的所谓“平民”是指哪些人》，载《历史教学》1988 年第 9 期。

⑤ 同上。

⑥ Issach Berlin, “*Russian Populism*,” *in his Russian Thinkers*. Harmondsworth, Middx.: Penguin Books, 1979. p. 235.

⑦ 顾昕：《从“平民主义”到“劳农专政”》，原载《当代中国研究》1999 年第 2 期（总第 65 期）。

之境。[①]

在刘师复看来，“平民”与“强权”是对立的，并且把自由从事劳动视为平民的幸福，“造就了有关劳动和劳工的道德主义形象”[②]。这样一来“劳动”“劳工”等逐渐成为“平民”话语言说的中心概念。1918 年无政府主义者甚至直接以“劳动”一词命名一种杂志。《劳动》杂志的宗旨就是尊重劳动，提倡劳动主义，使得“劳动”成为当时最大的社会问题。[③] 于是就有了后来的“劳工神圣”“庶民的胜利”等言说。李大钊的“庶民”言述也带有强烈的民粹主义色彩，“我们要想在世界上当一个庶民，应该在世界上当一个工人”[④]。

可见，现代“平民”概念的指涉对象包括农民、庶民、工人、劳工、劳农等，也即社会底层的劳动人民。但是对于五四知识分子的“平民”话语实践，毛泽东持有不同看法。他认为五四运动是以知识分子为主体的革命运动，“它的弱点，就在只限于知识分子，没有工人农民参加……但是当时的所谓‘平民’，实际上还只能限于城市小资产阶级和资产阶级的知识分子，即所谓市民阶级的知识分子”[⑤]。关于这一点，鲁迅也有相似的观点，1927 年鲁迅在《革命时代的文学》一文中针对“平民文学”有这样的言述：

> 现在的文学家都是读书人，如果工人农民不解放，工人农民的思想，仍然是读书人的思想，必待工人农民得到真正的解放，然后才有真正的平民文学。[⑥]

---

① 刘师复：《〈晦鸣录〉编辑绪言》，原载《晦鸣录》第 1 期，1913 年 8 月。

② 顾昕：《从“平民主义”到“劳农专政”》，《当代中国研究》1999 年第 2 期（总第 65 期）。

③ 《劳动者言》，原载 1918 年 3 月 20 日《劳动》第 1 卷第 1 号。

④ 李大钊：《庶民的胜利》，原载 1918 年 10 月 15 日《新青年》第 5 卷第 5 号。

⑤ 毛泽东：《新民主主义论》（1940 年 1 月），《毛泽东选集》（第 2 卷），人民出版社，1991，第 700 页。

⑥ 鲁迅：《革命时代的文学——四月八日在黄埔军官学校讲》，原载 1927 年 6 月 12 日《黄埔生活》第 4 期。

就是说，五四知识分子的“平民”话语言说虽然把工人农民包括在内，但是实际的话语实践者则主要还是知识分子，“工人农民”在很大程度上只存在于观念之中。[①] 毛泽东和鲁迅都认为“平民”话语实践如果把“工人农民”排除在外，那么这个“平民”就是名存实亡的。这其实也是话语研究中的“错位”问题，就是说话语与真实的存在之间并不完全重合，而常常是实际情形“滞后”于话语言说。我们说20世纪的“大众”话语最终指向“动员”或“征用”人民，然而仅就“工农”而言，从“工农民众”到“工农大众”话语，“工农”一直是被动员的对象。但是历史事实是“工农”真正被大规模动员起来，或者说“大众化”的实现应该是在延安时期。这当中经历了“漫长”的话语言说过程，充分表明了动员“工农”的艰巨性与复杂性。当然这不是本书研究的重点，本书只关注话语言说过程，而不“实证性”地考察话语言说的主客体的真实存在。

应该说，“平民”概念的形成深植于“五四”时期的“民主”“科学”的语境之中，是“平民主义”（Democracy）文化思潮的必然产物与表征。就是说，“平民”生成于“平民主义”文化思潮之中，同时又是这种思潮的标志，因为它们原本都来自同一个词：“Democracy”。当然就用语而言，“平民”一词出现更早，其语义大致指经济地位低下的人群。到了五四期间这种包含“工人农民”语义的“平民”概念的生成与“平民主义”文化思潮密切相关。

单说“平民主义”概念，虽然它与“平民”概念几乎等同，但是代表着一种文化思潮。“平民主义”（Democracy）也有人称作“民粹主义”[②]，

---

① 当然，我们一般来说把“工农”话语的言说定为知识分子或革命家，但是“工农”群体本身也有话语言说，只是常常被我们忽略，或者是劳工史的记载并没有很翔实地记录下“工农”们的言论，这当然与传统的历史书写的“精英”立场有关。实际情况是，五四前后就已经有劳工运动，而且中共的成立也与劳工运动息息相关。

② 需要说明的是，民粹主义是由 Populism 翻译而来，而平民主义则来自 Democracy，但在五四时期几乎把这两个不同的概念混用在一起，把两个英文词都用作“民粹主义”或“平民主义”；也把“平民主义”同时对应这两个英文词。这种混用现象当然不是翻译或理解的问题，而是当时特定的文化语境下，言说者有意“选择”的结果。在中西翻译过程中，知识分子或革命领袖出于某种需要有意强化一个概念的一部分语义，而弱化另一部分语义，从而使得一些近义词在“去掉”不同部分语义之后变成了同义词。

而“民粹主义民主认定民众参与的最大化，因此倾向于平等分配权力”[①]，是与精英主义相对的范畴。不过也有人把“Democracy”译作“民本主义”，而把“Bolshevism”译为“过激派主义”，认为这“两种主义本质上是相同的”，20世纪的根本思想是“民本主义”（Democracy）[②]。他们的区别见下图。[③]

民本主义{政治的（美国所主倡者）——缓和的——建设的（Democracy）
社会的（俄国之过激派）——激烈的——破坏的（Bolshevism）

由此看来，五四时期的“平民主义”仍与俄国的“布尔什维主义”有很深的渊源，最典型的是“平民主义”的倡导者李大钊，最早把源于俄国的“到民间去”“工人政治”等言论用于其“民众”话语言说。

当然“平民主义”用语要比这种概念与思潮出现得早，1915年《新国家与新教育》一文中有人就开始使用“平民主义”一词。[④] 然而五四时期最早把“平民主义”作为一种文化思潮进行倡导的是毛泽东，1919年他在《〈湘江评论〉创刊宣言》中提出：

> 各种对抗强权的根本主义，为“平民主义”（兑莫克拉希，一作民本主义、民主主义、庶民主义）。宗教的强权、文学的强权、政治的强权、社会的强权、教育的强权、经济的强权、思想的强权、国际的强权，丝毫没有存在的余地，都要借平民主义的高呼，将它打倒。[⑤]

毛泽东把“民本主义”“民主主义”“庶民主义”等视为“平民主义”的指涉语，并与“强权”相对立。应该说，这种“平民主义”言说是承接了李大钊1918年的相关言论。1918年李大钊在《庶民的胜利》中对这些

① 顾昕：《五四激进思潮中的民粹主义（1919~1922）》，见王焱等编《自由主义与当代社会》，三联书店，2000，第340页。

② 张允侯等编《五四时期的社团》，三联书店，1979，第291~292页。

③ 同上。

④ 后声：《新国家新教育》，原载1915年《甲寅》第8号。

⑤ 毛泽东：《〈湘江评论〉创刊宣言》（1919年7月14日），《毛泽东早期文稿》，湖南人民出版社，2008，第271页。

“主义”进行了梳理，“民主主义的战胜，就是庶民的胜利。社会的结果，是资本主义失败，劳工主义战胜”[①]。这段话中的“庶民”“劳工”都可视为“民众”的“分述语”。同一年，李大钊又在《Bolshevism 的胜利》中把之前的各种“主义”延伸到了“社会主义”，他把苏联的胜利归结为“是民主主义的胜利，是社会主义的胜利，是 Bolshevism 的胜利”[②]，这就相当于把“民主主义”“社会主义”“Bolshevism”等都归到“平民主义”的语义场之中。可以说，1918 年李大钊的这两篇文章奠定了 1920 年代主流“民众”话语的言说基调——社会主义。

1922 年李大钊又在《新青年》上发表的《平民政治与工人政治》文中把“Democracy”翻译成“平民主义”、“平民政治”以及“工人政治”，并且说“只有无产阶级的平民政治才是纯化的平民政治，真实的平民政治，纯正的平民政治”[③]。这就进一步扩大了“平民主义”的范畴，在其中增加了“社会主义”“无产阶级”等义项，从而使得 1920 年代的“民众”话语比之前的“国民”话语有了更为清晰的话语指向与政治立场。不过作为“平民主义”新的概念用语，“平民政治”也不是李大钊最先使用。早在 1918 年邵力子在《武人望乱》中即提出“故求真正之治安，必铲除武人势力、实行平民政治而后可”[④]；次年邵力子又在另一篇文章里把“平民政治”与“官僚政治”对立[⑤]，批判国民的官僚主义习气。可见，邵力子把“平民”是作为“暴民”“官僚”的对立面言说的。而“工人政治”则是为了标新立异新造出来代替“平民政治”的另一个术语，使用频率较小。就此而言，五四时期的“平民主义”语境之中的“民众”话语其语义内核已经开始与“无产阶级”“工人”等语义相勾连了。

---

① 李大钊：《庶民的胜利》，原载 1918 年 10 月 15 日《新青年》第 5 卷第 5 号。

② 李大钊：《Bolshevism 的胜利》，原载《新青年》第 5 卷第 5 号，1918 年 10 月 15 日，第 443 页。

③ 李大钊：《平民政治与工人政治》，原载《新青年》第 9 卷第 6 号，1922 年 7 月 1 日，第 53 页。

④ 邵力子：《武人望乱》（1918），原载 1918 年 3 月 6 日《民国日报》“时评”。

⑤ 邵力子：《大出丧（二）》（1919），《邵力子文集》（上册），中华书局，1985，第 110 页。

接着，1923 年李大钊在其《平民主义》一文中对“平民主义”[1] 概念进行了详细的论述和总结：

> “平民主义”是 Democracy 的译语：有译为“民本主义”的，有译为“民主主义”的，有译为“民治主义”的，有译为“唯民主义”的，亦有音译为“德谟克拉西”的。[2]

由上我们看到，“平民主义”概念的常用语也有很多，最常见的主要有：民主主义、民本主义、庶民主义、唯民主义、民治主义以及平民政治。这些用语中的民主、民本、庶民、唯民及民治等关键词，基本上诠释了 1920 年代的“平民主义”概念的内涵，而这当中最基本的意义还是“民主”（Democracy）。

这里有个理论问题需要搞清楚，那就是既然“平民主义”有这么多意义相近的指涉，为何要选取“平民主义”作为这一话语或概念的用词呢？其实这也是整个 20 世纪“大众”话语生成与流变中常常涉及的问题。即在“国民”→“民众”→工农“大众”→工农“群众”等话语的流变中，每个阶段的话语语义场中均有很多语义相近的用语在文本中交替出现。而在这当中，“主导”用语的择定与该时期翻译中的词汇选择、“小语境”的考虑以及人们的语言习惯等都有关系。就“平民主义”而言，既是在对“Democracy”翻译中的用语选择，同时也是约定俗成的结果，但同时也必然会与这个词语本身“内涵”有关，以至在诸多词语“竞争”中会脱颖而出，成为表达思想主流的一个核心概念。[3] 像著名政治家邵力子在其文本中也经常使用“平民政治”“民治主义”等概念，但其都指向“平民主义”概念。1920 年邵力子在《民国九年以后的上海》中有这样的表述：

---

① 不论是“平民主义”、“民主主义”或是“庶民主义”，它们都包含有现代“民主”（Democracy）意涵，即对于传统的“民本”“贵民”等观念有所继承，且与中国近代的“国民”话语中的“民主”言说一脉相承。

② 李大钊：《平民主义》，《李大钊选集》，人民出版社，1959，第 408 页。

③ 这里所探讨的理论问题在本书中具有普遍意义，即一个词语在众多用语中脱颖而出成为表达主流思想的核心概念，不仅仅存在于“平民主义”概念的讨论中，本文中的“国民”“民众”“大众”“群众”等成为某一时期的主流概念，其道理也是如此。

> 我们还应该有一个总主义。这个总主义是什么？就是平民主义，就是德谟克拉西。无论在教育上、商业上、工业上、政治上，和社会各方面，都用平民主义来改造它。①

由于诸多原因，人们选用“平民主义”作为这一语义场的“总主义”。20世纪“大众”话语的每次流变后的用词选择，其道理莫不如此。

当然如上所述，五四时期把“Democracy”翻译成“平民主义”并且流行开来，也与当时的无政府主义影响有一定的关系。② 不过这种翻译也有一些争议，如陈启修就认为应该把“Democracy”翻译成“庶民主义”，因为“平民”与“贵族”相对，但“Democracy”语义中并没有平民掌握政治的意涵。③ 实际上“平民”与“庶民”都可以表示与“贵族”相对的概念，且在本书中我们把“庶民”视为“平民”概念中的一个“分述语”。

另外，李大钊还论述了“平民主义”意涵的现代“选择”，“‘平民主义’一语的本来意义，是‘人民的统治’，但现代‘平民主义’的目的，已全不在统治而在属于人民、为人民、由于人民的执行”④。可以看出，“平民主义”概念既是一个中国近代的“民主”概念，又是西方“Democracy”的意义“理论旅行”的结果。而且这个概念的产生不仅仅是来自革命领袖们话语权力的“操纵”，同时也是“技术”执行的结果。也正像刘禾所说，“当概念从一种语言进入另一种语言时，意义与其说发生了‘转型’，不如说在后者的地域性环境中得到了（再）创造”⑤。比如李大钊把“讲理”“理性”等作为“Democracy”的精神内核，依此发现了中国国民的缺陷：

---

① 邵力子：《民国九年之后的上海》（1920），《邵力子文集》（上册），中华书局，1985，第178页。

② 无政府主义（英文：Anarchism），又译作安那其主义，其目的在于提升个人自由及废除政府当局与所有的政府管理机构。英语中的无政府主义“Anarchism”源于希腊语单词“αναρχια”，意思是没有统治者。而1920年代的“平民主义”所反对的正是无政府主义者所对抗的强权、专制与暴力，宣扬民主、自由与平等，与“无政府主义”言说有某些契合之处。

③ 陈启修：《庶民主义之研究》，原载1919年1月《北京大学月刊》第1卷第1期，第28~32页。

④ 李大钊：《平民主义》（1923），《李大钊选集》，人民出版社，1959，第411页。

⑤ 刘禾：《语际实践——现代思想史写作批判纲要》，三联书店，1999，第36页。

“凡事皆以感情为主，不以理性为主”；“凡事好依腕力而争，不依法律而争”①。

总之，“平民主义”言说语境下的“民众”话语把穷人、劳工、劳农、庶民等都放进了“民众”概念之中，这种对底层劳动人民出于道德同情式的社会革命还不具备清晰的“阶级”内涵。同时“平民主义”文化思潮也为后来知识分子向“工农”大众学习，乃至“卑贱者最聪明，高贵者最愚蠢”的提出埋下了伏笔。可以说近代的“大众”话语转型都和“民主”或“平民主义”等文化思潮有着直接或间接关系。虽然在民国初年人们把民主（Democracy）等同于“惟民主义”，如1915年张东逊在《甲寅》上说“近世国家新式政治得一言以蔽之曰：惟民主义也”②；1915年10月陈独秀在《今日之教育方针》一文中也提到“……十八世纪以来只欧洲绝异于前者，惟民主义之赐也”。③ 但是此时的“惟民主义”与后来的“平民主义”仍有所不同，它“更多的是指民主的原生态，即雅典政制”④。李大钊则进一步赋予“民主”以现代意义，“Democracy”就是现代唯一的权威，现在的时代就是Democracy的时代。战后世界上新兴的劳工问题，也是Democracy的表现。因为Democracy的意义，就是“人类生活上一切福利的机会均等”⑤，在这里李大钊把“劳工”“均等”等语义都挪用到“Democracy”概念之中加以融合。可见，近代以来的民主话语与西方的“Democracy”整合而形成了有近代中国特色的“平民主义”言说语境。

二　“民众”话语转向

“民众”用语古已有之，近代也偶有人使用，1895年康有为在《上海强学会后序》中就有“吾中国地合欧洲，民众倍之，可谓庞大魁巨矣”⑥ 之说；1911年章太炎在《宣言一一九》中也提到“北方未定，民众未和，共

---

① 李大钊：《立宪国民之修养》，《李大钊文集》（上卷），人民出版社，1984，第333页。

② 张东逊：《行政与政治》，原载《甲寅杂志》第1卷第6号，1915年6月10日。

③ 陈独秀：《今日之教育方针》（1915年10月），《陈独秀文集》（第1卷），人民出版社，2013，第107页。

④ 闾小波：《近代中国民主观念之生成与流变》，江苏人民出版社，2012，第253页。

⑤ 李大钊：《劳动教育问题》（1919），《李大钊文集》（上），第632页。

⑥ 康有为：《上海强学会后序》（1895年11月），《康有为政论集》，第172页。

选之事未行”[①]。这些：“民众”笼统地指全体中国人或“国民”，与1920年代特指某一社会群体的“民众”不尽相同。

五四时期带有“工农”意涵的“民众”概念，最早的提出者也应该是李大钊。在1918年7月1日发表于《言志》上的《法俄革命之比较观》一文中，李大钊说到“今俄人因革命之风云，冲决‘神’与‘独裁君主’之势力范围，而以人道、自由为基础，将统治一切之权力，全收于民众之手”[②]。在此之前李大钊先提到俄国国民的三大理想“‘神’也，‘独裁君主’也，‘民’也，三者于其国民之精神，殆有同等之势力”[③]。俄国“国民”所信仰的“神”“独裁君主”都被“民众”所征服和摧毁，从而显示出了“民众”强大的革命力量。当然促使“民众”话语生成的重要动力来自“东洋文明”与“西洋文明”融会的“合力”。那么，李大钊所说的“民众”究竟指涉哪些人群呢？

1918年10月李大钊又在《庶民的胜利》和《Bolshevism的胜利》等文章中使用了“庶民”“劳工”“群众”等词，这些词与“民众”意思基本相同，都可以划为“民众”话语语义场中的成员。具体来说，李大钊认为Bolshevism的胜利就是社会主义的胜利，是民主主义的胜利，是世界劳工阶级的胜利[④]，且“Bolshevism实是一种群众运动”，同时又说“民主主义战胜，就是庶民的胜利”[⑤]，而且Bolshevism就是“多数”的意思。[⑥] 由此我们推断出李大钊的“庶民”“劳工”“群众”等词大约等同于“多数人”，他还提到“这劳工的能力，是人人都有的，劳工的事情，是人人都可以作的，所以劳工主义的胜利，也是庶民的胜利”[⑦]。“人人”“多数”基本概括出“民众”话语语义场中这些词的所指，不过李大钊最后还是很明确地指出“庶民”概念的所指，“民主主义劳工既然占了胜利，今后世界的人人都成

① 章太炎：《宣言一一九》（1911年12月），选自《章太炎政论选集》（下册），中华书局，1977，第526页。
② 李大钊：《法俄革命之比较观》，选自《李大钊选集》，人民出版社，1959，第104页。
③ 同上书，第103页。
④ 李大钊：《Bolshevism的胜利》，《新青年》第5卷第5号，1918年10月15日，第443页。
⑤ 李大钊：《庶民的胜利》，《新青年》第5卷第5号，第437页。
⑥ 李大钊：《Bolshevism的胜利》，《新青年》第5卷第5号，第443页。
⑦ 李大钊：《庶民的胜利》，《新青年》第5卷第5号，第437页。

了庶民，也就都成了工人”[①]。可见李大钊的“民众”概念中的这些用语主要包含的是“工人”这个特定的群体。这主要是基于对十月革命中的主要力量——无产阶级（Proletariat），即工人阶级所做的描述。

毛泽东1919年7月14日在《湘江评论》的创刊宣言中也较早提出了“民众”概念。他说道“什么力量最强，民众联合的力量最强”[②]。不过这里毛泽东对于“民众”所指的特定人群却语焉不详，在随后发表的《民众的大联合》中毛泽东很明确地把农夫、工人、学生、女子、小学教师、车夫等都归入民众的行列之中。[③] 蔡元培也早在1918年提出“劳工神圣”的口号，他所说的“劳工”是“不管他用的是体力，是脑力，都是劳工”[④]。可以看出蔡元培把脑力劳动者和体力劳动者都归入“劳工”范畴，当然知识分子也包括在内，这一点与毛泽东和李大钊略微不同。邵力子则认为“劳工神圣”的话语实践具体表现为“尊重现在为劳动者的地位”以及“改造现在没有为劳动者的心理”[⑤]。

当然，如果回溯历史，“民众”概念的现代内涵早在《新青年》创刊时已经确立。如1915年陈独秀在《新青年》创刊号上发表《敬告青年》一文，其中对青年提出六点要求：自主的而非奴隶的；进步的而非保守的；进取的而非退隐的；世界的而非锁国的；实利的而非虚文的；科学的而非想象的。[⑥] 这六点要求充分体现了陈独秀以“科学”“民主”来改造“国民性”总体诉求，也为“民众”话语言说作了理论铺垫。紧接着，陈独秀又在《法兰西人与近世文明》一文中提出近世文明的特征：人权、生物进化、社会主义等。这些概念是近代“国民”话语所不能涵盖的，并已经初具现代“民众”概念的内涵了。

回顾“国民”话语建构的初期，梁启超把“群”视为从“臣民”向“国民”转换的核心环节，也就是加强集体的凝聚力，以集体的力量促使

① 李大钊：《庶民的胜利》，《新青年》第5卷第5号，第437页。

② 毛泽东：《〈湘江评论〉创刊宣言》（1919），《毛泽东早期文稿》，第270页。

③ 毛泽东：《民众的大联合》（1919），《毛泽东早期文稿》，第342~346页。

④ 蔡元培：《劳工神圣》（1918），原载《新青年》第5卷第5号，1918年10月15日，第439页。

⑤ 邵力子：《劳工神圣》（1920），原载1920年2月7日上海《民国日报》“时评”。

⑥ 陈独秀：《敬告青年》，原载1915年9月15日《新青年》第1卷第1号。

“国民”的现代转型。而到了“五四”前夕，虽然“国民”用语依然盛行，但主流话语已在悄然发生流变，这首先表现在更有新内涵的“平民”与“民众”话语的崛起；其次，“工农”这一更具“阶级性”且代表时代发展方向的群体，渐次成为言说的主体。

总体而言，1920年代初期的“民众”话语的言说者主要是革命知识分子，很多还是中共早期的革命领袖。他们所言说的对象也由“国民”变成了“民众”，与之前的“国民”相比，“民众”话语具有更明确的革命性和底层视角，这些民众也大多是处于社会底层的劳动人民。尽管与1940年代的“工农兵”大众话语相比，其阶级性还不清晰，但也初步暗合了来自国际共产主义运动的一个新词——无产阶级。并且此时的言说语境也在发生变化，由此前的初步的民主观念变为现在的“平民主义”。早期的民主观念所要塑造的是一个有权利、自由、脱离奴性的新国民，而“平民主义”语境下的“民众”话语不仅要解放社会底层的劳苦人民，更重要的是把这些在西方语境中被称为“乌合之众”（Masses）的人变为革命的希望。这也正如雷蒙·威廉斯所说“在许多保守主义的思想里，它是一个轻蔑语，但是在许多社会主义的思想里，它却是一个具有正面意涵的词汇”①。

第二节 “到民间去”与“民众”话语

1920年代初期，革命领袖们把“民众”视为救国救民的主体力量，为了把“民众”改造成他们所期待的推动历史前进的力量，他们提出了民众所要做的两件事情：“民众联合”和“到民间去”。因为“知识分子要组织和联合民众，势必要‘到民间去’，唤起民众，动员民众”，而“唤醒民众，启蒙民众，是五四后部分激进知识分子自任的一大使命”②。这是革命领袖们的号召或口号，同时也是一种权力话语。刘少奇后来曾在《论口号的转变》中谈及“口号”在革命斗争中的意义：

---

① 〔英〕雷蒙·威廉斯：《关键词：文化与社会的词汇》，刘建基译，三联书店，2005，第281页。

② 王奇生：《革命与反革命：社会文化视野下的民国政治》，社会科学文献出版社，2013，第59~60页。

> 在群众一切争斗中，口号的作用极大。它包括争斗中群众的要求和需要，它使群众的精神特别振作，特别一致，发生强有力的行动。[①]

当然任何口号要想获得鼓动民众的效果，都要考虑民众的客观情况，而不完全是主观“想象”的口号。正像恽代英所说“群众没有普遍急切的要求，是不能煽动群众的”[②]。但口号的最终目的是“指示”和“争取”群众进行革命斗争。实际上，五四时期口号的倡导者往往是以革命领袖为主的知识分子，他们站在时代潮流的制高点，以鸟瞰的视角不断向底层人民传递口号和指令。而权力则以这种语言的形式施加于民众之上，因为“语言是具有特权的媒介，我们通过语言‘理解’事物，生产和交流意义”[③]。从这个意义上，我们说口号是话语权力的表征。

那么，我们在讨论“到民间去”的口号之前，先来回顾一下“民众联合”或者叫“合群”的口号。前面也提到过早在1895年严复在《原强》中就用“群”来翻译“Society”，后来康有为在《上海强学会序》中又论及“合群”的重要性：“讲学术在合群，累合什百之群，不如合千万之群。”[④]到了1920年代前后，一些革命领袖也把“合群”“民众联合”视为救国救民的前提条件。1919年毛泽东在《湘江评论》创刊宣言中提出“民众联合的力量最强”[⑤]，它可以打倒一切强权。当然此时的毛泽东“尚未将群众与阶级斗争、暴力革命联系起来，而是主张‘群众联合，向强权者为持续的忠告运动’”[⑥]。同一年毛泽东又在《民众的大联合》中进一步讨论“民众大联合”，他认为这种联合可以从根本上解决国家、人类和社会的问题，同时它的力量已经在法国、俄国的“社会改革”和“政治改革”中显示出了

---

① 刘少奇：《论口号的转变》（1928），选自《刘少奇选集》（上卷），人民出版社，1982，第10~11页。

② 恽代英：《组织群众与煽动群众》（1926），选自《恽代英文集》（下卷），人民出版社，1984，第908~909页。

③ 〔英〕斯图尔特·霍尔：《表征：文化表征与意指实践》，徐亮、陆兴华译，商务印书馆，2013，第1页。

④ 康有为：《上海强学会序》，《强学报》第一期（1895），第5页。

⑤ 毛泽东：《〈湘江评论〉创刊宣言》（1919年7月14日），选自《毛泽东早期文稿》，第270~271页。

⑥ 李里峰：《“群众”的面孔》，选自《新史学》（第7卷），中华书局，2013，第45页。

强大的力量，其根本原因在于“一国的民众，总比一国的贵族，资本家及其他强权者要多”[①]。显然毛泽东的“民众联合”根植于中国的“民本”“大同”等文化传统，同时也整合了孙中山的“三民主义”思想，更直接的影响则来自俄国的十月革命。1920 年恽代英谈到了知识分子的“合群”的问题，“我们的读书人，多少都有些书痴气，总不感觉合群的必要”[②]。他批评了知识分子看不起“群众”，与“群众”不合群的现象。1922 年恽代英又在《少年中国》刊物中又谈到群众的“合群”的力量，“群众的集合及他的本能的冲动力量，是我们改造的唯一的武器”，“群众集合起来的力量，是全世界没有可以对敌的”[③]。显然这些口号与 1940 年代毛泽东提倡知识分子与工农兵相结合的口号是可相呼应的。

再来看看“到民间去”的口号。这个口号是从俄国 19 世纪的民粹派那里“翻译”而来。民粹派的“民粹主义信条当中最基本的因素就是对农民在感情上的依恋，并且对于农民自身具有社会革命的本能和生机勃勃的力量深信不疑”[④]。正如人们常在脑海中建构一个美好的故乡童年的回忆一样，民粹派出于对农民的“依恋”而建构起天生具有革命性的农民形象。五四时期的李大钊也难免受此思潮的影响，他在 1919 年发表的《青年与农村》这篇政论文里就较早提出了“到民间去”的口号：

> 青年呵！速向农村去吧！日出而作，日入而息，耕田而食，凿井而饮。那些终年在田野工作的父老妇孺，都是你们的同心伴侣，那炊烟锄影，鸡犬相闻的境界，才是你们安身立命的地方呵！[⑤]

这是“一种对于平民百姓、未受教育者、非智识分子之创造性和道德

① 毛泽东：《民众的大联合》（1919 年 7 月 21 日），《毛泽东早期文稿》，第 313 页。

② 恽代英：《怎样创造少年中国?》（上）（1920），原载《少年中国》第 2 卷第 1 期（1920），第14 页。

③ 恽代英：《为少年中国学会同人进一解》（1922），见张允侯等编《五四时期的社团》，三联书店，1979，第 393、397 页。

④ 〔美〕莫里斯·迈斯纳：《李大钊与中国马克思主义的起源》，中共党史资料出版社，1989，第 83 页。

⑤ 李大钊：《青年与农村》（1919），原载 1919 年 2 月 20—23 日《晨报》。

优越性的崇信”①。

不过很显然，李大钊等人的“到民间去”的话语言说并非完全建基于“民粹主义”之上，最根本的还是基于国际的“民众”运动以及苏联的“社会主义”政治运动。尤其是后者的“社会主义”言说中对底层民众的重视，促使一批极力寻求社会改造的知识分子把目光转向了“民间”。在那里这些知识分子找到了“社会改造”的突破口，正像邵力子所说，“社会改造，究竟应该从哪一处做起？这一个问题，从‘往民间去’的一个教训来说，当然要先从乡村做起”②。这实际上也是一次思想启蒙运动，启蒙者被设定为青年知识分子或学生（他们曾经是五四新文化运动的主体），启蒙的对象则是“民间”的底层民众，因为这些民众“大多数人还是时代的落伍者，我们便须投身到群众里面，不挠不屈地去唤起这大多数人”③。同时，李大钊还在《青年与农村》中提出“要想把现代的新文明，从根底输到社会里面，非把知识阶级与劳工阶级打成一气不可”④。

看来这个“到民间去”的口号与“合群”也是一脉相承的，不同的是比之以前的“合群”“民众联合”等口号，“到民间去”具有更为明晰的针对性。它类似于1940年代的知识分子与“工农”相结合。而且《青年与农村》这篇文章还较早明确提到“农民”这个概念，“我们中国是一个农国，大多数的劳工阶级就是那些农民”⑤。此前也有人多次提到“民众”“劳工”等概念，但是总体上很少提到“农民”，即使偶尔提起也很含糊和笼统。显然“到民间去”的口号的倡导者主要是革命者，他们期望以此“调动”知识分子到农村去充当启蒙者的角色，在开发农村和启发农民思想的同时也塑造知识分子自身。当然启蒙农民更是当务之急，“他们若是不解放，就是我们国民全体不解放；他们的苦痛，就是我们国民全体的苦痛；他们的愚暗，就是我们国民全体的愚暗……”⑥革命领袖对于农村和农民的重视也是

① Edward Shils. *The Intellectuals and the Power and Other Essays*. Chicago and London: University of Chicago Press, 1972. p. 20.

② 邵力子：《模范的平民》，原载1921年1月16日《民国日报》“社论”。

③ 邵力子：《“到民间去”的真精神》，原载1922年2月16日《民国日报》“社论”。

④ 李大钊：《青年与农村》（1919），《李大钊选集》，人民出版社，1959，第146页。

⑤ 同上。

⑥ 同上书，第146～147页。

“工农”大众话语的理论来源。

这样说来，“平民主义”文化思潮并不完全等同于“民粹主义”，也即革命者并不都是把农民看作天生“具有社会革命本能”的人群，“到民间去”的目的除了锻炼知识分子之外，更重要的还是借此机会调动农民的革命觉悟。因为革命者逐渐从辛亥革命及其后来的革命实践中意识到虽然工人是先进阶级，但毕竟人数不多力量太小，而农民却占人口的多数。如恽代英在《农村运动》中说，“中国革命不能成功的主因——农民不知渴望革命，甚至厌恶革命”[①]，借此推理，农民不知道渴望革命，主要原因在于我们宣传鼓动的方式和方法不恰当。而普通农民无革命性，其原因有以下几点：

> 一、农民无相当的教育，每为安分等邪说所迷惑，以为反抗压迫是罪恶。
>
> 二、农民自己无团结，又无外界援助，故不自信有反抗的力量，而谓各种苦痛为天命。
>
> 三、成年农民感情薄弱，且受痛苦压迫既经多次，渐麻木不知感觉。[②]

农民的这些“缺点”决定了“到民间去”不能动辄就用“革命”“反抗”等字眼要求他们，而是要“结交”“团结”“教育”他们，最关键的是要去“研究”他们[③]，从而把他们改造成中国革命的主力军。

1924 年 5 月恽代英再次直接提到“到民间去”的口号，在《预备暑假的乡村运动》中说，为了完成我们的国民革命事业，我们应当利用假期去接近农民，救济农村的父老子弟，目的是吸纳他们与我们一起进行“破坏和建设”的事业。并且说“我们都知道俄国的‘到民间去’运动，是俄国大革命的导线；我们亦都知道中国的革命，若不是能得着大多数农民的赞

---

① 恽代英：《农村运动》（1924），《恽代英文集》（上卷），人民出版社，1984，第 559～560 页。

② 同上书，第 561 页。

③ 同上。

助，不容易有力量而进于成功”①。由此，应当将“平民教育”作为农村运动最好的形式，用知识教育和引导群众并最终实现动员他们。恽代英所言说的话题是农民问题，但是其言说的“受众”却显然是从事农民问题工作的启蒙者——知识分子。

事实上作为一种权力话语，不论是“民众联合”还是“到民间去”的口号，都是向知识分子发出的。尽管这些口号都是要求到农村去，与农民相结合，但是“农民”却没有真正成为所言说的对象主体，其实这也是话语言说与实践的脱节现象。这种话语所调动的大多是城市里的工人、青年学生和知识分子。这一点与前面的“国民”话语有所不同，“国民”话语的言说主体通常是精英知识分子，而五四之后以革命领袖为主体的“民众”话语言说者则经常把知识分子也“拉”入“民众”之中进行言说，这样一来知识分子既作为启蒙者启蒙其他“民众”，同时也要求被“民众”所归化，这也是革命领袖在思考一场更为广泛的政治实践运动时对历史的一种把握，及其为达成某种目标所采用的话语策略。

第三节 “民众”话语的深化

如果说辛亥革命是一场以推翻清政府为目的的种族革命，那么1920年代的五四新文化运动则是一场文化领域的社会革命。而国际共产主义文化思潮的兴起，使得一批本来“以宣扬西方民主自由、以启蒙民众为要务的新文化运动的领导者陈独秀、李大钊以及这个运动的积极参加者毛泽东、蔡和森、周恩来、瞿秋白、恽代英、林育南等人，如此迅速地转而接受马克思列宁主义”②。在这种政治思潮中，中国社会中的“工人”群体开始有了“阶级觉悟”。于是“才有阶级觉悟罢工之发展，中国工人才开始形成一个独立的社会阶级”③。

这样一来，社会革命中的“工人”群体被一个新的命名所取代——工

① 恽代英：《预备暑假的乡村运动》（1924），《恽代英文集》（上卷），第534页。

② 李泽厚：《中国现代思想史论》，三联书店，2013，第22页。

③ 蔡和森：《机会主义史》，原载1927年9月《顺直通讯》第2期。

人阶级。他们甚至被看作革命的领导阶级，这是因为他们受压迫最重、生活最苦但具有组织性，因而“工人是中国革命中最坚决的最彻底的人”[①]。这样随着“阶级”概念的出现社会群体被划分为两大群体：剥削阶级与被剥削阶级。自然地，“工人农民都是被剥削阶级，被压迫阶级”[②]，并且与近代的“辛亥革命”相比，此时的“革命”也有了新的内涵，“工农平民群众自己起来掌权，这便是革命”。[③] 这样一来，中国革命就由“五四”时期的社会革命转变为以反抗剥削、强权为目标的“阶级”革命。[④]

不过对于“新革命派”[⑤] 的这种“阶级”的命名与划分，也有人提出质疑。“旧革命派”知识分子叶青曾在《与毛泽东论新民主主义》中认为把人群分成各种不同的“阶级”是可以的，但是“这只能说是主观的分类，并非客观的阶级。在客观方面，这种阶级只是一种萌芽，连自在的阶级都说不上，更谈不上自觉的阶级了……在这种情况下侈谈阶级和阶级领导，完全是把主观的分类当成客观的事实，近于谈玄”[⑥]。这种带有强烈派系意识形态色彩的批评，其实也道出了“话语”与“事实”之间的“错位”，“话语”是一种意识形态、权力以及主体的建构，而“事实”是实证性研究所关注的对象。可以说，“新革命派”为“革命”准备力量的“阶级”分类，也体现出“民众”话语的建构性、策略性与意识形态性。

从这个意义上我们说发生在1920年代的无论是五卅运动还是北伐战争，

---

① 瞿秋白：《中国革命和中国共产党》（1928），《瞿秋白文集》（第6卷），人民出版社，1996，第201~202页。

② 同上书，第193页。

③ 同上书，第193~194页。

④ 当然，我们这里主要以中共的革命目标为主线，似乎有简约论之嫌。因为其他派别诸如“旧革命派”，自由知识分子等，他们的革命目标与以实现共产主义为目标的“新革命派”差距甚大，我们这样一概而论似有不妥。不过出于论述的方便，我们删繁就简，并没有齐头并进、面面俱到。但是论文学理性的要求我们又不能完全丢弃它们，所以在“主线”之后，我们设专门章节补充其他派别的“民众”话语。

⑤ 本书中为了研究的方便，我们把以信仰共产主义主张的共产党称为“新革命派”，而把主要由同盟会改组的国民党称为“旧革命派”。并且我们的“大众”话语研究也主要以“新革命派”的言说为主线，因而书中在论述“大众”话语时，如果没有特殊说明，一般指的就是“新革命派”的言论。

⑥ 叶青：《与毛泽东论新民主主义》，见蔡尚思主编《中国现代思想史资料简编》，浙江人民出版社，1986，第730~731页。

无不是“你死我活的阶级、民族大搏斗”[①]，是“革命”[②] 压倒了启蒙的社会实践。在风云际会的中国现代社会，启蒙任务还没有完结，“革命”即显得更为迫切。历史的车轮就在“启蒙”与“革命”这两条并行的轨线上缓缓前行，不过随着“革命”的强势推进，“启蒙”则相对弱势，呈现出时隐时现之性状，最终没能够彻底完成。而不论是启蒙还是“革命”，“民众”话语中的“工人”“农民”始终被视为革命的主体力量。

一 “民众”话语中的“工人”

1920 年代的“民众”话语具有鲜明的底层视角，尽管不同的言说者有不同的话语所指，但是基本都指向社会的底层人群。而且这个话语的言说主体由知识分子和革命领袖共同担当，当然革命领袖也大多是知识分子，像李大钊、陈独秀、毛泽东等。有时候革命领袖甚至把知识分子也划归“民众”之中，不过“民众”概念更多包括的还是工人、农民、青年学生等。当然这些不同的群体在民众话语格局中的位置还是有区别的，随着国际共产主义运动的兴起及对中国影响的不断增强，“民众”话语首先关注的是“工人”群体。然而真正具有现代意义的“工人”概念，则源于中国共产党的正式成立。正如邓中夏所说，“中国‘现代式的’职工运动，无疑的是从中国共产党手里开始。有了共产党，然后才有‘现代式的’工会，从此中国的工会才渐次的相当具有组织性、阶级性以至于国际性”[③]。虽然在此之前也发生过一些工人的运动，比如 1913 年汉阳兵工厂的罢工以及 1915 年安源煤矿的罢工，但是这些运动中的工人还处于自发状态，只是要求改善生活条件，他们的“觉悟是要求待遇”[④]，而未曾上升到政治革命的高度；自五四运动开始，工人逐渐被共产主义的口号引入自觉的革命运动之中，

---

① 李泽厚：《中国现代思想史论》，三联书店，2013，第 30 页。

② 需要说明的是，这里的“革命”语义既不同于近代“改良派”的“改良”“变革”，也与辛亥革命以推翻清王朝，实行民主共和的“革命”不尽相同，而主要指一个阶级推翻另一个阶级的“阶级”革命，因此“阶级”也就成了此时话语中的关键语。

③ 邓中夏：《中国职工运动简史（1919~1926）》，人民出版社，1953，第 14 页。

④ 陈独秀：《劳动者的觉悟》，原载《新青年》（第七卷第六号，劳动节纪念号），1920 年 5 月 1 日。

这时候他们的“觉悟是要求管理权”[①]。而所谓“现代意义”的工人的出现，是指这一群体已经从自发的意识转变为自觉的意识，并为某种理论所武装，开始具备远大的社会革命理想和对自身阶级属性的认识。

五四时期最早提到具有“现代式”的“工人”概念的是李大钊。1918年11月李大钊在《新青年》上发表了《庶民的胜利》一文，这也是中国较早的马列主义文献。文中提到“民主主义劳工主义既然占了胜利，今后世界的人人都成了庶民，也就都成了工人”[②]，这篇文章的写作背景是俄国十月革命的胜利以及第一次世界大战刚刚胜利，李大钊把这些胜利称为“庶民的胜利”。与之前的“工人”话语不同的是，共产主义文化语境中的“工人”已经具有了“阶级”的文化属性。1919年5月发表的《我的马克思主义观》中，李大钊又分析了资本主义价值生产中的工人阶级；1919年7月毛泽东在《民众大联合（二）》中向工人群体发出号召，“诸君！我们是工人我们要和我们做工的同类结成一个联合，以谋我们工人的种种利益”[③]；1919年11月李大钊又在《归国的工人》里提到归国“华工”的安置问题；稍后发表的《工读（二）》中谈到工人的工作时间与读书的关系问题[④]；而恽代英则强调重视青年工人的力量，“青年工人，实在是最合适的革命先锋队”，因为他们“感情丰富，气性热烈”，因此他们“见到应当革命，便会成为革命的主要势力”[⑤]。

而把传统“工人”解释成“现代式”的“工人”的人是陈独秀。1920年他在《新青年》上发表的《劳动者底觉悟》一文中把劳动者[⑥]的觉悟分成两步：“第一步觉悟要求待遇，第二步觉悟要求管理权。”[⑦] 并且通过对比强调了中国劳动者的落后，“现在欧美各国劳动者底觉悟，已经是第二步；

① 陈独秀：《劳动者底觉悟》，原载《新青年》。

② 李大钊：《庶民的胜利》，原载《新青年》第5卷第5号，1918年10月15日，第437页。

③ 毛泽东：《民众大联合（二）》（1919），《毛泽东早期文稿》，第374页。

④ 李大钊：《工读（二）》，原载1919年12月21日《新生活》第18期。

⑤ 恽代英：《青年工人运动的注意事项》（1924），《恽代英文集》（上卷），第453页。

⑥ 这里所说的“劳动者”主要是指“工人”群体，木匠、铁匠、搬运工、水手，当然也包括“种田的”。

⑦ 陈独秀：《劳动者底觉悟》，原载《新青年》（第7卷第6号，劳动节纪念号），1920年5月1日。

东方各国像日本和中国劳动者底觉悟，还不过第一步”[①]。与李大钊信心满怀的现代“工人”言说不同，1920 年代初期的陈独秀对于“工人”阶级的认识还是比较理性的。1923 年他在《中国国民革命与社会各阶级》一文中对“工人”阶级有一个比较中肯的认识：

> 这极少数最有觉悟的工人，在质量上虽然很好但数量上实在太少，其余的工人更是质量上数量上都还很幼稚，所以不能成功一个独立的革命势力……在产业不发达的中国，工人自己的单纯经济斗争，没有重大的意义。[②]

可见，陈独秀对于当时中国的“工人”阶级的认识还是比较清醒的。根据有关材料统计，1920 年代前后中国的产业工人人数有 260 万左右[③]，这与中国当时约 4 亿人口相比，所占比重甚小。而且这些工人大多分布在经济较发达的沿海地区，所以他们的实际影响力并没有想象的那么大。然而当时自苏联“移植”过来的“民众”话语则盲目乐观地认为“工人”是有力量且先进的阶级，并且赋予了工人阶级革命的领导权。为何出现这种错位呢？这里显然存在有机械照搬马克思主义理论与俄国革命实践经验的问题，有教条化的嫌疑，这一“错觉”在后来得到了部分修正，比如进一步补充进了农民作为强大的同盟军。

由于受到国际共产主义和民粹主义思想的影响，在陈独秀的思想中也表现出了明显的反智倾向，在《劳动者底觉悟》中提到“中国古人说：‘劳心者治人，劳力者治于人。’现在我们要将这句话倒转过来说：‘劳力者治人，劳心者治于人’”[④]。显然陈独秀所说的从“要求待遇”到“要求管理权”，也就是“由经济的争斗进到政治的争斗”[⑤]，最终把“工人”从被启

---

① 陈独秀：《劳动者底觉悟》，原载《新青年》。

② 陈独秀：《中国国民革命与社会各阶级》（1923），原载 1923 年 12 月 1 日《前锋》第 2 期。

③ 刘明逵：《中国工人阶级历史状况》（第 1 卷第 1 册），中央党校出版社，1985，第 122 页。

④ 陈独秀：《劳动底觉悟》，原载《新青年》。

⑤ 陈独秀：《中国共产党对于目前实际问题之计划》（1922），选自《陈独秀文集》（第 2 卷），人民出版社，2013，第 294 页。

蒙者“说”成启蒙者。作为先知者的知识分子，他们实现这一转换的途径就是借助一种权力话语——口号，把“工人”群体统一到“口号”的旗帜之下。像陈独秀号召“工人”的口号，“只有听从马克思底教训：‘世界劳工团结起来啊’”[①]。那么工人阶级如何才能团结起来呢？为了共同设定的目标而行动，他们就要依赖于一个先知意义上的组织机构的出现，这就是工人阶级政党。

作为党的领导人，陈独秀对于党提出了具体的要求，“共产党是工人的政党，他的基础应该完全建筑在工人阶级上面，他的力量应该集中在工人宣传及组织上面”[②]。然后是夺取政权，“现在无产阶级和有产阶级争斗，也必然要掌握政权利用政权来达到他们争斗之完全目的”[③]，实现由“劳工专政”到“无产阶级专政”。而“无产阶级专政”的首要条件是把“工人”改造成领导阶级。正如恽代英感慨地说“伟大的工人阶级啊！你们真是中国革命运动的领导者”[④]。作为中共早期的革命领袖，他们的权力话语直接把“工人”定格在“革命性”“领导者”“主力军”等神圣的话语位置之上。可见，把“工人”群体“塑造”成中国革命的领导阶级是革命领袖们进行“工人”话语言说的最终目的。

二 “民众”话语中的“农民”

1920年代早期，“民众”话语内涵已经从指向含糊的“国民”转换到了“农”“工”等具体的群体。但是由于1920年代前期的革命运动主要以学生、工人等群体为主，这也直接造就了“民众”话语的指涉对象——青年学生和城市工人等群体。即使是“民众大联合”“到民间去”等口号的宣传也主要是针对城市里的学生和知识分子，而不是直接和农民群体对话。只有随着革命形势的发展和农民运动的不断增多，“农民”才越来越多地被纳入革命言说的框架之中。

---

① 陈独秀：《工人们勿忘了马克思底教训》，原载《民国日报》副刊《觉悟》，1922年2月9日。

② 陈独秀：《中国共产党对于目前实际问题之计划》（1922），《陈独秀文集》（第2卷），第294页。

③ 陈独秀：《马克思学说》，原载《新青年》第9卷第6号，1922年7月1日。

④ 恽代英：《中国阶级斗争第一幕》（1925），《恽代英文集》（下卷），第624页。

当然，早在1919年毛泽东在《民众大联合》中已注意到了农民对于中国革命的重要性，陈独秀则在1922年提出了“中国共产党若离开了农民，便很难成功一个大的群众党”[①]。而较早践行农民运动的是彭湃。1921年5月彭湃从日本回国后即在海陆丰地区领导农民运动。1923年彭湃在《彭湃给李春涛》文中谈到农民身上的优点，他们忠诚义气，“能老老实实的尽忠于自己的阶级”；他们的生活日益艰难，“时时都有暴动的心理，反的心理”；而且他们当中也有些聪明人，对于农会有热烈的感情，并渐渐有了阶级觉悟。[②] 显然这些优点有利于把他们号召起来，走向革命队伍。同一年，邓中夏在《本团应该注意农民运动》一文中借萨法洛夫的话说，“若不唤醒这般农民群众，民族的解放是无望的”[③]。

显然政治运动必然伴随着国民革命，而“国民革命便是农民革命，农民得到了解放才算国民革命成功”[④]。毛泽东也在1926年进一步指出“农民问题乃国民革命的中心问题，农民不起来参加并拥护国民革命，国民革命不会成功”[⑤]。毛泽东对于“农民”有一种充满了革命浪漫主义情怀的信任和欣赏，他欣赏“农民”与生俱来的智慧和革命创造力。总之，“中国革命实质上是一场以农民为主力的革命战争”[⑥]。

可见，1920年代的“民众”话语由初期的以工人、青年学生为主，转变到以“农民”为言说对象。这种话语的转移主要源于其言说语境的变换，即由初期的“社会”革命转换为具有“共产主义”意涵的“阶级”革命。

那么，既然农民对中国革命如此重要，我们就有必要对当时的农民有更深入的了解。1923年7月陈独秀在《前锋》刊物里发表的《中国农民问

---

① 陈独秀：《中国共产党对于目前实际问题之计划》（1922），选自《陈独秀文集》（第二卷），第296页。

② 彭湃：《彭湃给李春涛》（1923）（节录），选自《彭湃文集》，人民出版社，1981，第10页。

③ 邓中夏：《本团应注意农民运动》（1923），选自《邓中夏文集》，人民出版社，1983，第33页。

④ 恽代英：《国民革命与农民》（1926），选自《恽代英文集》（下卷），第919页。

⑤ 毛泽东：《国民革命与农民运动》（1926），选自《毛泽东文集》（第一卷），人民出版社，1993，第37页。

⑥ 李泽厚：《中国现代思想史论》，三联书店，2013，第31页。

题》一文中把地主和农民分为十个等级。

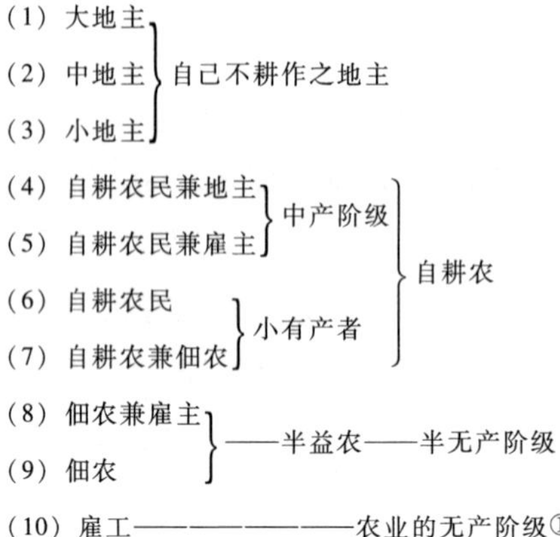

从图可以看出，地主阶级分为大、中、小三个层次，是我们的敌人也是民主革命的对象；而农民则分为自耕农、半无产阶级和农业无产阶级三个类型，他们都是我们的朋友。陈独秀的这些阶层的划分与后来毛泽东“阶级”划分颇为类似，毛泽东1925年在《中国社会各阶级的分析》中把自耕农划入小资产阶级，把半自耕农、贫农归入半无产阶级，而“所谓农村无产阶级，是指长工、月工、零工等雇农而言”②。

毛泽东1926年在《国民革命与农民运动》中明确指出“农民问题乃国民革命的中心问题”③，这种口号式的“农民”话语旨在给农村运动的工作者传达一种行动“指令”，使其充分认识到“农民”对革命胜败的决定作用，但是“农民问题不在现在的革命运动中得到相当的解决，农民不会拥护这个革命”④。这篇文章就是指导农运工作者如何去组织和发动农民。几乎在同一时期恽代英在《国民革命与农民》中也指出“因为农工群众是占全国人口最大多数，所以国民革命特别注重农工群众的利益，若果忘却了农工群众便不成其为国民革命了”。最后直接说“国民革命便是农民革命，

---

① 陈独秀：《中国农民问题》（1923），《陈独秀文集》（第2卷），423页。

② 毛泽东：《中国社会各阶级的分析》（1925），《毛泽东选集》（第1卷），第5~8页。

③ 毛泽东：《国民革命与农民运动》（1926），《毛泽东文集》（第1卷），第37页。

④ 同上。

农民得到了解放才算是国民革命成功”[①]。

“农民”被言说成“革命”的中心，是否仅仅因为他们“人数众多”呢？问题远没有这么简单，1926 年苏联革命家米夫在《中国的农民问题》中通过表格数据统计告诉我们，1920 年代的中国“四分之三的中国农民实际上是乞丐”，并且“占中国农民人数一半的佃农和半佃农”，他们的“地租高达收成的百分之九十”[②]。这些统计数据告诉我们中国的农民正在加速“无产化”，他们在争取土地的过程中所表现出来的革命欲望，被革命领袖言说成与生俱来的“革命性”而加以利用。

但是作为革命主力军的农民也有自己无法克服的“缺陷”。1923 年陈独秀在《中国国民革命与社会各阶级》一文中对农民有这样的描述，“农民居于散漫势力不易集中，文化低生活欲望简单易于趋向保守，中国土地广大易于迁徙被难苟安，这三种环境是造成农民难以加入革命运动的原因”[③]。陈独秀看到了中国农民身上固有的“缺陷”，不过他对农民革命积极性的判断却有失偏颇。与陈独秀的言说相类似，1926 年瞿秋白在《国民革命中之农民问题》的演讲中提出历史上每次农民革命之后，政权都落到别人手中，农民并没有取得真正的成功，是因为农民有这么几个缺点：

（1）没有良好的组织。

（2）没有民权主义的实力，于是握取政权者成为皇帝。

（3）迷信。

（4）没有强有力的革命阶级做他们的领袖，如现在的中国无产阶级。[④]

但是现在不同了，原因是“随着资本主义渐渐的发展，在大城市中间

① 恽代英：《国民革命与农民》（1926），《恽代英文集》（下卷），第 919 页。

② 米夫：《中国的农民问题》（1926），《米夫关于中国革命言论》，人民出版社，1986，第 4～5 页。

③ 陈独秀：《中国国民革命与社会各阶级》（1923），原载 1923 年 12 月 1 日《前锋》第 2 期。

④ 瞿秋白：《国民革命中之农民问题》（1926），《瞿秋白选集》，人民出版社，1985，第 304 页。

已经有了工人，无产阶级已形成一种力量，农民可以与工人联合奋斗”①，也就是毛泽东所说的“民众的大联合”。看来同样是讨论农民的“缺陷”，瞿秋白着眼于“历史”而非“现在”，并且他认为因为有了领导阶级——工人阶级，农民能够成为革命的依靠力量。而陈独秀的言说则从根本上否定了农民，从而也否定“工农联盟”的重要性与必要性，进而形成了右倾主义的话语言说。1927年毛泽东在《在太平洋劳动会议代表欢宴会上的开会词》中强调“工农”联合的必要性和“工人”领导的必然性：

> 中国农民运动，是革命过程中主要的力量。尤须与全世界工人阶级携手前进，深赖工人运动之影响与指导。这证明是工人天然成为农民之领导者。②

以毛泽东为代表的“民众”话语言说者，由初期的以“工人”为主转移到以“农民”为主。不过，前面也谈到过以“农民”为中心是一个缓慢的过程，农民真正成为话语主体要到延安时期的“工农兵”话语中才能实现。在1920年代的大部分的时间里，“工人”仍然是言说的主要对象，尽管革命知识分子常常把他们放在一起言说。

行文至此，我们对“民众”话语中的“农民”作了简单的勾勒。但是尚有疑问需要补充说明，那就是，革命知识分子为何一再强调“工农联合”，且以人数较少的“工人”为领导呢？显然从马克思主义理论看，首先是因为工人是文化上的先进阶级，俄国革命的胜利也证明了工人阶级的可信赖性。然而从中国的实际情况看，不论是陈独秀还是瞿秋白所提到的农民的“缺陷”确是客观存在的。鲁迅先生就清醒地看到“农民”身上固有的“哀其不幸，怒其不争”的“劣根性”。不过对于革命领袖而言，农民是他们所征用革命主体力量。因而他们不可能真实描述甚至夸大农民身上的“劣根性”，而是让知识分子“到民间去”动员农民，让“工人”去领导农民（尽管农民人数很多）。1931年革命知识分子郑学稼在谈到中国革命的依

① 瞿秋白：《国民革命中之农民问题》（1926），《瞿秋白选集》，第304~305页。

② 〔日〕竹内实编《毛泽东集补卷》（第2卷），苍苍社，1983，第277页。

靠力量时，就有这样的言论：

> 要完成这个任务，只有工农革命的联盟，且以前者领导后者，绝不能为着“农民群众”是“占中国全人口百分之八十”，而不信任自己群众（工人）的力量。否则，中国无产的政党，不久将变成中国的农民党！①

因而，无论是从历代农民起义的失败还是当前农民状况看，虽然革命领袖们也看到了“农民”的不足，但是近代中国农民由于其极低的经济地位又决定他们能够成为革命的依靠力量。这样，革命领袖既把农民作为革命的先进力量，又让更先进的“工人”作为他们的领导，从而使得在革命力量中“工人”与“农民”之间形成了“纲”与“目”的关系。

三 “民众”话语的转向

“阶级”概念自古就有，据刘禾考证有台阶、尊卑上下的等级、官的品位和阶段段落的意思，② 和现代意义上的“阶级”语义相距甚远。而具有现代意义的“阶级”概念则是从日本“旅行”而来，明治时期的日本学者赋予了这个概念“社会阶级”的语义，从而使得“阶级”概念和“马克思主义所说的阶级完全相同”③。近代改良派的梁启超、康有为等人也多次使用“阶级”一词，不过最早在马克思主义意义上使用“阶级”概念的应该是革命派的知识分子。1903 年马君武在《社会主义与进化论比较》一文中提到“阶级竞争为历史之钥”，以及“打破今日资本家与劳动者之阶级”等“阶级”话语。到了“五四”前后以“平等”“自由”“民主”为内涵的“国民”话语逐渐淡去，代之而来的是强调“阶级斗争”的“民众”话语。1920 年陈独秀在《民主党与共产党》一文中提到“民主主义是什么？乃是

① 郑学稼：《资本主义发展中之中国农村》（节录）（1931），见蔡尚思主编《中国现代思想史资料简编》（第 3 卷），浙江人民出版社，1982，第 585 页。

② 刘禾：《跨语际实践（中国，1900~1937）》，宋伟杰等译，三联书店，2002，第 408 页。

③ 〔德〕李博：《汉语中的马克思主义术语的起源与作用》，赵倩等译，中国社会科学出版社，2003，第 171 页。

资本阶级在从前拿他来打倒封建制度底武器，在现在拿他来欺骗世人把持政权底诡计”；“但若是妄想民主政治才合乎全民意，才真是平等自由，那便大错而特错”[①]。可见陈独秀是以“阶级”来反对“民主”观念，因为“民主”有资产阶级民主和无产阶级民主，无产阶级民主的实现要以消灭资产阶级民主为前提，而实现的途径就是进行“阶级斗争”。即便是在孙中山的“三民主义”话语体系中，所宣扬的也不过是民族民主革命，而不是“阶级革命”，如瞿秋白所分析的，“民生主义的中国国情观，就是说中国只有大贫小贫，没有阶级没有阶级斗争”[②]。因此我们说，“民众”话语的转向，从一开始就存在着“阶级”语义的预设。

不过“阶级”概念真正进入“民众”话语体系则应该在1924年前后。我们可以从蔡和森1927年的一篇文章中看出：

> 民国十三年以来，中国革命之旗帜，名义上是国民党孙中山，而实际上是工人阶级和C.P.，这几年中，名义上虽是做民族革命工作，而实际上发展了最深刻最广大的阶级斗争。[③]

这里的“民国十三年”就是1924年，这一年既是“阶级”概念的正式生成，也是从“民族革命”到“阶级斗争”的转折点。

具体来说，“五四”前后的社会革命主体以青年学生和工人为主，“农民”还没有真正被动员起来。前面也提到过，共产主义文化思潮的大量涌入是在1921年中国共产党成立以后发生的。陈独秀是“五四”之后较早在理论上论及“阶级”概念的。1922年他在《马克思学说》中论述了“阶级斗争”的两个“要义”：“（一）一切过去社会底历史都是阶级斗争底历史”，“（二）阶级之成立和争斗崩坏都是经济发展之必然结果”[④]。1923年陈独秀又在《中国农民问题》文中把地主和农民分为十个等级，从而使他

① 陈独秀：《民主党与共产党》（1920），《独秀文存》（三），外文出版社，2013，第110页。

② 秋白：《马克思列宁主义与中国革命》（1928），原载1928年《布尔什维克》第1卷第14期。

③ 蔡和森：《机会主义史》，原载1927年9月《顺直通讯》第2期。

④ 陈独秀：《马克思学说》（1922），原载《新青年》第9卷第6号，1922年7月1日。

成为五四之后最早用马克思主义的“阶级”话语对“民众”进行初步整合的人。紧接着，1925 毛泽东在《中国社会各阶级的分析》中明确指出：“谁是我们的敌人？谁是我们的朋友？这个问题是革命的首要问题。”① 而后毛泽东对“敌友”做了进一步的划分和命名，“一切勾结帝国主义的军阀、官僚、买办阶级、大地主阶级以及附属他们的一部分反动知识界，是我们的敌人。工业无产阶级是我们革命的领导力量。一切半无产阶级、小资产阶级，是我们最接近的朋友”②。

总的说来，社会上的敌对阶级主要是“资产阶级”和“无产阶级”。“民众”的主体由工人阶级和农民阶级构成，而无产阶级则主要包括工人阶级以及农民中的一部分。那么革命领袖为何要引入“阶级”概念呢？按照马克思主义的观点，“在以阶级划分为基础的社会中，敌对阶级之间的斗争在一定的发展阶段上势必变成政治斗争”③。且敌对阶级之间的斗争所强化的是生存斗争理念，这种“生存斗争”放在民族、国家、社会等生存均出现危机的语境中，无疑“更有利于动员处于社会下层的最广大民众奋起造反”④。正如尼尔·哈丁（Harding, Neil）所说，“共产党人的目标不是改革一个不可改革的权力体系，而是要证明在这个体系内进行富有意义的、持续的改变的不可能性”⑤。这就是说，“阶级”的引入使得敌我“阶级”之间不是一种“改良”的关系，而是“革命”的关系。而此时的“革命”概念用毛泽东的话来说，就是“暴动，是一个阶级推翻一个阶级的暴烈的行动”⑥，不是笼统的“以暴易暴”。正因为如此，革命领袖根据政治立场和经济地位的不同，把中国“民众”划归不同的阶级类别，而因“所有的分类都是压制性的”⑦，是拥有话语“权势”的言说主体依据现实情形将对象进行分类的结果，由此而使这些人各自有了自己不同的“归宿”。也就是说，

---

① 毛泽东：《中国社会各阶级的分析》（1925），《毛泽东选集》（第 1 卷），第 3 页。

② 同上书，第 9 页。

③ 〔英〕尼尔·哈丁：《列宁主义》（*Leninism*），张传平译，南京大学出版社，2014，第197 页。

④ 姜义华：《生存斗争学说的中国演绎与兴替》，见许纪霖等编《现代中国思想的核心观念》，上海人民出版社，2011，第 170 页。

⑤ 同上书，第 197 页。

⑥ 毛泽东：《湖南农民运动考察报告》（1926），《毛泽东选集》（第 1 卷），第 17 页。

⑦ 〔法〕罗兰·巴尔特：《写作的零度》，李幼蒸译，中国人民大学出版社，2012，第 182 页。

“阶级”话语把不同的人群界定为不同的“阶级”主体，而后“这些主体就具有了我们会期待的特点”[①]。

就此可以判断，1920 年代中后期的“民众”话语已开始以“阶级”作为语义内核进行言说。需要强调的是，我们之所以在这里强调“民众”话语中的“阶级”语义，是因为 1930 年代之后的“工农大众”话语是在“武力革命”的文化语境中生成的，而“武力革命”其实就是一个阶级对另一个阶级所进行的革命，这当中“阶级”必然成为绕不过去的核心概念。

第四节 “主流”之外的“民众”[②]

本书中，我们把以实现“共产主义”为革命目标的政治派别称为“新革命派”。比如以上我们在“平民主义”语境中论述“民众”话语时，其实主要针对的就是“新革命派”的话语实践。与之同时，我们将与“新革命派”相对的其他革命派称为“旧革命派”，这是因为不管是“国民革命”“阶级革命”抑或是“全民革命”，它们都是以“革命”为中心话语的，且一开始其各自的革命主张也大同小异。除了这些以“革命”命名的派别之外，在 1920 年代前后的中国，还存在着自由主义以及保守主义等话语言说。当然，相对而言在对“民众”的言说中，自由主义与保守主义声音是比较弱的，尤其是保守主义主要集中于对中国传统文化的言说，很少聚焦于“民众”这个“时事性”很强的话语，因此本人将对其“民众”话语的言说作简约处理；另一方面，各个派别的划分也是相对而言的，一是各流派之间的界限本就比较模糊，二是有些知识分子的言论在不同时期也会有所变化并分属于不同的派别。

需要说明的是，尽管我们已把“大众”话语的流变梳理出一条清晰的线索，国民→民众→大众→群众等，但并不能全然涵盖各种复杂的话语言说，而且各个时期话语的流变是渐进的，话语之间有交叉与重叠。有时候

① 〔英〕斯图尔特·霍尔编《表征》，徐亮、陆兴华译，商务印书馆，2013，第 83 页。

② 这里的“主流”指的是以中共的话语为正宗，以此来观照其他的话语言说。

把用语的变化视为话语变化的“指示器”，显得有些绝对与笼统。这一方面涉及词与概念的差异；另一方面是不同派别的差异，比如我们论述的主线基本上沿着“新革命派”的言说而进行的，其他派别的“大众”言说不仅仅在内容上与“新革命派”不同，而且在形式上也有明显的差异。如“旧革命派”的“国民”用语自近代开始使用，直至1940年代仍然频繁地出现在各种文本当中。显然这个“国民”用语在不同时期表征了不同的话语言说，只不过这个“指示器”没有及时更新而已。还有就是“旧革命派”的话语用词即使因“时势”而更新，也常常出现“滞后”的现象。比如“民众”话语在“五四”之前即开始生成，但“旧革命派”的“民众”话语却迟至“五四”之后很长一段时间，才由“国民”改为“民众”用语，且与“国民”用语交替出现于一些文本之中。

一 “旧革命派”的“民众”言说

在讨论“旧革命派”的“民众”言说之前，我们有必要先看看他们的“革命”话语。因为在中国近现代史上，“革命”既是一个有争议性的话语，这在改良派与革命派的“国民”话语中我们已有论述，在此不再赘述；同时“革命”又是主流意识形态话语，不同派别所持的不同的“革命”主张则决定了他们处理“民众”言说的方式。关于中国“革命”现代性的语义来源，美国学者富兰克斯（Wolfgang Franks）有很好的概述：“中国古代传统的‘革命’的含义与近代西方思想和西方‘革命’概念相融合，制造出了现代中国的‘革命’意涵。”[①] 可见，与“国民”话语的生成模式类似，现代性的“革命”话语也是中国传统的“革命”发生现代性流变的产物，并且这种“革命”话语在现代中国“曾经长期统治现代中国并渗透到百姓的日常生活”[②]。因而在1920年代，“革命”自然成为多个党派的共同话语，“国民党的‘国民革命’、共产党的‘阶级革命’与青年党的‘全民革命’

① Wolfgang Franks, *A Century of Chinese Revolution*, 1851-1949, New York: Harper Torchbooks, 1970, p. 1.

② 陈建华：《论现代中国“革命”话语之源》，见许纪霖等编《现代中国思想的核心概念》，上海人民出版社，2011，第637页。

几乎同时并起”[①]。这几个党派分别以“国民”“阶级”“全民”等用语作为其“革命”用语的限定词，既彰显了他们不同的“革命”主张，同时这些“限定词”也成为他们各自“民众”话语的核心概念。下面要论述的“旧革命派”的“民众”话语主要采取与“新革命派”相比较的方式进行。

我们先来看看主张“全民革命”的青年党的“民众”观。主张“全民革命”的青年党就针对“新革命派”的早期领袖推崇工人阶级，甚至把工人阶级视为领导阶级的言论提出了不同的看法。在《中国青年党建党宣言》中有这样的主张：

> 又有主张一阶级专政，而忽视其他各界者，殊不知吾人欲行革命，不可不察本国之情势，就国内之人口计之，则全国国民，农居八九，商界次之，学界次之，工又次之，据全国最近职业之调查表，工人仅占全国人口比例百分之四强。以如斯少数之工人，而欲实行专政，征诸事实，殆万不能。[②]

可见，青年党并不赞同“新革命派”革命领袖的“民众”话语中关于“工人”的言说，因为从人数上看，农民所占的比重最大，工人占的比例则最小，由此可推断出工人阶级不可能担当起革命的重任的。而“新革命派”则认为“全民革命”派的主张“把士商阶级看得太重，而忽略农工平民的力量”[③]。为了更详细地比较青年党与“新革命派”的“民众”话语差异，我们用图说明之。[④]

---

① 王奇生：《革命与反革命：社会文化视野下的民国政治》，社会科学文献出版社，2013，第67页。

② 《中国青年党建党宣言》（1923），见中国第二历史档案馆编《中国青年党》，1988，第3页。

③ 王奇生：《革命与反革命：社会文化视野下的民国政治》，第87页。

④ 陈启天：《国家主义与共产主义的分歧点》（1925），选自中国第二历史档案馆编《中国青年党》，1988，第49页。

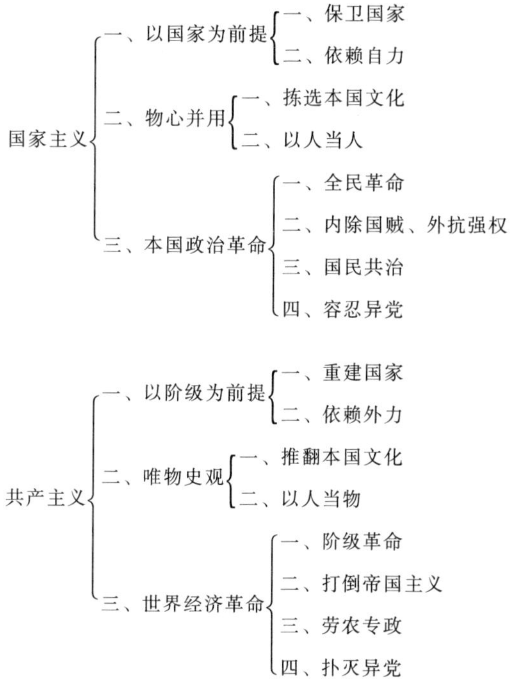

可见，“国家主义”的“民众”话语以“国家”“全民”“共治”等为核心概念，而“共产主义”的“民众”话语则以“阶级”“劳农”等为核心概念。他们最根本的区分在于：“全民革命”与“阶级革命”相对，“国民共治”与“劳农专政”相对，也即是说，“新革命派”的“民众”概念中含有明确的“阶级”划分，并不是把所有的人都归入“民众”之中，最明显的就是对于“士商”的态度。以中共为主体的“新革命派”在很长时间里都把“士商”排除在“民众”或“群众”之外，称之为资产阶级。

再看看国民党①的“民众”言说。主张“国民革命”的“国民党”自孙中山的言说开始，其“工农民众”话语与后来的“新革命派”差异甚大。因为孙中山所提倡的“国民革命”实际上与“全民革命”并没有本质的不

① 需要说明的是，后来国民党中的“左派”像宋庆龄等人的政治主张与中共有许多共通之处，因而“民众”话语也趋于一致。关于这种“左”与“右”的分化，我们将在“工农大众”话语中专门讨论宋庆龄等人的言论。而“工农民众”话语出现的时间一般划定在1920年代这段时间内，而在这段时间“新”“旧”革命派刚刚分立，因此一些复杂的问题放在“工农大众”话语中去解决。

同，他认为“中国只有大贫小贫，‘大贫’不应当反对‘小贫’，而应当服从‘小贫’，造成‘民族的统一’之全民革命”①，进而否认阶级斗争。孙中山的政治主张即使与“新革命派”有相似之处也显得有些勉强，或者说只是一种话语策略。孙中山看到了“工农民众”的巨大力量，吸收这些力量有助于壮大自己的实力。而要弄清楚国民党的“民众”话语与“新革命派”的不同，我们仍当从考察孙中山的政治立场开始。

在以“三民主义”为核心的“民”话语中，孙中山把民族、民权、民生阐释为民有、民治与民享，而其中的“民”则是兼具权利与义务的现代“国民”。革命初期，在孙中山那里，“国民”一直是“大多数人”的统称，大概意指“士、农、工、商”等人民全体。当具有共产主义色彩的“民众”话语生成的时候，孙中山仍然沿用“国民”概念，正如我们所看到的，在很长一段时间里，孙中山的“国民”与中共的“民众”同时流行。

基于这样一种政治立场，在对待“民众”问题上，包括孙中山在内的许多国民党成员，至少在1920年代前期并不认可“民众”对于革命的重要作用，只是把“民众”作为启蒙的对象：

> 我们要晓得，群众的知识是很重要的，要教训群众、指导群众，或者是教训指导知识很低的人，最要紧要替他们打算，不好一味拿自己做标本。②

这些国民党的革命领袖“一直抱着一个老方法，就是利用军队”③。我们翻看孙中山或者蒋介石的有关言论，我们看到他们的言论中关于“军队”的建设与掌控占据很大比重，但是有关“民众”号召与征用却相对较少。与之相反的是，“新革命派”的文本中却有着大量“工农”的调查研究与号召。具体来说，与中共所倡导的农民是可靠的同盟军不

---

① 秋白：《马克思列宁主义与中国革命》（1928），原载1928年《布尔什维克》第1卷第14期。

② 孙中山：《与戴季陶的谈话》（1919），《孙中山全集》（第5卷），第70页。

③ 瞿秋白：《中国革命和中国共产党》（1928），《瞿秋白文集》（第6卷），人民出版社，1996，第212页。

同，在孙中山眼里"农民"只是被拯救的对象，并且革命能给农民带来好处，"中国不革命，农民方面实无〈发财〉机会。农民不参加革命不能速发发财机会之来"[①]，显然孙中山忽视了"农民"身上的革命力量。孙中山对待工人的看法也是如此，与中共的"工人阶级"是领导阶级的言说不同，孙中山认为工人是一群没有文化的全体，不足以承担起革命的神圣使命。

> 中国现在不但工人没有知识，连号称知识阶级里面的人，也是一样没有知识。工人没有知识，就是一切新旧知识都没有的。[②]

这里与"新革命派"的"民众"话语中把工人"说"成是最先进、最有革命性的阶级完全不同，"工人"不过是一些没有知识的人。但对商人就不同了，"商人实为本党之主力军，商人当与本党共同奋斗"[③]。由此孙中山的"民众"话语已基本完成，我们用以图直观说明之。

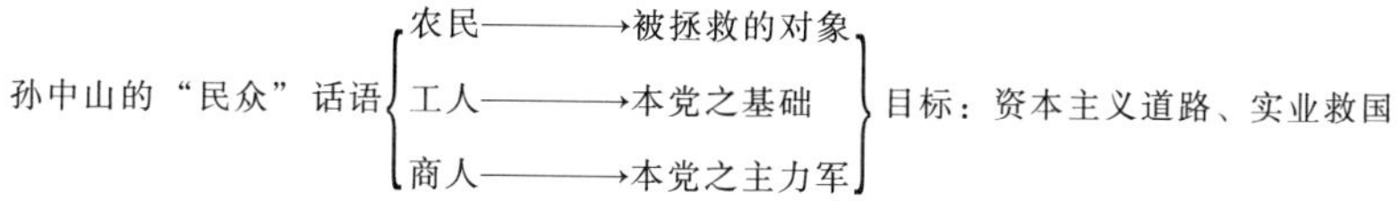

孙中山的"民众"话语
- 农民——→被拯救的对象
- 工人——→本党之基础
- 商人——→本党之主力军

目标：资本主义道路、实业救国

虽然国民党的其他成员的"民众"观与孙中山也不尽相同，但是作为国民党的创始人，孙中山的"民众"话语具有很强的代表性。

除了对待"工农"的看法不同之外，在动员"民众"的方式上，国民党与"新革命派"也有很大不同。"新革命派"号召城市知识分子"到民间去"发动农民，带有浓厚的启蒙色彩；而廖仲恺等人则更多地号召农民"自救"[④]。1924 年在香山县的演讲中，廖仲恺有这样的言论，"你们应该从速团结起来，组织起来，预备你们的力量"[⑤]，从而组成"农民协会"。与"新革命派"的"民众"言说不同的是，廖仲恺要求农民"自己起来组织，

---

① 孙中山：《致全国学农工商通电》（1924），《孙中山全集》（第 10 卷），第 59 页。
② 孙中山：《与戴季陶的谈话》（1919），《孙中山全集》（第 5 卷），第 70 页。
③ 孙中山：《致全国学农工商通电》（1924），《孙中山全集》（第 10 卷），第 59 页。
④ 这也是国民党动员农民的最普遍的方式，且延续到 20 世纪三四十年代。
⑤ 廖仲恺：《农民解救的方法》（1924 年 8 月），《廖仲恺集》，中华书局，2011，第 197 页。

不能依靠他人”[①]。国民党“自救”式的动员方式，在某种程度上决定了其“民众”话语实践的不彻底性，这也决定了他们没能像“新革命派”那样真正发动“工农民众”进行革命。

当然，在“革命”进行过程中，孙中山等人还是逐渐认可了“工农”在革命中的重要地位，甚至要以“工农为主”。如1924年孙中山在《中国国民党第一次全国代表大会宣言》中指出“国民党人因不得不继续努力，以求中国民族之解放。其所恃为后盾者，实为多数之民众，若知识阶级、若农夫、若工人、若商人是已”[②]；同一年孙中山又指出“工人”是党之基础，“工人当参加革命，以促进其成功。工人为本党之基础，本党之奋斗乃为发展实业而奋斗，为工人利益而奋斗。工人当与本党共同奋斗”[③]。只是孙中山还没有认为“农夫、工人”是革命的主力军，他们只是革命所依靠的“后盾”。不过紧接着孙中山又在这篇“宣言”中提出“故国民革命之运动，必须恃全国农夫、工人之参加，然后可以决胜，盖无可疑者”[④]。这里几乎把“工农”视为革命的主力军进行言说。1924年廖仲恺在《农民运动所当注意之要点》一文中也特意指出“农民”之于革命的重要性，他认为“国民革命之主要分子为国民，国民中最多者莫如农民，故国民革命之唯一要件为须得农民大多数了解与集中本党旗帜之下。如农民不了解与不集中本党旗帜之下，则革命断无成功之可言”[⑤]。到了1925年孙中山在弥留之际基本上认可了把“工农”作为主力军的言论，“积四十年之经验，深知欲达到此目的，必须唤起民众及联合世界上以平等待我之民族，共同奋斗”[⑥]。孙中山逝世之后，1925年廖仲恺在《工农联合大会的演说》中提出“工农利益与革命是不可分的，但是革命是工农为主才行。革命要成功，第一是

---

① 廖仲恺：《农民解救的方法》（1924年8月），《廖仲恺集》，中华书局，2011，第197页。
② 孙中山：《中国国民党第一次全国代表大会宣言》（1924），《孙中山全集》（第9卷），第119页。
③ 孙中山：《致全国学农工商通电》（1924），《孙中山全集》（第10卷），第59页。
④ 孙中山：《中国国民党第一次全国代表大会宣言》（1924），《孙中山全集》（第9卷），第121页。
⑤ 廖仲恺：《农民运动所当注意之要点》（1924年7、8月间），《廖仲恺集》，第190页。
⑥ 孙中山：《国事遗嘱》（1925），《孙中山全集》（第11卷），第639页。

要工农大联合共奋斗，若是分离，革命便不能成功”①。这是国民党第一次明确提出革命以“工农为主”的主张。到了1928年陈公博则更进一步指出“民众组织为国民党的基础，而民众运动尤为国民党的命脉”②。可见，比之以前对于“工农”的怀疑与忽视，孙中山等人直到1920年代中后期才较为清醒地意识到“工农”之于“革命”的决定性意义。

总之，“旧革命派”的“民众”话语基于自身的政治主张而与“新革命派”有所不同。在对待“工农”态度上，青年党把他们视为重要但不是唯一力量，而国民党则经历了一个从轻视到重视的流变过程。在对待“商人”态度上，“旧革命派”的共有言论是，“商人”是革命的重要力量。而“新革命派”至少在1949年之前基本上完全把“商人”排除在“民众”或“大众”群体之外，视之为剥削阶级。

二 以“自由”“保守”为中心的“民众”话语

在五四前后随着中国局势的变化，出现了各种各样新的思潮，如自由主义、马克思主义以及文化保守主义，同时也形成了相应的“民众”的话语言说。前面我们以马克思主义或“新革命派”的“工农”民众话语言说为主体，分析了其生成与流变的过程。但是也不能忽略自由主义与保守主义声音的存在。

当然，本节并不是研究严格意义上的“自由主义”与“保守主义”文化流派的“民众”话语，而是以“自由”“保守”为言说中心的“民众”话语。比如，我们把“现代派”与“无政府主义”的相关言论都划归以“自由”为中心的“民众”话语，而不是说“自由主义”包含“现代派”与“无政府主义”两个流派。

就自由主义而言，虽然从某种意义上看，这一流派与中国当时的实际社会情形有些脱节，但是“‘五四’初期，自由主义曾经是知识分子中一个流行的口号”③。甚至梁启超和国民党都曾经提出过自由主

---

① 廖仲恺：《工农联合大会的演说》（1925年5月），《廖仲恺集》，第247页。

② 陈公博：《党的改组方法和时期》（1928），原载1928年9月《革命评论》第18期。

③ 〔美〕周策纵：《五四运动：现代中国的思想革命》，江苏人民出版社，1996，第406页。

义的主张，他们认为不应该以牺牲个人自由来换取国家的独立和主权。

五四时期具有自由主义倾向的思想家包括陈独秀、胡适等人，他们崇尚平等、理性，不盲从权威。他们更注重“个人”的生存与价值。中国近代的自由主义思想既有与传统的承接，如谭嗣同的“仁学”思想，又有与传统的“断裂”，如严复的“自由理念”、梁启超的“新民”思想等。至五四时期，随着西方新思想的引入，尤其是罗素、杜威等的访华，对自由主义的发展更起到推动的作用。

正如学界已述，作为“新革命派”领军人物的陈独秀，其早期思想中也曾含有自由主义因子，在 1915 年发表于《新青年》发刊词中的《敬告青年》一文中，他如此张扬人的个性：

> 青年如初春，如朝日，如百卉之萌动，如利刃之新发于硎，人生最可贵之时期也。青年之于社会，犹新鲜活泼细胞之在人身。新陈代谢，陈腐朽败者无时不在天然淘汰之途，与新鲜活泼者以空间之位置及时间之生命。人身遵新陈代谢之道则健康，陈腐朽败之细胞充塞人身则人身死；社会遵新陈代谢之道则隆盛，陈腐朽败之分子充塞社会则社会亡。[①]

这种从人的身心发展出发号召青年为人的基本生存而奋斗的出现，即使是走出了“臣民”，也与“新革命派”的“共产主义”目标不尽相同，如其所谓“解放云者脱离夫奴隶之羁绊，以完其自主自由之人格之谓也”[②]。虽然陈独秀后来成为“新革命派”的领袖人物，但这篇《敬告青年》无疑可视为其“个人主义”的宣言书：

> 以其是非荣辱，听命他人，不以自身为本位，则个人独立平等之人格，消灭无存，其一切善恶行为，势不能诉之自身意志而课以功过；

① 陈独秀：《敬告青年》（1915），《陈独秀文集》（第 1 卷），人民出版社，2013，第89 页。

② 同上书，第 90~91 页。

谓之奴隶，谁曰不宜？立德立功，首当辩此[①]。

这种自由的“民众”与“臣民”的不同就在于“个人独立平等之人格”。也就是说，自“国民”到“新革命派”的“民众”话语，言说的关键词从“群”“社会”到“民众联合”，明显带有“集体主义”话语倾向，而这种“自由”话语则更强调“个人”的独立与平等。同时，陈独秀还进一步指出东西方的一个重要区别，就在于西方文明是“彻底的个人主义，而东方文明则基于家庭或家族单位”[②]，因而提出以个人主义代替家族观念。

胡适在《易卜生主义》中也宣扬个人主义，他认为“社会最大的罪恶莫过于摧折个人的个性，不使他自由发展”[③]。胡适运用易卜生的戏剧说明社会对个人独立自由精神的压制，他认为如果民众的个性都消失了，社会也就没有了生气，更谈不上进步。因为易卜生的戏剧中所展现的“‘为我主义’其实是最有价值的利人主义”[④]，而很多人“不知道社会是个人组成的，多救出一个人便是多备下一个再造新社会的分子”[⑤]，也就是易卜生所说的“救出自己”。同时，胡适在《介绍我的思想》一文中明确承认易卜生的个人主义就是他本人的人生观和宗教观。

而关于“工农”民众，作为自由知识分子的胡适自然不像“革命派”，尤其是“新革命派”那样狂热地视其为革命的神圣力量，而是很平和地描述“工农”地位的变化。1926 年胡适在《我们对于西洋近代文明的态度》中说“劳动是向来受到贱视的；但资本集中的制度使劳工有大组织的可能，社会主义的宣传与阶级的自觉又使劳工觉悟团结的必要，于是几十年之中，有组织的劳动阶级遂成了社会上最有势力的分子”[⑥]。但是胡适又把这种“劳工神圣”的话语归结为文明的“不知足”，认为“社会政治制度的不知足产生了今日的民权世界，自由政体，男女平权的社会，劳工神圣的喊声，

① 陈独秀：《敬告青年》（1915），《陈独秀文集》（第 1 卷），第 91 页。
② 〔美〕周策纵：《五四运动：现代中国的思想革命》，江苏人民出版社，1996，第 407 页。
③ 胡适：《易卜生主义》（1918），原载《新青年》第 4 卷第 6 号。
④ 同上。
⑤ 同上。
⑥ 胡适：《我们对于西洋近代文明的态度》（1926 年），《胡适全集》（第 3 卷），安徽教育出版社，2007，第 11 页。

社会主义的运动”。[①] 从而把社会革命与阶级革命简化为一种主观意识。

胡适的“民众”话语也更多地表现为一种温和的自由主义或者无政府主义：“我们都没有党籍，也都没有政治派别。我们唯一目的是对国家尽一点忠心。”[②] 对于五四学生运动，胡适有这样的言说：

> 我并没有“根本否认群众运动的价值”；我只想指出：救国事业不是短时间能做到的，而今日学生们做的群众运动却只能有短时间的存在；救国是一件重大事业，需要远大的预备，而跟着大家去呐喊却只能算是发发牢骚，出出气，算不得真正的救国事业。[③]

胡适主张徐缓地改革而不是激进地革命，同时他也反对学生加入党派之中，“学生团体本身没有组织，学生自己没有组织的训练，而仅仅附属于外面现成的，有作用的党派，那是无益的”[④]，并且认为学生首先要加强知识修养才能够干预政治。

1920 年代以《现代评论》为主要阵地的“现代评论派”也是一个自由主义的政治文化派别。[⑤] 与“新革命派”的积极、乐观的“民众”观不同，“现代评论派”认为，“民众多数是愚昧的、盲目的，因此如果没有对民众的教育和对民众运动的组织，民众运动就有可能变为暴民运动”[⑥]。《现代评论》的前期主编王世杰在《民众运动与领袖》中认为，“民众是缺乏理解力而且往往‘不求甚解’的”[⑦]，同时民众运动的弱点是主张不彻底，其原因是“缺乏思想领袖”[⑧]。“现代评论派”站在精英的立场看待“民众”，除了对“民众”进行批判之外，这些留美归来的自由知识分子更多关注的是学

---

① 胡适：《我们对于西洋近代文明的态度》（1926），《胡适全集》第 3 卷，2007，第13 页。

② 胡适：《我们对于政治的主张》（1922），《胡适全集》第 21 卷，第 367 页。

③ 胡适：《刘熙关于〈爱国运动与求学〉的来信附言》（1925），《胡适全集》第 21 卷，第 332 页。

④ 同上书，第 333 页。

⑤ 姜文等编《现代评论派、新月人权派》，长春出版社，2013，第 3 页。

⑥ 同上书，第 10 页。

⑦ 王世杰：《民众运动与领袖》，原载 1925 年 12 月 19 日《现代评论》第 3 卷第 54 期。

⑧ 王世杰：《民众运动与领袖》，原载《现代评论》。

术文化，因而有关“民众”的言说相对较少。

以“自由”为言说中心的流派还可以包括无政府主义。无政府主义（Anarchism）又称“安那其主义”①，“其原意为无领导，无强权之意”②，也可以称为“无政府共产主义”。刘师复认为“无政府主义可以包括社会主义”③，并且几乎把无政府主义等同于自由主义，“无政府共产主义，乃完全自由之主义，无政府共产之社会，乃完全自由之社会”④。

无政府主义一般可追溯到晚清时期，清政府对民众的压榨和专制促使一些具有“现代”意识的知识分子反对封建专制，进而对不论是君主专政还是君主立宪，乃至于民主共和均持一种决绝的否定姿态。同时无政府主义的生成也与日本有一定的渊源。民国初期的日本留学生接触到当时盛行于日本的无政府主义，于是日本也就“成为无政府主义向中国传播的主要阵地”⑤。至五四时期，当工人阶级不断发展为社会的“领导”阶级时，无政府主义者开始也意识到“征用”工人阶级的重要性，于是他们加大了对工人阶级的宣传力度。无政府主义者主张“工人团结，重在大群，必合全国劳动者之大群，方能制资本者于死命”⑥。他们号召成立工团组织，在一定程度上促进了工人运动的发展。但是他们所建立的组织没有政党的领导，也没有自己的武装力量。因此从某种意义上说，无政府主义所走的是社会改良主义道路。《晦鸣录》作为中国无政府主义的重要阵地，刘师复在其编辑绪言中这样论述其“平民”观：

《晦鸣录》既以平民之声自勉，其言论即直接为平民之机关。天下平民生活之幸福，已悉数被夺于强权，而自陷于痛苦秽辱不可名状之境。推其原故，实社会组织之不善有以致之。欲救其弊，必从根本上

① 无政府主义，是五四时期一些知识分子所信奉的政治理念，这种“主义”的核心思想是提升个人自由及废除政府当局与所有的政府管理机构，带有浓重的“自由”倾向，因此我们把它的“民众”言说也划归到以“自由”为中心的“民众”话语语义场之中。当然并不是说无政府主义等同于自由主义。

② 白天鹏等编《无政府主义派》，长春出版社，2013，第1页。

③ 刘师复：《答乐无》，《师复文存》，革新书局，1928，第147~150页。

④ 刘师复：《答悟尘》，《师复文存》，第169~173页。

⑤ 白天鹏等编《无政府主义派》，第2页。

⑥ 《劳动者之自觉》，原载《劳动》第1卷第4号，1918年6月。

实行世界革命，破除现社会一切强权，而改造正当真理之新社会以代之，然后吾平民真正自由之幸福始有可言。[①]

刘师复把“平民”的不幸福归结为“强权”所致，而根本的原因在于社会的“不善”，解决的途径则是实行“世界革命”。他重视“平民”的力量而轻视政府和军队，“平民既有推倒政府之能力，可以胜一国之军队，即可以胜他国之军队”。[②] 认为“中华民国名为共和，实为专制”[③]，因为阶级制度是自由平等的大敌，真正的平等是雇主与仆役，乘车轿者与车轿夫之间都无尊卑贵贱之分。“故吾谓不必虑仆役与车轿之失业，但使人人不用仆役，不乘轿及人力车，则凡为仆役为车轿夫者，皆将去而别谋正当之生业”[④]。

那么，无政府主义者把哪些人划为“平民”群体呢？大体来说刘师复的“平民”指“大多数人”，与少数的英雄人物相对，“平民”所进行的是“社会革命”，而英雄人物进行的是“政治革命”。显然，代表“大多数人”的社会革命比政治革命更能够成功，就像刘师复《答恨苍》中所说“即大多数平民赞成无政府乃起而革命之谓也”[⑤]。这样一来，无政府主义的革命就是“平民”革命而非英雄革命。刘师复说，“所谓平民者，除政府资本家外皆是也。言平民则军队亦自在其中”[⑥]。不过关于“平民”，吴克刚《无政府主义与实际问题》中有更详细的命名：

这里所说的“平民”，不是一个抽象的名词，而是确确实实地指那般在现在社会受压迫被掠夺的人——工人、农民、兵士，商店、官厅等处的职员以及各种无业游民。

这平民，这无名的大众，现在是被轻视，被欺辱，被血肉，被杀

---

① 刘师复：《〈晦鸣录〉编辑绪言》，见白天鹏等编《无政府主义派》，第 17~18 页。
② 刘师复：《无政府浅说》，见白天鹏等编《无政府主义派》，第 22 页。
③ 刘师复：《我辈向前进》，见白天鹏等编《无政府主义派》，第 52 页。
④ 刘师复：《不用仆役不乘轿及人力车与平等主义》，《师复文存》，第 101~105 页。
⑤ 刘师复：《答恨苍》，见《师复文存》，第 279~285 页。
⑥ 刘师复：《答蔡雄飞》，见《师复文存》，第 273~278 页。

戮，但是人类一切伟大的事业，全是他们创造出来的。①

可见，这些无政府主义者的“平民”是与上层“贵族”相对的概念，主要指受压迫的下层人民。但是与“新革命派”的“民众”不同的是，这里的“平民”把“兵”与“商人”都包含在内，范围更加广泛。

如果我们把无政府主义的“民众”与西方话语中的“乌合之众”对比的话，我们发现无政府主义者把“民众”视为具有积极主体性的群体，从而与西方近代以来的“大众”话语对立。如朱谦之就认为，“群众心理有所谓冲动性，易激性，缺于推理，暗于辨别，等等，其实都只是‘情’”②，但是与那些盲目的庸众不同的是，由于群众是自觉的，因而“由暗示及传染的结果，使群众趋于同一的方向，这正是自觉到了极点的时候”。虽然群众的本性是破坏和革命的，但却能使个性得到充分的展示，“群众运动，不但不把个性消灭，而且是恢复‘个性’的良好时机”。③ 在对待“民众”的积极态度上，无政府主义者似乎与共产主义者有一定的相似性，那就是对底层劳动民众的重视，巴金就曾经说过无政府主义的代表人物克鲁泡特金“一生都是站在工人和农民一边的”④。无政府主义的另一个领袖人物巴枯宁则把劳动阶级看作“民众”和“人类”，并且把“工人的利益和工人的胜利看作最重要的事”⑤。巴金认为无政府社会中是不能有资产阶级的，只有劳动的人才能生存，“一个人要想生存于无政府社会，必定要做一个劳动者。资产阶级不是劳动者，当然不能生存于无政府社会”，“在无政府的社会中既然不能生存着不劳动的人，那么构成那社会的唯一分子便是工人”⑥，因此最好的无政府主义者就是工人。

由上可知，仅就“民众”认同这一点上，无政府主义者的“民众”言说与“新革命派”有诸多相似之处，然而在革命的方式以及目标上，无政

---

① 吴克刚：《无政府主义与实际问题》，见白天鹏等编《无政府主义派》，第418页。
② 朱谦之：《革命与群众运动》，见《革命哲学》，泰东图书局，1927，第119~132页。
③ 同上。
④ 巴金：《无政府主义的阶级性》，原载《民钟》第1卷第16期，1926年12月。
⑤ 同上。
⑥ 巴金：《一封公开的信——给钟时同志》，原载《平等》第1卷第8期，1928年2月。

府主义者仍还是展现出了其“自由”的个人主义倾向。

行文至此，我们对以“自由”为中心的“民众”话语语义场已有大概描述。事实上，1920年代的“民众”话语更多的是与“革命”话语连接在一起。因此，以“自由”“文化保守”为中心的言说主体更多关注的是“精英”或“传统”文化，对于底层“民众”的关注相对较少。尤其是文化保守主义者，他们的精英理念在很大程度上遮蔽了对于“民众”应有的关注。

这些文化保守主义在认识论上表现为直觉崇拜，对于“人同此心，心同此理”表示认同，追求一种“天人合一”的自由境界。其中以梁实秋较有代表性，他的“民众”话语也是以“人性论”为中心的精英话语。1920年代新革命派的“民众”话语把工农民众视为社会进步的动力，在一定程度上带有民粹主义倾向。与之相对，梁实秋则崇尚“天才”贬低“民众”，“一般民众所不能感觉，所不能理解，所不能透视，所不能领悟的，天才偏偏的能”①。因此梁实秋认为在五四的“民主”文化思潮中，我们把民众的地位看得太高，即使是以民众为主体的革命运动，他也认为是少数天才的“启示与指导”造成的，因为“领袖者的言行，最足以代表民众的意识”②。

文化保守主义中的“学衡派”是带有浓厚“精英”色彩的逆五四新文化的思想流派，他们强调“融通的东方人文主义，对来自西方的唯科学主义、文学浪漫主义和文化自由主义进行抵抗”③。由于他们较少涉及底层的与时事紧密相连的“民众”话语，而是把关注点集中在“哲学、政治和教育上的理想主义及文学中的古典主义”④，因而本书对其言论不作分析。

小　结

在第一章我们主要论述了“大众”现代性的萌芽，“国民”话语的生成等。不过“国民”话语言说到了“五四”时期迎来了新的话语流变，“国

---

① 梁实秋：《文学与革命》，原载1928年6月10日《新月》第1卷第4期。

② 同上。

③ 杨毅丰等主编《学衡派》（民国思想文丛），长春出版社，2013，第16页。

④ 同上书，第122页。

民”虽然摆脱了封建的奴役，满足了启蒙现代性的文化诉求，但是“国民”毕竟还是一个笼统的“大众”话语。“国民”里的人群只具有模糊的现代身份，而社会现代性的客观要求召唤着“青年学生”和“城市工人”等群体完成更具革命性的现代任务。同时俄国十月革命与世界民主革命的胜利，给中国带来了“共产主义”社会思潮，国内一批革命领袖逐渐意识到“工人”“学生”的力量还不足以完成社会革命的历史重任，于是发起了“到民间去”的动员号召，以期实现对“农民”群体的话语改造。同时话语言说的语境也逐渐从社会革命向“阶级”革命转移。而在以“工农”为主体的“民众”话语生成过程中，“阶级”也渐次成为“民众”话语的题中应有之义。由此以“工人阶级”与“农民阶级”为主要力量的“民众”话语正式生成。在这种“民众”话语言说中，“工人阶级”被塑造成革命的领导阶级，而“农民阶级”则成为革命的主力军或依靠力量。另外，“民众”话语的生成也奠定了1930年代左翼语境中“工农大众”话语的言说基础。

第三章　“革命”语境中的“工农”大众

从1928年到1949年“革命”成为时代的主流话语，“工农”成为革命主体力量，与之同时，知识分子与“工农”的身份也在逐渐发生位移，知识分子试图以走进民众作为改造自身的目标，从精神导师化身为革命中人。对于知识分子来说，这种角色的转换是“大众化”的艰难过程。而发生在20世纪三四十年代的“大众”言说，又根据时代的语境的不同划分为以“化大众”为主的“工农大众”言说，以及以“大众化”话语实践为主的“工农兵大众”言述。本章讨论的重点就是全面抗战前的“工农大众”话语。“工农大众”话语言说正式始于1928年前后①的革命文艺言说，而1930年之后“左联”等“左”的政治团体的成立，使得笼统的革命文艺口号被“无产阶级革命文艺运动”所取代。作为言说主体的知识分子，其阶级立场也更加鲜明。就战争而言，1928年之后的战争把“国民党军阀战争转变为国内阶级战争，转变为工农兵反对地主、资本家和军阀的战争”②，也就是针对国民党右派的战争。在这种战争的语境中，“左翼”③的“工农”大众的话语指向在于“在日常的经济和政治斗争中去争取群众”④。

于是，“阶级革命”就以压倒性力量驱走“启蒙”，“工农”从启蒙的对象被言说成“革命”的主体。同时“革命”语境中生成的“工农大众”

---

① 这个时间的确认当然是相对而言的，具体根据后面有详细说明，在此不再赘述。

② 瞿秋白：《太平洋战争危机问题》（1928），《瞿秋白文集》（第6卷），第15页。

③ 这里的“左翼”既包括以“左联”为中心的成员，也包括国民党内部的“左翼”势力，像廖仲恺、宋庆龄等人。不过本书主要探讨“狭义”的“左翼”，即以中共领导的“左联”为中心的成员，而国民党“左翼”则放在“旧革命派”的大众话语之中。当然这种划分并不十分科学，但是本书的重心是以中共的“大众”话语为主线展开的，因而无法兼顾党史、政治党派的科学区分。

④ 瞿秋白：《中国共产党的状况》（1929），《瞿秋白文集》（第6卷），第409页。

经过了1930年代的“理论”整合，最终在1943年以《在延安文艺座谈会上的讲话》的贯彻为标志完成了工农兵“大众”话语的建构。当然从“工农”民众到“工农”大众乃至“工农兵”大众的话语流变主要发生在以信仰共产主义为中心的“普罗”文化语境中。而自孙中山提出“三民主义”以来，“旧革命派”的“大众”话语中虽然也重视“工农”的力量，但是并没有真正视之为革命的主体力量。还有即使在“左翼”话语内部对“工农”的言说也不尽相同。此外，“工农”上升为革命的主体力量也有个渐进过程，即从“化大众”到“大众化”，实现与“知识分子”位置的置换，最终化身为知识分子的“导师”。

这里所说的“工农”大众话语主要是以“新革命派”的言说为主，其言说主体由知识分子和革命领袖共同组成。不过直接的言说者大多数是带有“左翼”倾向的知识分子，革命领袖则通过“左翼”意识形态的渗透来影响“工农”大众言说。此时的“革命”更多的体现在“新革命派”对“旧革命派”的反驳与颠覆。差不多同时，有关“工农”大众的言述，除了共产话语的声音之外，还有“旧革命派”“自由知识分子”的言说。后者与共产话语也有许多重叠之处，但更多的是因与各自立场相关而赋予了这一概念不同的含义。

就“大众”话语的语义场而言，持“共产”话语的“新革命派”，其“大众”话语语义场主要是“大众”“群众”等。其他派别的话语语义场则包括“大众”“民众”甚至是“国民”，他们的语义场选择与“新革命派”并不同步，甚至可以说是“滞后”。当“新革命派”的话语言说由“民众”到工农“大众”时，其他派别的言说则总是停留于“民众”或“国民”，似乎长期停留于某个言说点而没有发生流变。很显然，本章所涉的“大众”论述必然会带有很强的派性与政治性，出于研究方便，也把其他派系的相关言述都纳入1930年代的“大众”话语的语义场之中。

另外，在论述“工农大众”话语之前，我们还是有必要对新概念的出现，话语的流变作一说明。我们再来看看自近代到1930年代的话语流变：臣民→国民→工农民众→工农大众，在这个流变脉络中，从“臣民”到“国民”再到“民众”的言说中，概念的变化是显而易见的，这一点前面已经有所分析，不再赘述。而“工农民众”与“工农大众”两个概念从语义上看，可以归为“工农”这个语义场之中，也即他们具有相同的话语主体——工农，似乎他们的区别只是用语不同。然而，从前面的论述我们看到，“民众”话语中的“工农”成为话语主体，经历一个渐变的过程：从城市小资产阶级、城市青年、知识分子等，到知识分子到“民间去”，最后1920年代中后期“工农”才逐渐进入“民众”话语之中。这当中“阶级”概念也逐渐生成。从这个意义上说，1920年代中后期的“民众”言说与1930年代前期的“大众”并无本质分别。即便是1930年代的“大众”话语生成于“左翼”文化思潮之中，这种左的思潮也是酝酿于五四前后，且在1920年代后期已经生成。只不过是以1930年代“左联”的成立为标志而已。

但是，“工农大众”言说则不同，首先知识分子从日本“移植”了“大众”用语；然后是“左联”的成立使得“大众”言说被赋予了左的意识形态特性，“阶级”成为“大众”分类的主要依据；最后是“大众化”讨论的完成让文艺成为政治的工具，同时知识分子与“大众”的身份开始置换。可见，虽然同属于“工农”语义场，“工农大众”的这些“新质”使得其成为有别于“工农民众”的新的概念。

第一节 “工农”大众话语论竞争

20世纪30年代的话语主流为“工农”大众言说，这种言说的生成主要基于以下两点：一方面这一话语的命名从20年代的“民众”变为“大众”有其深刻的政治、文化原因；另一方面，“工农”大众话语的生成也是各种话语间“竞争”的结果。而后因“左翼”思潮在思想的交锋中占据了主流，最终形成了以“化大众”为中心的“工农”大众话语。当然，即使在“左翼”话语内部也会有竞争，存在着与“工农”大众话语不一致的声音。这些问题将在后面的论述中逐步展开。

一 “旧革命派”的“工农”大众话语

“旧革命派”是一个比较复杂的派系，我们主要关注自孙中山以来的，以“三民主义”[①]“国民革命”等为核心的政治话语。由于资料所限，较少涉及国民党“右派”[②]的相关言论。就话语渊源而言，“新革命派”的大众话语很大一部分受到国际共产主义特别是苏俄的共产话语实践的影响；而“旧革命派”则更多从中国传统的儒家言论中寻找话语根源，诸如“礼仪廉耻”“知难行易”等，并以此“倡导大众的血与肉的文化统制，期造成举国一致的实践精神”[③]。就话语实践方式而言，与“新革命派”的“阶级”划分标准不同，“南京国民政府避免像中共那般在阶级划分的基础上进行大众动员，它主要通过对商会、工会等按照职业区分的社会团体进行重组、统合，着手实施大众的国民化”[④]。

1920年代末到1930年代中期，当“新革命派”把“工农”大众征用为革命的主体力量之时，“旧革命派”却重在启蒙式的“解救”大众。尤其在对待农村及农民的问题上，与“新革命派”对农村与农民问题重视不同，“旧革命派”把农民视为次要问题。如1932年林森在内政会议上说，“训政期间，着重内政，内政之要，首在地方自治，次则农村建设”[⑤]。然而李大钊早在1919就提出“我们中国是一个农国，大多数劳工阶级就是农民”。[⑥]显然在“工农”或者“农民”的言说中，新、旧革命派的言说姿态近乎相对。

---

① 革命先行者孙中山创立的“三民主义”政治思想体系，以“民族”“民权”“民生”为中心。这种思想体系与“新革命派”的共产主义思想体系有区别但并无绝对的冲突。就像吴黎平所说“孙中山先生的民族、民权、民生的三民主义，是与中国共产党在中国资产阶级性民主革命中的纲领基本上不相冲突的”［吴黎平：《叶青的假三民主义就是取消三民主义》(1939年)，原载《三民主义与共产主义》，自修出版社］。只是在“民众”或“大众”话语中，以“三民主义”为主体政治理念的“旧革命派”延续了孙中山对待“民众”那种摇摆不定的姿态，他们长久地以先知先觉者自居，把“民众”视为不知不觉者，是一种“精英化”的“民众”观。而“新革命派”在话语实践中逐渐意识到“工农大众”才是真正的“先知先觉者”，是一种“平民化”的“民众”观。

② 国民党“右派”主要以戴季陶、蒋介石等为代表，他们的“大众”动员以“新生活运动”最为典型，“新生活运动是蒋介石于1934年7月发起的大众动员运动，以国民生活的‘军事化、生产化、合理化’为达成目标”（〔日〕岩间一弘：《上海大众的诞生与变貌——近代新兴中产阶级的消费、动员和活动》，葛涛等译，上海辞书出版社，2016，第4页）。

③ 田晓青主编《民国思潮读本》(第4卷)，作家出版社，2013，第10页。

④ 〔日〕岩间一弘：《上海大众的诞生与变貌——近代新兴中产阶级的消费、动员和活动》，第53页。

⑤ 《村治》第3卷，2-3期合刊，1933年1月20日。

⑥ 李大钊：《青年与农村》(1919)，选自《李大钊文集》(上册)，第648页。

同时，在探讨“旧革命派”的大众话语时，我们注意到，当中共的“工农”话语从1920年代的“工农”民众到1930年代的“工农”大众流变时，“旧革命派”的大众话语流变并没有同步进行，而是基本沿用了“民众”或“国民”用语。不过在“旧革命派”那里“民众”话语也发生了变化：从把民众视为落后阶层，不重视民众到逐渐意识到民众的重要。而这个转变的重要标志就是孙中山临终前的“遗言”：必须唤起民众。

具体来说，革命先行者孙中山的“大众”言说集中体现在其“三民主义”之中。20年代后期，虽然孙中山逐步形成了“联俄、联共、辅助农工”的思想，但是在大部分时间里，孙中山与“俄”“共”之间始终存在着“隔”，对于“工农”也是如此。孙中山试图真正依靠的仍然是“军队”，因此也没有建构出实质上的“工农”话语。在孙中山看来，“民众”始终是被“拯救”的对象，而不是革命所依靠的主力军。孙中山在晚年也意识到了“民众”的重要性，甚至留下“遗嘱”强调自己革命的“失误”。如果说“共产”话语中的“工农”是一种话语实践的话，那么孙中山的“工农”言说仅仅停留于“理论”的层面。这也直接影响到后来的“旧革命派”轻视“民众”而重视“武力”的话语实践。

作为孙中山的“三民主义”“国民革命”思想的最直接继承者之一的宋庆龄，其“工农”话语具有从“旧革命派”向“新革命派”过渡的特点。宋庆龄曾经提到孙中山学说的基本原则第三条即是“实现工农政策”①，其“工农”话语仍延续了以“三民主义”为核心的言论。1927年在《为抗议违反孙中山的革命原则和政策的声明》中宋庆龄说，“现在更有人非难农工运动为新近的外国产物。这是谎话。二三十年前孙中山在言论思想中就表示要用革命来改善农民的地位”②。虽然“三民主义”没有把“工农”提升到“主力军”的位置，但是“工农”同样是重要的依靠力量。同一年宋庆龄又提出，“工人农民是两大基本群众——工人推进和维持有组织的社会生

① 宋庆龄：《关于不参与国民党任何工作》（1927），《宋庆龄选集》（上册），人民出版社，1992，第72页。

② 宋庆龄：《为抗议违反孙中山的革命原则和政策的声明》（1927），《宋庆龄选集》（上册），第46页。

活，农民生产人民赖以生存的粮食，他们代表全国约百分之九十的人口”[①]，故可将“工农”视为革命的重要组成部分，“如果我们要使革命运动具有生命和切合实际，很显然地就必须把他们吸收进来”[②]。由此可见，与“新革命派”的“工农”是革命的决定性力量的提法不同，此时宋庆龄心目中的“工农”只是革命的“重要组成部分”。

到了1930年代初期，受到中共“新革命派”的思想影响，宋庆龄的“工农”言说逐渐与之趋近，比如1933年在《反对帝国主义战争》中她提出，“必须把世界工人阶级和全体劳苦大众的战斗力量组织起来，惟有他们才能使帝国主义列强的战争计划归于无效”[③]。此时的“工农”已经从“吸收”为革命的组织力量，变为以“必须”“惟有”等词修饰的革命主体。还有“中国的亿万民众——在工人阶级领导下的广大农民群众——如果联合起来为粮食和土地而与帝国主义及国民党作斗争，那是不可抗拒的”[④]，这里近乎把“民众”视为革命的主体力量了。

蒋介石的“大众”言说在“旧革命派”中也很有代表性。蒋介石的“大众”或者是“国民”话语[⑤]强调的不是“大众化”的问题，而是启蒙“国民”及让“国民”为国家服务。这也是“旧革命派”一以贯之的话语模式，如蒋介石在《中国之命运》中说“新生活运动是社会建设的基本运动，其目的在求中国国民之‘现代化’。国民惟有现代化，才配做独立自由的国民。国民能做独立自由的国民，国家才能成为独立自由的国家”[⑥]。“国民”的“现代化”决定国家的“现代化”，然而“国民”如何“现代化”呢？这就要对“国民”进行启蒙教育，以最终实现国家的独立自由。同时，“国民”须对国家尽自己的“任务”，“国民如不能竭尽其对国家的任务，则国家无由建立，民族无法生存，而对于世界问题，更无从过问，这是无可

① 宋庆龄：《赴莫斯科前的声明》（1927），《宋庆龄选集》（上册），第49页。
② 同上。
③ 宋庆龄：《反对帝国主义战争》（1933），《宋庆龄选集》（上册），第128页。
④ 宋庆龄：《中国的自由与反战斗争》（1933），《宋庆龄选集》（上册），第134页。
⑤ 前面我们交代过，“旧革命派”的“大众”话语不仅内涵与“新革命派”差异甚大，而且其用语也不同步，他们更多的沿用“国民”“民众”等词，较少使用“大众”一词。
⑥ 蒋介石：《中国之命运》（1943），见蔡尚思主编《中国现代思想史资料简编》（第4卷），浙江人民出版社，1986，第349页。

置疑的事实”①。

戴季陶是“旧革命派”中思想偏“右”的人物，对孙中山的“联俄容共”政策持很多保留意见，经过他“改造”的“三民主义”遂成为后来蒋介石政权的思想基础。② 由于这种特殊的身份和经历，使得其“工农”言说既传承了孙中山的“工农”话语，又打上了“右”的深深烙印。戴季陶也把“民众”与“革命”联系起来，即其所谓的“我们一方面是唤起民众之革命的政治意识，使一般民众了解革命运动，参加革命运动”③。当然这里的“唤起”用语仍然属于把“民众”作为启蒙对象进行“拯救”的策略，而不是把他们“征用”为“主力军”。同时戴季陶的“民众”话语的方向是“民族主义”与“民生主义”，意图以此打破“共产主义”的格局，最终回到“三民主义”。他认为这整个过程就叫作“唤起民众的工作，就是确定民众的政治观念的工作”④。而在具体的“民众”工作中以“建设”而不是以“鼓动”“号召”为核心。

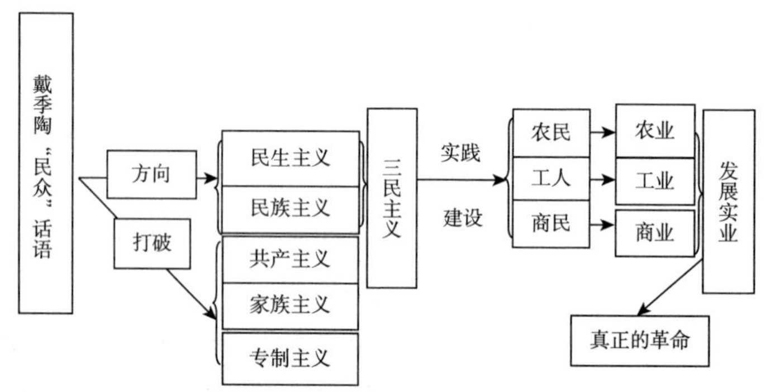

从图可以看到，戴季陶的“民众”比较典型地代表了“旧革命派”的话语言说。这种话语以“三民主义”为中心，以“发展实业”为行动旨归，最终完成民主革命。

① 蒋介石：《中国之命运》（1943），见蔡尚思主编《中国现代思想史资料简编》（第四卷），第 342 页。

② 桑兵、朱凤林主编《戴季陶卷》（导言），第 3~4 页。

③ 戴季陶：《知易行难》（1927），《戴季陶卷》，第 447 页。

④ 同上。

“旧革命派”的另一个主要人物胡汉民，青年时代就被孙中山指定为“本部秘书”，与孙中山之间形成“领袖—助手”的关系。[①] 胡汉民也是“三民主义”的大力宣传者，不过与戴季陶后期的偏“右”不同，其“工农”话语相对较“中立”，他晚年在西南地区以“抗日、倒蒋、剿共”为主张对抗南京政府。可见胡汉民是与“国”“共”均有“隔”的争议性人物。胡汉民青年时代对于来自苏俄的“工农”话语持认可立场，如1926年他在《华侨与革命》中说“我们更应该和苏俄的工农阶级联合，进而与世界一起被压迫阶级被压迫民族联合，向着帝国主义进攻，把他打倒，然后现在人类幸福的障碍打破，人类社会的痛苦免除”[②]。

与“新革命派”的“工农”话语中的“号召”“动员”等施事行为不同，胡汉民的“工农”话语的行动方式是“联合”。在《苏俄十月革命八周年纪念的感想》一文的末尾，胡汉民直接喊出“苏俄社会主义建设万岁”“世界工人农人联合万岁”[③] 等口号，足见其当时对苏俄“工农”话语的认可。同时胡汉民还阐述了十月革命“使中国工农团体觉悟发展而与国际工农团体联合奋斗”[④]。他认为辛亥革命时期革命运动没能深入民众当中，后来民众虽然参加革命但对革命的意义认识不清，且无组织性与纪律性，处于“乌合之众”状态。当谈到国民党的“工农”言说时他说到，“国民党为以党作国民的领导者，植基础于工农阶级而为全民的利益”，“注重的是保护工农阶级的利益”[⑤]。国民党的革命方式是“集合”民众夺取政权，还政于民。在《二七纪念》文中胡汉民也认可“劳动阶级是最富有革命性而是世界革命的主动力”[⑥]，这似与“新革命派”的“工农”为革命的“主力军”的言说有某种相似性。但是胡汉民的民众运动理论始终以“三民主义”作为基础，这个问题也可以图示之。

---

① 陈红民等编《胡汉民卷》（导言），中国人民大学出版社，2014，第3页。

② 胡汉民：《华侨与革命》（1926），《胡汉民卷》，中国人民大学出版社，2014，第103页。

③ 胡汉民：《苏俄十月革命八周年纪念的感想》（1926年1月8日），《胡汉民卷》，第111页。

④ 同上书，第105页。

⑤ 陈红民等编《胡汉民卷》，第112页。

⑥ 胡汉民：《二七纪念》，原载《前进报》1926年2月5日。

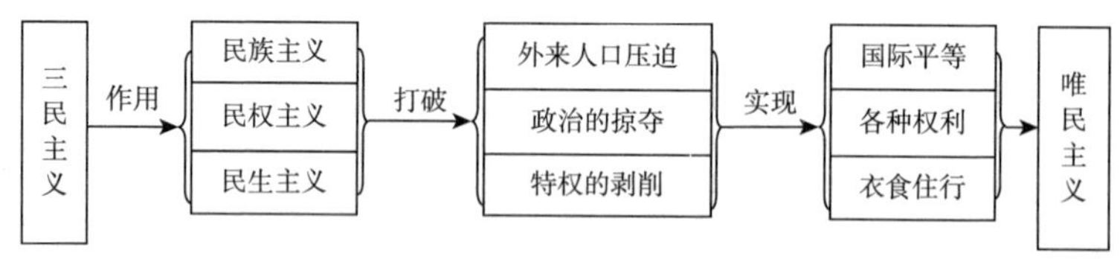

胡汉民把“三民主义”概括为“唯民主义”，是民众运动的基础。这种“三民主义”的民众运动又是由民族、政治、经济运动合而为一的运动。其优势在于它是“社会生存的唯一利器，而且是具备了成功的条件”[①]。胡汉民的“民众”话语不仅以“三民主义”与“新革命派”的“共产主义”相区分，而且对后者以“阶级”为中心的“工农”话语也进行了批驳。他认为“阶级”革命只是工人阶级的联合，“而我们中国革命，就一定要喊‘各阶级革命分子联合起来’，而各阶级联合具有整个社会结合在革命线上的趋向”[②]。并认为“无产阶级联合”是把社会力量给分散了，它使得“农工陷入阶级斗争的空途而破坏正在建设的国家”[③]。而且按照阶级革命的理论，如果视工人阶级为革命的主力军，农民的同盟者，也就把革命的理论限制在一个“很狭小的立场”[④]。为此，胡汉民把“国”与“共”的“民众运动”话语作了简单的区分（见表3-1）。

表3-1 胡汉民“民众运动”话语

	国民党	共产党
理论基础	三民主义	共产主义
话语方向	经济发展	夺取政权
话语方式	自民、组织化	工具、策略
言说对象	全民	工农

胡汉民认为中共的“农工运动”只是把这些群众当作夺权的“工具”，

① 胡汉民：《国民党民众运动的理论》（1927），《胡汉民卷》，第145页。
② 同上书，第148页。
③ 同上。
④ 同上。

而国民党则是为了经济组织的发展。同时他更极端地认为共产党把“农工”话语作为夺取政权的“策略”，并不是真正为“农工”生存；运动的结果是牺牲了“民众”，换来了革命的成功，而国民党则是以牺牲党的利益来换取“民众”的利益为目标的。可见，胡汉民是站在“右”的“三民主义”立场，对“国”“共”的“民众”话语作了一种主观上的判断。对中共的“工农”话语存有极大的偏见与误解。

总之，“旧革命派”的“大众”话语一直延续孙中山的“三民主义”的思想内核。他们与“新革命派”的“大众”言说尽管有交叉之点，但也有根本上的区别，那就是他们言说的方向是“解救大众”，言说的对象是“全民”；而“新革命派”则希望通过动员“大众”使其“自救”，言说的对象主要是“工农”。

二 自由知识分子的“大众”言说

这里所提到的“自由知识分子”并不是一个约定俗成的政治派别，而是一个包含传统上被称为“自由主义”的知识分子，以及一些在某一特定时期内政治倾向比较“中立”的知识分子。关于这个概念，许纪霖在《中国现代化史》一书中有更详细的论述：

> 这里所说的自由知识分子是一个仅指此一时期内可与党派知识分子群体相对应的粗略的分类概念，是指在尖锐的党派意识形态的或政治斗争中，自信超越政治、坚持知识分子独立人格和知识价值的自由主义、保守主义、甚或包括个别激进主义取向的知识分子。①

之所以把他们归为自由知识分子，主要是为与“左翼”知识分子相区分。如前所述，在论述“工农”大众话语之时，也有必要关注不同群体的言说与态度，这也包括那些主流话语以外的“边缘”言说。尽管自由主义这一派因其精英主义的立场而一般较少涉及民众的问题，然而并非没有关注。总的来看，他们主要是从一种更普泛的意义上去确认与言说“大众”

① 许纪霖等主编《中国现代化史》（第1卷），学林出版社，2006，第428~429页。

（全体人民）的，不过却很少使用“工农”“大众”等用语。① 即使使用这些用语，其所承载的内涵与“左翼”语境中的“大众”也有所不同。

1930 年代自由知识分子的“大众”言说首先集中在对“大众化”与“艺术性”关系的争论上。就像鲁迅所说“一切文艺固是宣传，而一切宣传却并非全是文艺”②，与“大众化”与“艺术性”相对应的“宣传”与“文艺”之间的矛盾，成为 1930 年代文艺领域的“大众”话语论争的一个焦点。

胡秋原在谈到“大众化”与“艺术性”时说“大众化是可以的，而且是必要的，但问题是还是要写得好”③。胡秋原并不反对“大众化”，但同时也强调“艺术性”。不过由于胡秋原的特殊经历（与国民党的关系），其一些“大众”话语遭到很多“左”的知识分子的攻击。洛扬（冯雪峰）就针对这种说法进行了反驳：

> 我们的运动应当是大众本位的，应当使其成为大众本位的，不应当停留在智识阶级上，不应当是智识阶级本位的。这是问题的根本点。④

冯雪峰对“智识阶级本位”的批判，道出了自由知识分子“精英主义”的文化立场，同时也明示了自己的“大众”本位姿态，这也是与“左翼”的主流话语相一致的。这种“精英”与“大众”的对立根本在于对“阶级革命”的认识问题。如果从文艺本身出发，“艺术性”应该是很重要的一环，然而在“左翼”意识形态中，自由知识分子对“艺术性”的倡导被视为一种反“大众”的精英话语，而“大众”话语又与“阶级革命”勾连在

---

① 前面我们已提到，“旧革命派”自 1920 年代到 1930 年代一直沿用“民众”用语，自由知识分子也有些类似，他们较少使用“工农”大众等用语，由此可见“工农”大众乃至后来的“工农兵”大众用语都是带有极强党派性的语汇，即更多地被用于中共的话语体系之中。

② 鲁迅：《文艺与革命》，原载《语丝》第 4 卷第 16 期，1928 年 4 月 16 日。

③ 胡秋原：《浪费的论争——对于批评者的若干答辩》，原载上海《现代》第 2 卷第 2 期，1932 年 12 月 1 日。

④ 洛扬：《并非浪费的论争》，见苏汶编《文艺自由论辩集》，现代书局，1933，第 251 页。

一起。因此这种“精英”与“大众”的论争实际上表征了两种意识形态的竞争。同时，如胡秋原所说的，对文艺“大众化”的强调而贬抑其“艺术性”，也提高了其时“左翼”知识分子较为突出的功利性的意识，从而印证了左翼文艺与其说是“艺术”，不如说是“政治”意识形态借以播撒的工具的特征。

与“左翼”极具“革命功利性”的“大众”话语不同，自由知识分子的“大众”话语多显得相对“中立”[①]。以宣传“不党、不卖、不私、不盲”而闻名的著名报人张季鸾就是如此，我们把他放在自由知识分子中讨论也是权宜之计，因为曾做过孙中山秘书的张季鸾与“旧革命派”有更多的渊源。作为报人，张季鸾在《抗战与报人》中说“中国报人本来以英美式的自由主义为理想，是自由职业者的一门”[②]。当然报人以“自由主义”为理想并不能说明张季鸾的自由主义者的身份，不过他生前受到国共两党领导人的高度评价，以及去世后受到周恩来、董必武、蒋介石等人的吊唁的历史事实，似乎又证明了其的确执有“自由”的立场。甚至在《抗战与报人》一文中张季鸾又直接声明了他的“自由”言论，“我们这班人，本来自由主义色彩很浓厚的。人不隶党，报不求人，独立经营，久成习性”[③]。

可以肯定的是，张季鸾的“大众”言说与中共的“工农”大众区别很大。如在《救国根本在政治》中张季鸾提出先要“拥护民权”：“人民参加征工，为其应尽之义务，然官吏必须亲切待遇之，凡人民之困难，宜为顾虑”[④]，把“民”提到国之根本的地位：“救国根本在政治，政治根本为人民”[⑤]，并把为官者的政绩与“民心”而不是“统计数字”联系起来。然后提出“解除农困”，把农民的问题作为政治上的首要问题，从而得出“救国须救民”[⑥] 的结论。张季鸾主张不仅要“解救民众”更要“动员民众”，他

---

① 当然从意识形态来看，“中立”也只是形式上的。一些自由知识分子的言论甚至与“旧革命派”的话语更为接近。

② 张季鸾：《抗战与报人》（1939 年 5 月 5 日），《张季鸾集》，东方出版社，2011，第 362 页。

③ 同上书，第 363 页。

④ 张季鸾：《救国根本在政治》（1936 年 7 月 28 日），选自《张季鸾集》，第 59 页。

⑤ 同上书，第 58 页。

⑥ 同上书，第 59 页。

引用李济琛的言论说，“积极动员全国民众，共赴此神圣之民族战争”[①]。可见，与中共的“工农大众”言论相比，张季鸾的“大众”言说也只是很笼统地倡导“组织民众、团结民众、教育民众”[②]。同时张季鸾的“民众”“大众”等概念也不是特指“工农”，比如在《中国青年》一文中他把“救亡建国”的重任寄托在“青年”身上，而不是“工农”，因为青年“能刻苦，有勇气，可以做困难工作，可以克服逆境”[③]。具有这种品质的“青年”能够担当起中国独立自由的重任。青年包括学生、武装卫国的青年以及“有爱国意识的一般青年民众”[④]。在这里“民众”与“大众”概念几乎等同，但张季鸾的“民众”“大众”概念的分类标准与“新革命派”完全不同，没有特意把一些人划分到这些概念之中，只是泛义的普通“人民”。因此从这个意义上，我们也可以说动员、征用“工农”大众实际上可看作“新革命派”特有的话语言说。

另一个自由知识分子梁漱溟的“中立”立场，很大程度上源于其对“暴力革命”的反感。比如梁漱溟认为“最有理性之国民，甘于服善，而耻于用暴”[⑤]。因此其“大众”话语也是以“非暴力”为中心进行言说的（梁漱溟并不是反对“革命”），他认为国人多为党派所误，以斗争解决问题，其结果是导致社会混乱。梁漱溟总结了几种革命“大众”的言论：全民革命、各阶级觉悟分子革命、农工小资产阶级革命、被压迫民众的革命，以及无产者革命[⑥]。而梁漱溟把革命“大众”视为“社会中的知识分子与乡村居民打并一起”[⑦]，他以“乡村居民”来代替“农民”“农工”“被压迫民众”“无产阶级”等。梁漱溟主张“革命的知识分子要下乡间去，与乡间居民打并一起而掩引他上来”[⑧]。这种“到民间去”的言论似乎承接了五四之

① 张季鸾：《中华民族革命同盟宣告解散感言》（1937），《张季鸾集》，第105页。

② 张季鸾：《中日关系之现阶段》（1934年3月17日），《张季鸾集》，第213页。

③ 张季鸾：《中国青年》（1938年2月8日），《张季鸾集》，第326页。

④ 同上。

⑤ 梁漱溟：《为北京〈益世报〉出版五千号纪念所写赠词》（1930），《梁漱溟全集》（第5卷），山东人民出版社，2005，第202页。

⑥ 梁漱溟：《中国问题之解决》（1930年10月1日），《梁漱溟全集》（第5卷），第208~209页。

⑦ 同上书，第210页。

⑧ 同上书，第216页。

后的“工农”民众话语。但是作为精英知识分子的梁漱溟始终没有放弃“启蒙”立场，比如他主张去乡间把居民“拖引”上来。还有，在写于1934年的《民众教育何以救中国》一文中，梁漱溟以为知识分子下乡与农民相结合是个“双赢”的过程：对知识分子而言，他们以此“可以纠正许多虚见”，而农民在知识分子的帮助下，“添了耳目口舌，颇有生气”[①]。于是梁漱溟认为中国问题的“灼点”在知识分子与农民身上，知识分子的革命要从乡村农民做起。梁漱溟对于农民的重视与其在其他场合对农民的贬低似乎有些矛盾。

另外，梁漱溟的“大众”也不包括“新革命派”话语中的“工人阶级”，如1937年他在《乡村建设提纲初编》中说，“农民与知识分子为此大社会最重要之构成员”[②]。而“旧革命派”的“大众”话语中也从来不出现“工人阶级”，似乎这一阶级为“新革命派”话语所独有。[③] 并且梁漱溟认为“中国问题根本不是对谁革命，而是改造文化”[④]（这一点也是自由知识分子与“新革命派”在“大众”言说上有所不同的重要原因），“大众”的主体是知识分子，因此从农工、无产者、被压迫者那里寻求革命的动力是错误的。[⑤] 从其把知识分子提升为“大众”的主体来看，也显示出了其十分明显的精英化的话语立场。

显然梁漱溟并不认同“新革命派”的“工农”大众话语，甚至是反对这种话语。在《我们政治上的第二个不通的路》一文中梁漱溟对“工农”做了具体分析，认为中国社会是职业社会而非阶级社会，“农工阶级”的划分是一种勉强的行为，未见得他们就能成为可靠的革命力量。[⑥] 因此他认为“农工”阶级是否具有革命性也是个问题，中国近代的产业工人人数甚少，他们的生活地位比一般工人和农民都要优越，因而他们希望维持现状不愿

① 梁漱溟：《民众教育何以救中国》（1934年5月31日），《梁漱溟全集》（第5卷），第486页。

② 梁漱溟：《乡村建设提纲初编》（1937年9月20日），《梁漱溟全集》（第5卷），第1047页。

③ “新革命派”仿效苏联以及国际共产主义运动的话语实践，把“工人阶级”设定为最先进的阶级，也即领导阶级。同时把“工人阶级”命名为“无产阶级”。

④ 梁漱溟：《中国问题之解决》（1930年10月1日），《梁漱溟全集》（第5卷），第213页。

⑤ 同上。

⑥ 同上书，第268~270页。

意革命[1]，因为这些工人与无产工人相比实际上算是有产者。梁漱溟又援引陈公博的《国民革命的危机和我们的错误》一文分析工人的两大“缺陷”：地方主义和行会色彩。在产业落后的中国，工人身上的地方主义色彩极其严重，很难形成一个阶级；行会观念也影响着近代工会的形成，他们在职业内部相互“斗争”和“排轧”，不能够形成整体观念。[2] 同时梁漱溟认为，在“新革命派”的“工农”话语中，农民的缺陷更加明显：保守、顽固，他们的“革命性”是“想象”出来的，“一切劳苦群众但有工可作，有地可种，不拘如何劳苦，均不存破坏现状之想”[3]。

综上我们看到，梁漱溟的论述因偏重于对中国近代以来工人、农民固有“缺陷”的强调，从而与“新革命派”的“工农”大众话语形成了较大反差。“新革命派”的“工农”大众话语把“工农”视为革命“主力军”，并不过多考虑他们身上的“短”处。究其原因，在于“新革命派”顺应历史时代发展的客观要求而做出的策略性选择。而梁漱溟之所以极力批驳“农工”的缺陷，则源于其“文化改造，民族自救”的观念，他认为中国革命的问题“既非社会内部问题（阶级斗争），亦非对外问题（民族斗争）”[4]，而是“文化改造”，即改造“文化失调问题”。具体做法是在中国传统文化的基础上嫁接西方文化的因子。然后用文化改造的方式取代阶级斗争，因为中国社会只是一种“职业分立的社会”，“对立之势不成，斯不谓之阶级社会耳”[5]。在这一点上，梁漱溟反对“新革命派”在农村划分阶级的做法，他把乡村的人笼统称为“乡村居民”。

不过梁漱溟的“大众”话语并不是一以贯之的，而是随时间而有变化。前面我们提到他倡导知识分子到乡间去动员乡间居民，已经开始向中共的“工农”大众话语有所靠拢。到了1940年代之后其“农工”话语则与延安的“工农”大众话语更加接近了。写于1938年的《告山东

---

① 梁漱溟：《中国问题之解决》（1930年10月1日），《梁漱溟全集》（第5卷），第270页。

② 同上。

③ 同上书，第273页。

④ 梁漱溟：《我们政治上的第二个不通的路》（1932），《梁漱溟全集》（第5卷），第335~336页。

⑤ 梁漱溟：《梁漱溟全集》（第2卷），第171页。

乡村同人同学书》一文有这样的言说，“唯从民众作工夫（唤起民众训练民众组织民众）之建设才能完成中国革命；反之，不从民众作工夫即背乎革命”①。只是梁漱溟此时的“民众”仍然不包括“工人”，主要指乡间居民。

总之，自由知识分子的精英主义文化立场决定了其总体上倾向于文化革命而不是政治革命，他们对待“大众”的态度也呈现出了一些复杂性，既看到底层民众的力量又有所批判。自由知识分子更多地以启蒙者的姿态出现在民众身边，把“解救”民众作为自身的责任。由于自由知识分子所处立场不同，他们的“大众”话语也彰显了另一种话语策略。加之五四之后的自由知识分子多少都受到民众主义思想的影响，因此他们在思想上也会与左翼知识分子有交叉之处，而不是绝对地以封闭性的精英主义为唯一价值指向。

第二节 “左翼”语境中的“工农大众”

大革命之后，“‘革命文学’论争”，“中国社会性质论战”以及唯物史观等一系列理论问题逐一展开，在文学、社会、哲学等领域引起了热烈的讨论。这些讨论首先针对的是中国革命的方式、中国社会的道路及走向。这其中“左翼”文化强调的是一种激进的阶级斗争文化。大革命的失败使得阶级和阶级斗争的观念普遍形成，具有革命意识的知识分子“明白了阶级和人的阶级性这样一种群体性的存在，确有很大的意义”②。从这个意义上说，革命斗争其实也“是一种语言行动，而且主要是一种语言行动，正是通过发明和使用‘革命语言’，革命者方能发动一场革命”③。而要想取得革命斗争的胜利，首先需要找到适合革命需要的主力军——“工农”，这就促使左翼将“工农”置于大众话语的中心位置。然而，“左翼”内部也不是纯然一致地取用“工农大众”言

① 梁漱溟：《告山东乡村同人同学书》（1938），《梁漱溟全集》（第6卷），第33页。

② 林伟民：《中国左翼文学思潮》（绪论），华东师范大学出版社，2005，第5页。

③ ［英］伊安·汉普歇尔-蒙克：《比较视野中的概念史》，周保巍译，华东师范大学出版社，2010，第68页。

说，围绕“大众化”也出现了激烈的话语竞争，这种话语竞争以延安时期的“规训”作为结束的标志，《在延安文艺座谈会上的讲话》的出现使得“大众”言说至少在形式上趋于一致。

一 “左翼”内部的不同声音

“左翼”的“大众”话语主流是以“工农”为话语主体，为“工农”服务并动员“工农”。由前面对于“旧革命派”与“自由知识分子”的“大众”话语梳理，我们看到“旧革命派”的“大众”话语指向解救“大众”；而“自由知识分子”则倾向于使用意义很宽泛的“大众”或者叫作“全民”，并且很少提到“工人阶级”。这绝不是一种偶然现象，而是隐含了鲜明的政治取向。但历史的钟摆更朝向于“左翼”一面。在“左翼”文化语境中，“工农”言说逐渐清晰起来，最终形成以“化大众”为中心的“工农”大众话语。

不过即使在“左翼”内部也不是清一色的“工农”大众话语，也同样存在着话语的纷争。比如1930年代的鲁迅就处在“左翼”中比较典型的“中间地带”，由此而对保守主义对“阶级性”的否认，以及“左翼”过度强调“革命性”的言述均有所批判。当然在1930年代之前，由于对“农民”“知识分子”的“劣根性”的深刻批判，使鲁迅成为中国近代重要的启蒙知识分子；然而在此之后也就是1930年代，鲁迅因加入左翼作家联盟思想上发生了变化，从而又表现出向左转的倾向。

作为“左联”的重要成员，鲁迅的话语立场自然倾向于“无产阶级”与“劳苦大众”，并成为“工农”大众话语的较早言说者。在《中国无产阶级革命文学和前驱的血》一文中鲁迅指出，“无产阶级革命文学和革命的劳苦大众是在受一样的压迫，一样的残杀，作一样的运命，是革命的劳苦大众的文学”①。鲁迅以文学家的悲悯情怀关注底层民众，在这一点上其与“左翼”话语有许多交集。他不仅倡导文艺的阶级性，而且希望知识分子有“农工”意识，“所可惜的，是左翼作家之中，还没有农工出身的作家”②。在《“醉眼”中的朦胧》中鲁迅认为成仿吾是个“复活的批评家”，因为他离开了“艺术

① 鲁迅：《中国无产阶级革命文学和前驱的血》，原载1931年4月25日《前哨》第1卷第1期。

② 鲁迅：《黑暗中国的文艺界的现状》，原载1931年4、5月美国《新群众》。

之宫”去“获得大众”，这是一种时代的飞跃。为何作此评价呢？因为“小资产阶级”出身的作家①一旦离开艺术的殿堂，就会感觉没有着落，因而鲁迅把从“艺术”到“大众”称为“飞跃”。然而“现在则已是大时代，动摇的时代，转换的时代，中国以外，阶级的对立大抵已经十分锐利化，农工大众日日显得着重，倘要将自己从没落救出，当然应该向他们去了”②。

看来鲁迅的“工农”大众话语与“左翼”话语并无冲突，然事实并非完全如此。身为“语丝”主将的鲁迅也被认为是“第三个闲暇”，被说成是“有闲的资产阶级”③。鲁迅与“左翼”最大的分歧还在于“艺术”与“大众化”的关系问题，鲁迅认为“一切文艺固是宣传，而一切宣传却并非全是文艺”④，而“左翼”更多地主张大众的文艺“应该是无产文艺的通俗化，通俗到不成文艺都可以”⑤。对于这种不顾“文艺”的“大众化”，鲁迅认为“文艺设法俯就，就很容易流为迎合大众，媚悦大众，迎合和媚悦，是不会于大众有益的”⑥；同时由于“大众”文化程度低，“要全部大众化，只是空谈”⑦。

可见，鲁迅的“大众化”言说并不是盲目乐观地降低“艺术”去“迎合”大众，而作了一定程度的保留。就“大众化”的内容而言，鲁迅认为一方面“大众文学”是无产阶级革命文学的发展，它的责任很重大，“重到和大到要使全民族，不分阶级和党派，一致去对外”⑧，另一方面，“大众文学”的内容也不能像“左翼”所倡导的“只局限于写义勇军打仗”⑨，工人、农民、学生强盗等都可以成为“民族革命战争的大众文学”⑩。

---

① 当时包括“左翼”的一些作家也很少“工农”出身，其原因是“一者，因为农工历来只被压迫，榨取，没有略受教育的机会；二者，因为中国的象形——现在是早已变得连形也不像了——的方块字，使农工虽是读书十年，也还不能任意写出自己的意见”（鲁迅：《黑暗中国的文艺界的现状》，《鲁迅文集》（第 2 卷），中国言实出版社，2014，第 306 页）。因此，鲁迅把作家称为“小资产阶级”。

② 鲁迅：《“醉眼”中的朦胧》，原载 1928 年 3 月 12 日《语丝》第 4 卷第 11 期。

③ 同上。

④ 鲁迅：《回信》，原载 1928 年 4 月 16 日《语丝》第 4 卷第 6 期。

⑤ 郭沫若：《新兴大众文艺的认识》，原载 1930 年 3 月 1 日《大众文艺》第 2 卷第 3 期。

⑥ 鲁迅：《文艺的大众化》，原载 1930 年 3 月 1 日《大众文艺》第 2 卷第 3 期。

⑦ 同上。

⑧ 鲁迅：《论现在我们的文学运动》，选自《鲁迅文集》（第 3 卷），中国言实出版社，2014，第 713 页。

⑨ 同上。

⑩ 同上。

鲁迅对于“左翼”的“大众”话语的批判主要针对其过于强调“革命性”与“工具性”，而对其他话语的批判又主要集中在对其过分关注“艺术性”的反驳。对“第三种人”的批判就是如此，与“左翼”几乎相对的是，“第三种人”就是“死抱住文学不放的人”①。在鲁迅看来，“左翼”把文艺作为革命工具固然荒诞；而“第三种人”又走向了另一个极端：抱住文艺而不顾阶级性。同时鲁迅反对把文艺与时代隔离，“生在有阶级的社会里而要做超阶级的作家，生在战斗的时代而要离开战斗而独立，生在现在而要做给与将来的作品”②，这是与时代语境不合时宜的。

可以说，“左翼”与“第三种人”在“大众化”与“艺术性”上都走向了各自的极端。而鲁迅则试图尽力维护“艺术性”与“大众化”之间的平衡。当然因占据时代主流的仍然是“左翼”的“大众化”言述，这使得鲁迅与“第三种”人均曾被视为异端而遭受批判。如从后来者的视角看，“左翼”的片面性与极端化是显而易见的。为何“左翼”仍然能够成为主流话语呢？这当然与时代语境有关，“左翼”是“新革命派”政治意识形态主导下的文化团体，它成立的初衷并不是为了“艺术”而是有明确的革命目标。因此从“艺术”的角度来看待“大众化”口号，自然显得偏激与片面；而如果从时代的政治任务出发，“大众化”的言说正好契合了这一革命目标的需求。

二　工农“大众”转换的时间节点

1930年代的“大众化”讨论生成于“左翼”文化思潮之中，“左翼”思潮又发端于1928年前后的“革命文学”论争。而这个论争的“最根本的诱因和最直接的推动力，应该把视点锁定于1925年”③，也就是要追溯到1920年代中期所爆发的工人运动。同时，“‘大众’概念的引入不仅使‘文学大众化’论争具有了意识形态的意义，而且也使大众本身拥有了阶级的属性”④。新的工农“大众”话语整合了新的意识形态和阶级的概念，使得从“民众”到“大众”的流变不仅仅是用语不同，更重要的是内涵的指向发生了变化。

---

① 鲁迅：《论“第三种人”》，《鲁迅杂文全集》（下），北京燕山出版社，2013，第586页。

② 同上书，第588页。

③ 林伟民：《中国左翼文学思潮》，华东师范大学出版社，2005，第3页。

④ 郭国昌：《二十世纪中国文学大众化之争》，百花洲文艺出版社，2006，第50页。

就“大众”用语而言，近代最早使用“大众”用语的文本尚难考证。1902 年康有为在《答南北美洲诸华商论中国只可行立宪不可行革命书》一文中说，“革命者之言民权自立，不过因人心之所乐而因以饵之，以鼓动大众，树立徒党耳”[①]，康有为自戊戌变法之后逐渐形成了自己的“国民”话语，因而这里的“大众”可以等同于“国民”；1903 年章太炎在《与吴君遂书》中有“尝以千金之子坐不垂堂昭示大众”[②] 的语句，句中的“大众”近似于“众人”；黄兴在 1911 年也使用过“大众”一词，“尚望大众努力前途为要”[③]，这里的“大众”主要指代革命的“民军”。1920 年前后邵力子的“国民”话语开始向“平民”流变，其中不乏使用“平民政治”“民治主义”“平民主义”等用语，而其在 1920 年发表的文章《无抵抗主义》中开始使用“大众”一语，“是要激励大众同来抵抗的，不是教大众灰心不再抵抗”[④]。从邵力子这前后文本中的用语来看，“平民”用语不断增多。我们根据这些“小语境”来理解，邵力子此时的“大众”用语更多的还是一种“平民”概念，没有脱离“平民”话语的语义场，而非后来所称的“工农大众”。

这样说来，1920 年代较早提出带有“工农”内涵的“大众”概念的应该是郑振铎[⑤]，1923 年他在《关于“大众文学”的两个疑问》一文中提到了“大众”概念，“‘大众’这个字眼太红，要不得，若是谈起这个来当容易使文人有摸摸颈后看看饭碗的恐惧，所以要不得”[⑥]。文中的“大众”大体相当于当时的“民众”概念，而在意识形态层面与后来的工农“大众”很相近。到了 1924 年孙中山在《农民大联合》一文中说，“本党今日开这个农

---

① 康有为：《答南北美洲诸华商论中国只可行立宪不可行革命书》，《康有为政论集》（上），中华书局，1981，第 482 页。

② 章太炎：《与吴君遂书》（1903），《章太炎政论选集》（上），中华书局，1977，第 225 页。

③ 黄兴：《在武昌受任民军战时总司令时的讲话》（1911 年 11 月），《黄兴集》，中华书局，1981，第 78 页。

④ 邵力子：《无抵抗主义》（1920），《邵力子文集》（上册），中华书局，1985，第185 页。

⑤ 需要说明的是，“大众”概念的使用自古就有，近代也早有人使用。但是正如本书在绪论里所解释的“大众”概念一样，使用“大众”这个词与使用这个概念还是有很大差距。比如 1920 年代的“大众”概念其内涵指具有共产主义意识形态的、带有浓厚阶级性的工人和农民的整合。而 1920 年代以前尽管很早有人使用“大众”一词，但与我们所要讨论的概念相距甚远，因此也不会纳入我们的讨论之中。

⑥ 郑振铎等：《关于“大众文学”的两个疑问》，见《我与文学》，上海书店出版社，1981，第 150~151 页。

民联欢会的目的，就是在提醒你们农民，要你们回乡之后，更提醒大众，大众都联合起来，结成团体，便可以不致做人的奴隶”①。这里的“大众”大致可理解为“工农”民众，还不具备1930年代的工农“大众”话语的内涵。1928年1月冯乃超在《文化批判》刊物上发表的《艺术与社会生活》有“中国国民革命的一特征，就是大众的政治运动的炽烈化”，“换上一个欺瞒大众的宗教代言者的艺术”，“劳动大众的痛苦间的矛盾”等话语②，文中所提到的“大众”已经与1930年代的“工农”大众概念十分接近了。同年2月李初梨在《怎样地建设革命文学》一文中也提到“无产大众”③概念，这个“无产大众”明确了“大众”的阶级属性，基本接近后来的“工农”大众的话语内涵了。成仿吾1928年3月发表的《从文学革命到革命文学》中较早提到“农工大众”的概念，这个概念也很接近后来的“工农大众”④。在这一文本中成仿吾五次用到“农工大众”用语⑤，就目前看到的资料来看，这也是

---

① 孙中山：《农民大联合》，《孙中山选集》（下卷），人民出版社，1956，第864页。

② 冯乃超：《艺术与社会生活》，原载1928年1月15日《文化批判》创刊号。

③ 李初梨：《怎样地建设革命文学》，原载1928年2月15日《文化批判》第2号。

④ 几个关于成仿吾的《从文学革命到革命文学》的写作时间，有两个版本。一个是1923年11月16日——《文学运动史料选》（第二册）第22页，对于这篇文章的写作与发表时间这样记录，“1923年11月16日于修善寺”“载1928年2月1日《创造月刊》第一卷第九期”；以及影印版的《创造月刊》第一卷第九期上显示的时间；还有就是李何林1930年出版的《中国文艺论战》（现在由陕西人民出版社1984年出版）第244页中显示的写作时间也是1923年。这三个地方的写作时间一致。另一个版本是山东大学出版社1985年出版的《成仿吾文集》和知识出版社出版的《成仿吾研究资料》中显示的写作时间是1927年11月16日于修善寺。这两个版本都是比较权威的。不过发表时间都认为是1928年，也有人认为是1927年底。可是写作时间为何整整差了近5年，是《创造月刊》印刷错误还是后来的讹传？不得而知。然而如果按照常理推断1927年11月写的文章1928年2月发表比较合乎情理。而如果是1923年写作拖到1928年发表似乎不合常理。而且成仿吾当时是创造社的主将，任《创造周报》和《创造月刊》的主编。就目前掌握的资料看，也没有发现这篇文章在1928年之前发表过。再者成仿吾在1924年又在《创造周报》上发表了《民众艺术》一文，当中多次提到“民众”概念，只字不提“大众”概念。和1923年仅仅一年之隔，作为现代史上著名的文艺批评家不可能在提出一个新的概念之后毫无征兆的弃之不用。还有从1923年到1928年使用“民众”概念居多，直到1928年出现历史转折，“大众”概念如雨后春笋般冒出地面。我想出现这种写作时间不一致的原因有两个：一是当时发表时写作时间存在印刷错误，即把1927年印成1923年，然后以讹传讹后来都沿用这个时间；另一个原因可能是作者写于1923年，1928年重新修改后发表却沿用当初写作的时间，以显示其较早提出“农工大众”的概念。当然这有其特殊的历史语境。之所以对这篇文章写作时间进行仔细考据，是因为这篇文章比较早地提到“农工大众”这个概念，而这个概念和1928年以后的“工农大众”非常接近，基本可以认为是30年代“工农大众”概念的最早提出者。

⑤ 成仿吾：《从文学革命到革命文学》，原载1928年2月1日《创造月刊》第1卷第9期。

1920 年代最早使用“农工大众”这一用语的文本。

当然，这并不等于说“工农大众”话语转换的准确时间是可以明确断认的，因为话语言说本来不可能有客观准确的时间节点，只能说某个时间点之后某个用语逐渐增多起来，并且话语的言说也不乏随意性和随机性。比如有些文章里时而用“民众”时而用“大众”。不过从“民众”到“大众”话语的转换看，大体可以把 1928 年作为一个比较恰当的分水岭。因为从历史层面看，1928 年国民党最重要的报纸《中央日报》创刊，接着北伐完成以及张学良在东北易帜，国民党在形式上完成对全国的统一。而在 1925 年毛泽东就完成了对中国社会各阶级的划分和命名工作①，如果把这些阶级的划分和命名视为其工农革命话语的准备的话，那么井冈山革命根据地的开辟则意味着“工农”革命话语的正式开始。

从文化层面看，1928 年前后“革命文艺”开始以文艺为革命的工具支援工农革命，而从“大众”话语的物质外壳——“大众”一词的使用来看，不光是成仿吾在 1928 年正式使用“农工大众”，这一年郁达夫也从日本引进了“大众”用语，这些事件成为“大众”话语转变的标志。

具体来看，首先 1925 年发生的五卅惨案是工农“大众”革命的导火索，工农“大众”被推到时代的前沿，以文艺为工具进行革命的文化活动方兴未艾。同时，一批革命知识分子抛弃了“艺术至上”的信条，逐渐意识到文艺对于革命的重要性，并著文阐述文艺与革命的关系。如郭沫若就认为“在讨论文学与革命的关系的时候，我始终承认文学和革命是一致的，并不是两立的”②。在这种以“无产阶级文化”为内核的“革命文化”语境中，以工农为主体的“大众”自然成了革命的主力军和可依靠的力量。而新兴的工人阶级的出现，对于工农“民众”话语向工农“大众”话语转换起到推作用。

然而，我们似乎还没能说清楚这两种话语转换的必然性及其差异性。我们再回到 1920 年代看看革命运动与“大众”话语演变的更详细过程。五

---

① 毛泽东：《中国社会各阶级的分析》（1925），《毛泽东选集》（第 1 卷），人民出版社，1991，第 3~9 页。

② 郭沫若：《革命与文学》，见《“革命文学”论争资料选编》，人民文学出版社，1981，第 6 页。

四运动以反帝反封建为目标，“参加运动的，是全国的学生、工人和商人。他们的口号是：外抗强权，内除国贼”①。但是这次运动是失败的，原因是“没有强有力的有组织的下层民众——工农参加”②。到了1925年的五卅运动，参加运动的主要是工人民众，他们成为中国民族运动的先锋。然而五卅运动最终也是遭受了挫折，这使得“工人也感觉到了自己力量的孤单，因为没有在中国民族运动上占着重要位置的强有力的主力——整个农民的参加”③。农民之所以被称为民族运动的主力，是因为中国是一个传统的农业大国，农民占中国人口的80%以上。在工农“民众”话语时代虽然把工人、农民都整合进“民众”之中，但真正有革命力量的是城市里的工人和青年学生。虽然早期的革命领袖号召知识分子“到民间去”，可是农民并没有被真正动员起来，或者说农民还缺乏主体能动性。五卅运动之后，工农“大众”尤其是农民才渐次成为“革命力量”④。这使得1920年代早期和后期的“到民间去”话语语境发生了变化，而这一变化的分水岭就是大革命失败后的1928年。正如毛泽东所说，“这种革命的实际运动，在一九二八年五月济南惨案以后，是一天一天在发展的”⑤。也就是说，由“五卅”运动引发的“工农”运动到了1928年前后，已经不仅仅停留于口号式的“呐喊”，而是演变成了“工农武装割据”的话语实践。

其次，1928年《大众文艺》的创刊，郁达夫等人从日本“引入”了“大众”用语。郁达夫在《大众文艺释名》中有这样的言说：

> “大众文艺”这一个名字，取自日本目下正在流行的所谓“大众小说”。日本的所谓“大众小说”，是指那种低级的迎合一般社会心理的通俗恋爱或武侠小说等而言。现在我们所借用的这个名字，范围可没

① 陈云：《中国民族运动之过去与将来》（1926），《陈云文选》（1926～1949），人民出版社，1984，第1页。

② 同上书，第2页。

③ 同上。

④ 关于五卅之后，农民成为革命的力量，可参看上海社会科学院历史研究所编辑的《五卅运动史料》，其中有较为翔实的史料说明。

⑤ 毛泽东：《中国的红色政权为什么能够存在？》（1928），《毛泽东选集》（第一卷），人民出版社，1991，第48页。

有把它限得那么狭。我们的意思，以为文艺应该是大众的东西，并不能如有些人之所说，应该将它局限隶属于一个阶级的……我们只觉得文艺是大众的，文艺是为大众的，文艺也必须是关于大众的。[①]

我们可以把《大众文艺》的创刊作为“大众”[②] 一词正式引进的标志，但是一方面这个刚“旅行”过来的“大众”，其内涵与“工农大众”概念差异较大，因为郁达夫把流行于日本的“大众”概念“改装”成“去阶级化”的能指模糊的普通人民，而“大众的”仍相当于“通俗的”“底层民众的”等内涵。从上面这段引文我们看到，郁达夫的“大众”概念既不同于日本语境中低俗的民众，也不同于中国语境中的“工农大众”。这一点我们可以从郁达夫任《大众文艺》主编时，刊物所刊发的文章看出，除了一些议论性的文本之外，基本上是翻译国外的通俗的短篇文本。但是，郁达夫引进并改造过的“大众”概念，除了进行“去阶级化”处理之外，并没有赋予其清晰的所指。可以肯定的是，郁达夫的“大众”概念与“左翼”语境中的工农“大众”差距甚大。从这个意义上说，把《大众文艺》的创刊视为“大众”概念生成的标志似乎有些牵强。事实上，虽然以上梳理了“大众”概念转换的时间点和相关文献资料，但仍然无法充分说明作为革命主体的“工农”概念与作为词语的“大众”之间的必然联系，或者说选择“大众”而不是别的词语来作为这一概念的指示符号并不是必然的。因而可以说，“‘概念’的使用被视为是偶然加诸‘词语’的意义上的”[③]，也即概念与作为概念指示符号的词语之间存在着一定的偶然性。

总之，“工农”大众话语的生成是一个渐变的过程，我们可以把成仿吾

---

① 郁达夫：《大众文艺释名》，原载郁达夫，夏莱蒂主编《大众文艺》（第1期），上海现代书局，1928年9月20日，第1~2页。

② 关于“大众”概念的引入颇具戏剧色彩，1930年代乃至以后很长时期内所讨论的“大众/大众化”用语首先出自郁达夫之手，而郁达夫却恰恰被左翼团体所排挤。郁达夫对于“无产阶级”文学持强烈的怀疑态度，这也是《大众文艺》至少在前六期的创作几乎翻译外来作品。后来陶晶孙接管《大众文艺》，所谓的“大众文艺”创作仍然是一个难题。换句话说，左翼所言说的“大众/大众化”更多地存在于其话语中，很难付诸创作实践。

③ 〔英〕伊安·汉普歇尔-蒙克：《比较视野中的概念史》，第85页。

1928 年 2 月在《从文学革命到革命文学》中提出“农工大众”的概念，以及 1928 年 9 月 20 日《大众文艺》的创刊，均可视为以“工农”为话语主体的“大众”话语生成的标志性事件。当然，尽管以上列出了关于“大众”转换的历史“证据”，但是把从工农“民众”到工农“大众”转换的时间节点定为 1928 年依然是个权宜之计，原因在于从直接意义上说，当 1928 年前后“大众”被用来指称“工农”群体时，关于这一历史语境中“大众”概念就已经生成。然而，概念的流变往往并非停留于表征概念的用语之上，而是隐藏在言说者的“字里行间”当中，也就说，在“大众”用语没有被正式“任用”之前，言说者们可能已经拥有了这个“概念”，只是他们“还没有一个确当的词来表达这个概念”①。

此外，这种处于“共产话语”中的“大众”言说与西方特别是俄国的社会主义革命时期对于“Masses”的解读有一定关系。像雷蒙·威廉斯在《关键词：文化与社会的词汇》中就认为“Masses”有正反两个意思，“在许多保守的思想里，它是一个轻蔑语，但是在许多社会主义的思想里，它却是一个具有正面意涵的语汇”②。在俄国社会主义革命时期则用“普罗”（Proletariat）来命名之，指的就是先进阶级——无产阶级，这是一个正面词汇。当然 1930 年代从俄国引进的“普罗”也不等同于“新革命派”的工农“大众”，后者是经过了本土化的“改造”，即把农民改造成为革命的主力军和依靠力量之后的一种更具包容性，也更具中国本土特色的新概念。换句话说，这一时期的“大众”话语并不全是受到西方相关话语的影响，而是基于本土的特殊语境性及其历史必然性。

三 “工农”大众话语生成

与工农“民众”话语类似的是，工农“大众”话语语义场也包含内涵相近的一些概念：大众、民众、群众等，可以把它们都统合在工农“大众”话语之中，当然他们的言说对象主要是工人与农民。为了更好地理解这两种话语的传承与流变，我们先将其列为表 3-2。

① 〔英〕伊安·汉普歇尔-蒙克：《比较视野中的概念史》，第 124 页。

② 〔英〕雷蒙·威廉斯：《关键词：文化与社会的词汇》，刘建基译，三联书店，2005，第 281 页。

表 3-2 “工农”民众话语与“工农”大众话语的区别

话语＼比较项	“工农”民众话语	“工农”大众话语
言说主体	革命领袖或革命知识分子	“左翼”知识分子与革命领袖
言说对象	工人、农民	工人、农民
话语语境	激进的、共产主义的思潮	国共两种意识形态之间的革命
语义场	民众、庶民、平民	大众、群众、民众

我们认为在以工农“大众”话语为主的1930年代，不同语境之中会有不同的用语选择，但言说的主线却是同一话语，“‘话语’是经过较长时间的历史积淀而形成的社会和文化语码，是一套无形地制约人们的思想和行为的言说规范”①。为此我们把某个时间段内的言说细分成特定的话语模式，是因为话语具有相对稳定性，而在话语言说过程之中言说者根据具体的“小语境”及其个人的语言习惯等因素，又会选择不同的用语进行言说。工农大众话语的生成有其特定的时代语境，同时又是在“大众语”运动以及“大众化”论争等一系列过程中构形的。下面我们分别论述之。

（一）工农“大众”话语生成的时代语境

我们知道，在中国，“大众”一词自古就有，且于1920年代末重新从日本“旅行”到中国。然而1930年代“工农大众”话语的生成则需要与其相适应的时代语境，因为“某个新词获得‘语言合法性’，仅仅被制造出来是不够的，还需要具体的社会环境和文化实体作为依托”②。也就是说，“工农大众”概念的出现，根本地取决于大的时代话语的“呼唤”，因为“一个新词或许被铸造，用以表达先前并不存在的经验或预期。但是，这个新词也不会新到这样一种程度——即它并不曾作为即将萌发的种子而存在于各种已有的语言中，并且，它也不曾从传承下来的语境中获取其意义”③。可

① 王维国：《“大众话语”的转换与生成》，《河北学刊》2004年第6期。

② 董炳月：《“同文”的现代转换——日语借词中的思想与文学》，昆仑出版社，2012，第16页。

③ ［英］伊安·汉普歇尔-蒙克：《比较视野中的概念史》，第34页。

见，工农“大众”概念化的过程有必要纳入历史语境的言说之中，并通过言说者的言说方式与话语策略判定这一概念的社会历史意涵。

具体而言，若以 1928 年为话语转换节点，我们发现这之后的“大众”用语的使用频度逐渐增多，当然“民众”的使用也没有完全消失。这说明概念的演变不是激进式的，而有一缓慢的变化过程，且受到社会意识形态和文化思潮的影响。与“民众”话语类似的是，“大众”常常和“无产”等词连用，这也昭示了“大众”具有更强的阶级性和革命性。从“工农”民众到“工农”大众，概念的能指似乎相同，都包含工人阶级与农民阶级，但是其所指已经悄然发生变化。在“启蒙”的语境中，“民众”是知识分子启蒙的对象；而在 1930 年代的“革命”语境中，“工农”大众则开始被提升到与知识分子平等的位置上，甚至后者有时还需要以“俯首甘为孺子牛”的姿态仰视“大众”。从这个意义来说，从“民众”到“大众”，用词的变化必然表征着概念的演变，而背后的推动力则来自时代语境的变迁，以及由此带来的话语权力的转移。

就历史而言，1927 年大革命失败以后，“阶级斗争”即成为迫切的时代话语。具体来说，“新革命派”将马克思主义理论本土化、实用化和草根化。“无产阶级”被言说成革命的领导阶级，并成为“穷人”的代表，相应地资产阶级就转化成了富人。这样就把社会人群划分为“有产”和“无产”或者富人和穷人两大阶级，而“阶级斗争”就被视为穷人“革”富人的“命”的伟大运动。同时，“大众”既被说成具有无产阶级意识的人群，又实指现实中的“工农”革命主力军这样一类高尚的社会群体，从而使之兼具无产阶级和“工农”双重身份，也即“左翼文化语汇中的‘大众’指工农大众，它是一种以‘阶级’为坐标系划分出来的被压迫阶级群体”[①]。可见，“革命”话语将“大众”视为被压迫被统治的阶级群体，以此凸显社会的不公以及“大众”生活的深重苦难，由此而为武力消灭剥削压迫、追求自由平等的革命运动营造了恰当的言说语境。

---

① 唐小兵编《再解读：大众文艺与意识形态》（增订版），北京大学出版社，2007，第 159 页。

就文艺领域而言，“大众”[①] 意识的出现“反映了现代社会对奠基性意义的寻求和认同”[②]。与“民众”相比，1930 年代的“大众”概念“作为意义载体在新文学话语中的出现，是与新起的社会运动和历史主体密不可分，尤其是与 20 年代后期内战中涌现出来的农民力量密不可分”[③]。

显而易见，如果与辛亥革命相比较，1930 年代的革命就是很纯粹的“阶级革命”了。“阶级”与“种族”是完全不同的概念，“种族”具有可确定性与稳定性，它是在长期的历史文化沉淀中，因风俗、语言、信仰等的差异而形成的不同群体。辛亥革命的“种族”思想就是推翻满族的封建统治。相比较而言“阶级”更具有建构性，也就是社会人群的“阶级”划分可根据政治的需要随时进行调整。或者说“种族革命”的目标是推翻封建政权，而“阶级革命”是要推翻现存政权（根据“新革命派”的言说就是推翻资产阶级与地主阶级的政权）。1930 年代的“工农大众”主要就是以“阶级”为标准进行分类和命名的结果。同时“阶级斗争”又和“新革命派”的主导意识形态——左翼政治话语紧密联系。左翼政治话语在 1928 年前后的“革命文学”论争中得以体现，论争的核心围绕着文艺与革命、文艺与阶级的关系等与时事密切相关的问题进行展开。而后在主流政治意识形态的干预之下，左翼政治形成的标志性组织——“左联”宣告成立。1930 年在上海成立的“左联”是中国革命运动发展的产物，同时也是“当时国际国内革命斗争发展的反映”[④]。如果我们把 1928 年前后的“革命文学”的论争视为“左联”诞生的前奏的话，那么到了 1936 年关于“国防文学”和“民族革命战争的大众文学”两个口号的论争则可看作“左联”宣

---

① 相对于本书标题中作为“总体语”的“大众”来说，20 世纪三四十年代出现的“大众”可看作“分述语”。而在三四十年代这个特定时期内，作为全文“分述语”的“大众”又可视为这一时期的“总体语”，与之对应的“分述语”有“工农”大众、“工农兵”大众、“人民”大众等。这种划分逻辑在本书所涉及的各个时期基本相同，如果没有特殊说明，则可依次进行分梳。这样一来，就全文来说，标题中的“大众”可作为全文的“总体语”，各个阶段出现的“大众”概念都是“分述语”，而“分述语”之下则又形成了次级“分述语”。

② 唐小兵编《再解读：大众文艺与意识形态》（代导言）（增订版），第 2 页。

③ 同上书，第 3 页。

④ 周扬：《继承和发扬左翼文化运动的革命传统》，中国社会科学院文学研究所编《左联回忆录》，知识产权出版社，2010，第 10 页。

告结束的尾声。[①] 左翼政治的基本观念是“激进的社会革命思想和‘工具’论的文学本质观”[②]。也就是说，左翼话语以文艺为理论阵地，这是因为一方面可为“革命”寻求文化上的支持力量，另一方面也实现了文艺对社会的干预功能。

另外，自晚清的“国民”到1930年代的“大众”话语的嬗变，不仅表现为言说主体话语立场的变换，从根本上说，又反映了时代政治话语的客观要求。20世纪“大众”话语的生成和流变与“启蒙”“革命”“救亡”等话语息息相关，尤其是从“民众”[③] 到“大众”概念的变化，表征了从“启蒙”到“革命”话语的演绎。或者也可以说，从近代到1930年代所发生的启蒙运动和革命运动，其背后的推动力量是从“非武力”话语到“武力”话语的一种跨越。与“启蒙”话语不同，“革命”话语主张用暴力推翻另一个敌对阶级，解放被统治阶级。因为“1925年后出现的群众大革命，以‘反帝’、‘反封建’为目标，已不同于传统农民起义，而是以新意识形态作为自己的动员口号”[④]。这种新的意识形态主要指的是“三民主义”和马列主义。这时的工人、农民运动从自发转为自觉状态。尤其是农民运动，“大革命高潮中的农民运动，不仅是对农村基层社会和政权组织的沉重打击，而且当农民接受了新意识形态的宣传以后，他们心目中政权和社会秩序合法性的标准，就无形中完成了由传统向新意识形态的转化”[⑤]。

再则，与1920年代初期的“到民间去”启蒙“民众”不同的是，1920年代后期革命的主要任务被看作“争取”“工农”大众。诸如1929年“古田会议决议案”中就把宣传工作视为红军的“第一个重大工作”：

---

① 周扬：《继承和发扬左翼文化运动的革命传统》，中国社会科学院文学研究所编《左联回忆录》，知识产权出版社，2010，第15页。

② 林伟民：《中国左翼文学思潮》（绪论），华东师范大学出版社，2005，第2页。

③ 1920年代的“工农”民众可视为从启蒙式的“国民”话语到革命式的“工农”大众话语的过渡性言说。1920年代前期的“工农民众”言说依然承接了“国民”话语的启蒙姿态，到了后期“阶级”概念的出现，“工人”“农民”才逐渐进入“民众”话语，“革命”言说才真正展开。

④ 金观涛、刘青峰：《开放中的变迁：再论中国社会超稳定结构》，法律出版社，2014，第252页。

⑤ 同上书，第256页。

> 红军宣传工作的任务，就是扩大政治影响争取广大群众。由于这个宣传任务之实现，才可以达到组织群众，武装群众，建立政权，消灭反动势力。①

这种“争取”大众的革命需求成为1930年代的“大众化”言述的前提，“工农”首先并不单单是启蒙的对象，更重要的是需要“争取”的对象，而后者正是“大众化”言说的核心所在。

（二）“大众语”运动与“工农大众”

如果说以“革命”“阶级”为中心的言说属于“工农大众”话语内容层面的言说的话，那么“大众语”运动则更多着眼于形式层面，尽管这种内容与形式的区分仍是相对而言的。回顾近代中国社会，其“大众”言说主要集中于思想文化的启蒙层面，在这个层面上亟须动员底层“被压迫的大众到战线上去”②，因为民族的自救不是少数人能够完成的，“必须大众来通力合作”③。而要“动员”这些“大众”就得“在政治上训练他们”，这样一来，“大众语”就成为“政治训练的有力工具”④。而且，要“实践大众化运动绝对不容忽视新文字”⑤，原因是“真正的大众是没有文字的”⑥，这就从“大众化”的角度给“大众语”运动提出了客观要求。事实上，盛行于1930年代的“大众化”运动，光靠文艺的“大众化”无法彻底解决，“大众语”运动由此也成为“大众化”的一个必要基础或前提。

从另一个角度说，近代以来“启蒙”的根本任务是建设现代“国民”与“国家”。这一任务在革命时期则表现为构建革命的“大众”，而革命“大众”又被“设定”为以“工农”为主体的群体。这就必然涉及“大众”

---

① 毛泽东：《红军宣传工作问题》（1929），见《苏区文艺运动资料》，上海文艺出版社，1985，第3页。

② 寒白：《大众语在中国的重要性》，见宣浩平编《大众语文论战》，启智书局，1935，第179页。

③ 柳亚子：《我们对于文化运动的意见》（1935），原载1935年《新生》第2卷第21期。

④ 寒白：《大众语在中国的重要性》，见宣浩平编《大众语文论战》，第179页。

⑤ 洛蚀文：《关于文学大众化问题》，见洛蚀文编《抗战文艺论集》，上海书店出版社，1986，第170页。

⑥ 同上。

的分类与命名，而实现这一目标的根本又被一些知识分子看作赋予“大众”自己的语言，因为语言是特定群体存在的重要标志。从这个意义上说，“语言作为一种社会现象，是与社会结构和社会的价值系统紧密联系在一起的”①。换句话说，推行一种“工农”大众能够接受和使用的“大众语”，本身就是对“工农”阶级地位的认可与重视。这就是“为了‘大众’，要建设‘大众语’”②。反之亦然，如果社会所通行的是少数人才能接受的“小众”语言，那么“工农”大众的主体性也就无从谈起。

当然，“大众语”运动的出现并不意味着工农的大众语很少，而是适应于启蒙或革命要求的语言较少，因而需要重建或再造。如佛朗在《再提点意见》中说“我们不是把文化的水准降低到大众去，而是要在大众中把大众的水准提高起来”③，“大众语”不是把语汇减少到他们的水准去迎合他们，而是增加启蒙或革命需要的“大众语”。下面我们先来看看有关“大众语”的言说。

关于“大众语”的言说可以追溯到五四时期，这一时期最早在理论上系统提出“大众语”运动的当属胡适。1917 年胡适在《文学改良刍议》中明确提出“提倡白话文和打倒文言文”的主张④，并从内容与形式两个方面改良文学，我们也可以视为对“语言”的改良。后来胡适又在《建设的文学革命论》中提出“建设新文学”的唯一宗旨是“国语的文学，文学的国语”⑤。事实上，五四的文学革命也可以说是一场白话文运动，“它的基本目标和主要成果就是用白话文代替文言文来作为正式的书面语的地位”⑥。而到了 1930 年代的左翼话语中，文学被作为“工具”与“革命”链接在一起，“白话文”运动也转换成“大众语”的建设运动。“大众语”运动也就成为知识分子启蒙“工农”大众，进而实现把“工农”征用为革命“主力军”的语言运动。因为知识分子或者革命领袖要想实现“化大众”的革命目标，必须以“语言”为媒介，传达信息或“指令”。关于这种启蒙式的

① 〔英〕彼得·特拉吉尔：《社会语言学》，谭志明等译，陕西人民出版社，1990，第 10 页。
② 家为：《关于批判与认识》，见宣浩平编《大众语文论战》，第 136 页。
③ 佛朗：《再提点意见》，见宣浩平编《大众语文论战》，第 177 页。
④ 旷新年：《胡适与白话文运动》，《中国现代文学丛刊》1999 年第 2 期，第 12 页。
⑤ 胡适：《建设的文学革命论》，《胡适文存》（第 1 卷），外文出版社，2013，第 73 页。
⑥ 旷新年：《胡适与白话文运动》，《中国现代文学丛刊》1999 年第 2 期。

“大众语”运动，寒白在《大众语的产生与建设》中有这样的言说：

> 在经济畸形发展的中国社会，是多么需要着一种共同言语——大众语啊！把全国人民的意识，密切地联系起来，使无数千万的文盲，容易学习一种普遍的智识，然后大家手挽手地在一条战线上共同努力他们生活的乐园。[①]

当然，关于“大众语”的概念还有很多争议。陈子展在《文言——白话——大众语》中提到“这里所谓大众语，包括大众说得出，听得懂，看的明白的语言文字”[②]。对于这种定义，胡愈之提出了不同的看法，他认为“‘大众语’应该解释作‘代表大众意识的语言’”[③]，但它不是“白话文”，因为“‘白话文’不一定代表大众意识”[④]。这就把“大众语”与“白话文”区分了开来。《申报》读者问答中的文章《怎样建设大众文学》中也提出“大众语是大众表达自己生活，从大众自己生活中成长起来的语言”，“大众语是有普遍性的，是时时发展着的，它与各地土语不同”[⑤]。这种概念又把“大众语”与方言土语进行区别。可见，“大众语”既不同于“白话文”也不同于“方言”。

语言学家黎锦熙则更详细地把“大众语”与“国语”“白话”进行对比，认为“‘国语’是对‘外国语’来说的，‘白话’是对‘文言’来说的，‘大众语’是对‘小众语’说的”[⑥]。“小众语”会有地域以及历史时期的限定，“大众语”也是如此。“大众语”如果打通了国界就成为“世界语”了，因此“一国全民族大多数人同时彼此都能听得懂说得出的语言就叫做‘大众语’”[⑦]。然而这个定义仍然存在问题，因为它还是无法把“大众语”与“国语”“白话”等区分开来。最后黎锦熙提出了他自己的“人

---

① 寒白：《大众语的产生与建设》，见宣浩平编《大众语文论战》，第116页。
② 陈子展：《文言——白话——大众语》，选自宣浩平编《大众语文论战》，第51页。
③ 胡愈之：《关于大众语文》，见宣浩平编《大众语文论战》，第58页。
④ 同上书，第59页。
⑤ 宣浩平编《大众语文论战》，第65~66页。
⑥ 黎锦熙：《国语运动史纲》（序），商务印书馆，2011，第4页。
⑦ 同上书，第5页。

众语”概念：

> “大众语”者，是一种有建设性而不具阶级性的标准方言，与其他异于标准的各种“母语”方言并行不悖；随着时代而演进，依交通而扩大，应文化而充实，借文艺而优美：这都是自然而然的。①

作为一个语言学家，黎锦熙的这个“大众语”的定义比“方言”“白话文”都更加宽泛，具有较大的涵盖性。然而在20世纪30年代的“大众化”的言说语境中，这种“大众语”的论争最终也要指向革命的政治话语。也就说最终要回到“工农”大众的言说之中。黎锦熙关于“大众语”的意义的言说有一定的现实针对性，“我们从教育的意义上建设‘大众语’，就是把落后的‘大众’和前进的‘大众’所有意识间的冲突的矛盾，统一起来，使这种标准方言成为‘一国全民族大多数的人同时彼此都能听得懂、说得出’的‘普通话’”②。这实质上点到了“大众语”运动的方向或意义，就是启蒙式的为“大多数人”服务。

但是，“左翼”语境中的“大众语”并不像黎锦熙所说“有建设性而不具阶级性”，而是具有明确的“阶级”指向——“工农”大众。陈子展在论述“大众语”概念的同时，也对“大众”概念进行了限定，“这里所谓大众，固然不妨广泛的说是国民的全体，可是主要的分子还是占全民百分之八十以上的农民，以及手工业者，新式产业工人，小商人，店员，小贩等”③。可见这里所讨论的“大多数”“百分之八十”等可以大体对应“工农”群体，或者说“大众语”中所言说的“大众”主要也就是“工农”大众了。莲岳在《谈谈大众语的大众》一文中更是明确地指出“大众语”中的“大众”不是理想中的大众而是实实在在的“三万万大众”，更具体地说“我们的真大众，决不是像有些人所想的那些上海附近的工人和农民，而是内地的农、工”④。

① 黎锦熙：《国语运动史纲》（序），第17页。

② 同上。

③ 陈子展：《文言——白话——大众语》，见宣浩平编《大众语文论战》，第51页。

④ 莲岳：《谈谈大众语的大众》，见宣浩平编《大众语文论战》，第152~153页。

显然，作为1930年代“大众化”运动的支流——“大众语”运动并非简单可归之于语言学学科的学术活动，而是有很强的“功利性”，即服务于“工农大众”的话语建构。如发表在申报读者问答中的文章《怎样建设大众文学》中明确指出，“大众语问题的提出，是非常有意义的，但如果我们不把大众生活作为充实这一问题的内容，即是不使这运动与大众生活的进展相配合，这运动便依然要陷于空洞无物，既不能克服敌人，便不能得到解决”①。显然，“大众语”运动与“大众化”运动息息相关，或者说“大众语”运动不仅仅只是语言层面的革新，其话语指向仍然是动员“工农”。

那么，“大众语”运动的“功利性”目标如何实现呢？1920年代的革命知识分子提出“工农”民众话语的重要实践方式是“到民间去”，“大众语”话语的实践方式也是如此：

> 就是参加到生产大众中去一同生活的问题。只有在实践中，能增加作品里大众的语汇；只有在实践中，能削弱大众间对于封建残余观念底拥护。②

要启蒙和动员“大众”首先要有制造一套能够为他们所接受的语言，这种语言与“方言”“白话”都不尽相同，而是“大众”能够真正普遍接受的语言，要做到这一点只能是“到民间去”进行语言实践。我们再回到“大众语”的概念，“大众语者，即大众所能了解的言语，也就是他们自己的语言，最适宜表现大众的生活与思想的语言，它的特质灵活，单纯，和明确”③。要建设这种“大众语”，“智识分子提倡必须深入到大众群中去学习，把自己的生活去与大众溶合，自己成为大众之中的一员，他才能得到对于‘大众语’之实际的认识，他才能实际而有力的提倡”④。看来“大众

① 宣浩平编《大众语文论战》，第67页。

② 王任叔：《关于大众语文学底建设》，选自宣浩平编《大众语文论战》，第126页。

③ 陈颉：《对于“文言”“白话”“大众语”应有的认识》，选自宣浩平编《大众语文论战》，第145页。

④ 同上书，第145页。

语”的言说不仅仅是作为对“大众”的启蒙，还包含有向“工农”大众学习的含义。教育家陶行知更是将“工农”大众的地位做了进一步的提升，“智识分子要想大众文必须先学大众语。他必须拜大众做老师。不够！他必须钻进大众的生活里去与大众共生活共甘苦。他必须是大众队伍里的一位战士”①。这就把大众抬升到高于知识分子的“导师”的地位，且与1940年代的“大众”话语中要求“知识分子与工农相结合”相呼应。

当然“大众语”运动还停留在对“工农”大众主体性初步倡导的阶段，正如我们所看到的，“工农”主体性的生成经历了从“化大众”到“大众化”的过程，直到最后以《在延安文艺座谈会上的讲话》的文本形式固定下来。有关这方面的论述我们将在“大众化”论争中详细论证，这里就不再赘述了。

（三）“大众化”言说与“工农”大众

诚如已述，1930年代的工农“大众”话语的生成既受到日本及欧洲“大众化”文化思潮的影响，同时也反映了国内革命斗争的客观需求。这种话语的言说主体由革命领袖和知识分子构成，而具体言说的过程则是由政治家发起（这种“‘大众话语’最初形成于政治领域，它的建构体现了中国社会阶级成分和革命力量构成的特点，是具有中国特色的无产阶级革命的必然产物”②），而后“‘大众话语’由政治领域转换到文学领域便开始了自己的建构过程”③，并最终由知识分子在“大众化”讨论中得以完成。

从深层的文化使命来说，1930年代的“大众化”言述也是旨在完成前一时期所未能解决的文化任务。我们知道在面对五四时期所遗留下来的关于“文化遗产”的接受这一问题上，以鲁迅、李大钊为代表的激进知识分子对于旧文化完全持否定立场（虽然他们有时候也是一种话语姿态），从而使得“文化遗产”问题始终没能得到很好的解决。并且，正如有学者所说的，“真正反礼教的还是一小部分知识分子和小市民的工作，而大众仍旧沉

---

① 陶行知：《大众语文运动之路》，选自宣浩平编《大众语文论战》，第193页。

② 王维国：《“大众话语”的转换与生成》，《河北学刊》2004年第6期。

③ 同上。

醉于旧文化里面，一部分原因也是由于五四启蒙运动忽视了大众的缘故”[①]。

另一方面，文学领域的大众化则要求打破横在文学和大众之间的壁垒，提高大众的思想水平。但是作为新文学开端的五四文学运动，“始终停留在少数名流学者的圈子里，没有向大众的队伍扩展”[②]。可见，作为“大众”语义场的“民众”言述，并没有如其“到民间去”的口号所号召的那样，实现对“民众”的动员。而1928年的“普罗文学”在一定程度上可看作对五四文学运动的扬弃，因为它“一开始就站在普罗阶级的立场上，喊出文学大众化的口号，有意识地要使革命的文学普及于大众，并使大众参与文学活动，要把革命文学建筑在大众的基础石上。但由于当时客观环境的恶劣与主观力量的薄弱，由于运动者与大众的脱节，不管‘文学大众化’这个口号喊得多么响亮，始终局限于‘小众’的圈子里”[③]。也即是说，1920年代的工农“民众”言述基本继承了五四启蒙话语，直到全面抗战前这种话语姿态依然存在，且参与者主要是知识分子与小市民等“小众”，而广大的工农“大众”很难真正参与进来。这也从一个侧面证明了1930年代“大众化”讨论有其历史发展的必然性。

具体来看，就言说主体而言，全面抗战之前的“工农”大众话语之所以由知识分子完成，原因在于这个时期中共的革命领袖集中在江西瑞金、井冈山等地，中共的“工农”大众话语还没有在全国形成“话语权”。实际上作为主流意识形态话语的标志——大众化口号先形成于政治领域，而后扩展到文艺阵地。而“大众化”的根本目标是动员革命所需要的“主力军”。不过在“大众化”言说的过程中，政治领袖与知识分子的话语言说并不完全一致，而是出现了很大的错位，原因在于政治领袖还没有获得广泛的文化领导权。

进一步看，从工农“民众”到工农“大众”话语的流变，不光体现在言说机制（言说主体、言说客体、话语环境等）的变化，而且还包括话语内涵的变迁。如1932年宋阳在论述“大众文艺”时说，“现在决不是简单

---

① 洛蚀文：《论抗战文艺的新启蒙意义》，洛蚀文编《抗战文艺论集》，上海书店出版社，1986，第62~63页。

② 林淡秋：《抗战文学与大众化问题》，见洛蚀文编《抗战文艺论集》，第157页。

③ 同上书，第157~158页。

的笼统的文艺大众化的问题，而是要创造革命的大众文艺的问题”[①]，“大众化”是为“大众”的，但最终是为“革命”的。并且“革命的大众文艺的问题，是在于发动新兴阶级领导之下的文化革命和文学革命”[②]，即这种“革命”与五四时期“民众”话语中“新”对“旧”的革命不同，它是在“新兴阶级”领导下的“革命”。不过严格来说，单说“大众”这个概念并不具有明确的派性意涵，“这一个大众，不是一个抽象的空名词，而是各种各样阶级的人民结合成的具体的大众”[③]。但在1930年代的“大众”言说中，“大众”一词却已经常常与“工农”连用，从而使得这个“大众”概念具有了明确的“所指”。由此看来，1930年代的“大众”话语较之1920年代的“民众”话语，其“党派性”与“阶级性”色彩有了更明显的加强。

虽然1930年代的“大众”话语是在“大众化”讨论中生成的，然而，若做仔细的考察，则“大众化”讨论在30年代前期与后期也有很大不同。这主要体现在言说主体所持的不同的言说立场，“一种是把大众按着小资产阶级面貌来化，一种是把小资产阶级的自己化为大众，然后再体现大众”[④]。显然，前者的“大众”话语的实质是“化大众”，后者才是“大众化”。然而就用语出现的时间来看却是先有“大众化”，而后才有“化大众”。但不管用语出现早晚，前期的“大众”话语基本上是知识分子在“化”其他“大众”却是不争的事实。也就是说，1930年代的“大众化”经历了从“化大众”到“大众化”的话语实践过程。

1. *“化大众”——左联时期的“工农”大众言述*

总体而言，在1930年代前期的“大众化”讨论中，知识分子依然在延续近代的“启蒙”话语。如1930年郑伯奇在《关于文学大众化的问题》一文明确提出“中国目下所要求的大众文学是真正的启蒙文学”[⑤]。而且知识分子“大众”言说的中心是“化大众”。像海默在《略论文艺大众化》一

① 宋阳：《大众文艺的问题》，原载1932年6月10日《文学月刊》创刊号。

② 同上。

③ 艾思奇：《抗战文艺的动向》，原载1939年2月16日《文艺战线》第1卷创刊号。

④ 刘白羽：《新的艺术，新的群众》，原载1944年9月30日《群众》第9卷第18期。

⑤ 郑伯奇：《关于文学大众化的问题》，原载1930年3月1日《大众文艺》第2卷第3期。

文中说“因为我们自以为在思想上已经没有问题了，我们已经获得最进步的意识，而大众却是落后的，这就得靠我们用通俗的形式把进步的思想意识灌输给他们，好来改造他们。因此，这样理解的‘大众化’，实际上是‘化大众’”①。就字面而言，“化”有“教化”“改造”之义。不管是初期的《大众文艺》创刊理念，还是“大众化”的讨论莫不如此，即把“大众化”理解为对“大众”进行教化，使其摆脱愚昧状态继而成为革命所需要的力量。比如王独清就对大众文艺作了这样的定位：

> 大众文艺的任务，我们可以很明确地说：是结合新兴阶级的感情，意志，思想，更予以发扬，光大，使得以加增它本身实际斗争的力量。同时，再推动一般能与新兴阶级联合的大众。②

大众文艺首先要围绕“大众”进行创作，“文学大众化首先就是创造大众看得懂的作品”③，而“化大众”的主要任务是“提高大众的文化水准，组织大众，鼓动大众”④。

郭沫若不仅清楚地指明“大众”指的就是“无产大众”“工农大众”，具有明确的阶级性指向，同时进一步把“化大众”的“化”与“教导”联系起来：

> 你要去教导大众，老实不客气的是教导大众，教导他怎样去履行未来社会的主人的使命。这个也就是你大众文艺的使命，你不是大众的文艺，你也不是为大众的文艺，你是教导大众的文艺。
>
> 你是先生，你是导师，这个责任你要认清！⑤

这种“教导”大众的“化大众”言说中，知识分子站在居高临下的

① 海默：《略论文艺大众化》，原载 1948 年 5 月 1 日《大众文艺丛刊》（第 2 辑）。

② 王独清：《要制作大众化的文艺》，原载 1930 年 3 月《大众文艺》第 2 卷第 3 期。

③ 起应：《关于文学大众化》，原载 1932 年 7 月《北斗》第 2 卷，三、四期合刊。

④ 同上。

⑤ 郭沫若：《新兴大众文艺的认识》，见文振庭编《文艺大众化问题讨论资料》，上海文艺出版社，1987，第 11 页。

“智者”立场去“凝视”① 大众，以达到控制与改造他们的目的。洛扬也表现出这种明确的启蒙者的“凝视”姿态：

> 文学大众化问题，正是提高大众文化水平，改造大众意识及提高大众政治认识和组织大众革命斗争的问题。②

在这些热闹非凡的“大众化”讨论中，我们会发现一个令人困惑的现象，那就是知识分子们关于“大众化”创作的讨论具体而翔实，却难见一些实际的创作实践，即“大众化”意义下的文艺创作。于是我们不禁要问“大众化”言说的最终指向“是创作实践，还是另有他图？”③ 对此，学者曹清华有以下言述：

> “文艺大众化”讨论只是一个可供人们对话交流的语言空间，它为讨论者提供了基本的词汇（key words）以及背后悄然运作的话语机制（discourse mechanism）。与大多“文艺大众化”讨论的主导者和参与者不从事创作活动相对应，这一话语机制先天地排斥实际的创作经验，它凭借“讨论”这一语言活动本身实现其建构作家/知识份子之“身份”（identity）的文化功能。④

事实上，“在30年代‘左联’领导的文艺大众化运动中，知识分子普遍是以大众的启蒙者、无产阶级意识形态的灌输者身份来倡导文艺大众化的”⑤。正如雷蒙·威廉斯所说“事实上没有大众，有的只是把人

---

① 凝视的概念描述了一种与眼睛和视觉有关的权力形式。当我们凝视某人或某物的时候，我们并不是简单地“在看”（looking），同时也是在探查和控制它们。在《权力的眼睛》中，福柯用“凝视”（gaze）理论表达主体在对客体“凝视”时的一种权力与控制关系，是一种在权力运作下以“看”的方式规训对象的手段。

② 洛扬：《论文学的大众化》，见文振庭编《文艺大众化问题讨论资料》，第64页。

③ 曹清华：《身份想象——1930年代文艺大众化的讨论》，原载《二十一世纪》第89期（香港：2005年6月）。

④ 同上。

⑤ 石凤珍：《左翼文艺大众化讨论与延安文艺大众化运动》，《文学评论》2007年第3期。

们看作大众的方式”①，知识分子既然把自己视为启蒙者，他们眼中的“大众”也就自然成了一群没有觉悟的“乌合之众”。换句话说，处在启蒙意识中的知识分子把大众“凝视”为需要改造的人群，而“凝视”是在权力运作下的“规训”手段，以此实现对“工农”大众的身份建构。

总之，1930 年代知识分子的“化大众”言说，承接了自近代以来的启蒙话语，试图以精英者所拥有的话语权去“征用”大众。

2. “大众化”——全面抗战时期的“工农”大众言说

1930 年代前期的“大众”话语主要是以左翼知识分子为言说主体的“化大众”言说，它仍然是一种带有五四启蒙色彩的言说。从后来的视角看，这种“化大众”式的“大众”话语言说有其自身的缺陷，正如刘白羽在《新的艺术，新的群众》中所说，“文艺家不先深入到群众中去‘化’了自己，只停留在把大众看成‘落后’或‘空想人物’的观点上，脱离群众，脱离实际”②。显然，“化大众”的缺陷在于只“化”大众，而没有“化”知识分子本身。

到了 1930 年代后期尤其是全面抗战爆发之后，“化大众”的言说方式已经与“全民抗战”的时代语境越来越不相符。而这种“全民抗战”的时代语境却给“大众化”提供了言说的可能。首先，全面抗战时期各个党派的文艺工作者打破了彼此间的壁垒，走上了统一战线的大道，不同派别的文学都统一在“抗战文学”里，加强了落后大众文学启蒙运动的发动者与启蒙者的力量；其次，全面抗战逐渐消除了横在文艺工作者与大众之间的樊篱，使得他们之间日渐接近，有些文艺工作者甚至已经投入大众的队伍，同他们一起生活、斗争，即使一些与大众有隔阂的文艺工作者也常常被大众的斗争所吸引，随时都有加入他们的可能性③；再次，全面抗战爆发也提出了一个新的时代使命：民族救亡。在这种鲜明而单一的时代语境中，“‘大众化’是一切文艺工作的总原则，所有的文艺工作者都必须沿着‘大

---

① Williams, Raymond. *Culture and Society*—1780-1950, New York: Anchor Books, 1960, p. 319.

② 刘白羽：《新的艺术，新的群众》，原载 1944 年 9 月 30 日《群众》第 9 卷第 18 期。

③ 林淡秋：《抗战文学与大众化问题》，见洛蚀文编《抗战文艺论集》，上海书店出版社，1986，第 161 页。

众化’的路线进行”[①]。“大众化”成为全面抗战时期文艺阵线的唯一的工作，甚至连“非大众化”“反大众化”的文艺都已经不存在了，“一切工作集中到‘动员民众’‘服务战争’的目标上去”[②]。这里的“动员”“服务”等动词成为“大众化”言说的“指令性”话语，使得一切形式的“大众化”言论都围绕着这个中心“指令”展开。

另外，“全民抗战”的时代语境也使得生成于“左翼”时期的“大众化”言说，在新的历史时期具有了与“化大众”不同的话语归属。也就是说，“大众化不只是属于‘左翼’的，也不是属于某一阶级，而它应该是各派别（除汉奸外）的一个联合阵线的运动”[③]。显然，在“全民抗战”的语境中，“大众化”言说已经超越了党派及小集团范围，而真正具有“全民性”的共同话语。

然而，关于“大众化”的言述又存在两种近乎相反的言论。一是认为五四以来“欧化”的大众言说不能为中国的工农大众所接受，对之要全盘否定；另一种则认为五四以来的“大众”话语反映了大众的历史要求，因而仍应视为“大众化”的一部分。关于这两种言论，笔者比较倾向于认同后者，因为不论是陈独秀在《文学革命论》中提到的“三大主义”[④]，还是胡适在《文学改良刍议》中的文章“八事”[⑤]，都奠定了五四时期的重要文学传统：现实主义传统，这一传统与“大众化”有着内在的延续性。对此，胡风有更为翔实的言述：

> 大众化不能脱离五四传统，因为它始终要服从现实主义的反映生

---

① 以群：《关于抗战文艺活动》（1938），原载《文艺阵地》1938 年第 1 卷第 2 期。

② 胡风：《大众化问题在今天》（1937），《胡风评论集》（中），人民文学出版社，1984，第 13 页。

③ 洛蚀文：《关于文学大众化问题》，洛蚀文编《抗战文艺论集》，第 177 页。

④ 陈独秀在《文学革命论》中的“三大主义”是指：曰，推倒雕琢的阿谀的贵族文学，建设平易的抒情的国民文学；曰，推倒陈腐的铺张的古典文学，建设新鲜的立诚的写实文学；曰，推倒迂晦的艰涩的山林文学，建设明了的通俗的社会文学。——原载 1917 年 2 月 1 日，《新青年》第 2 期。

⑤ 胡适的文章“八事”包括：一曰，须言之有物。二曰，不摹仿古人。三曰，须讲求文法。四曰，不作无病之呻吟。五曰，务去滥调套语。六曰，不用典。七曰，不讲对仗。八曰，不避俗字俗语。——原载 1917 年 1 月 1 日《新青年》第 2 卷第 5 号。

活、批判生活底要求，五四传统也不能抽去大众化，因为它本质上是趋向着和大众的结合。[①]

可见，“大众化”言述可以追溯到以“民主”“科学”为中心的五四新文化思潮。

同时，“大众化”又是针对“化大众”而言的。“化大众”的局限在于“把‘大众化’简单地看做就是创造大众能懂的作品，以为只是一个语言文字的形式问题，而不知道同时甚至更为重要、更根本地是思想情绪的内容问题”[②]。进一步说，左翼知识分子“所理解的‘大众化’就是将这‘无产阶级意识’用大众容易接受的形式灌输给大众，为的是改造大众的意识”[③]。问题是知识分子只想到改造大众，没想到“向大众学习”从而“改造自己”。因此，真正的“大众化”话语实践要求打破“知识分子”与“大众”之间的鸿沟，使“知识分子”的思想感情与“大众”融为一体，而不是以旁观者的身份去“教化”大众。不过这个时期的言说主体已由左联时期的左翼知识分子为主转为革命领袖为主，因为“大众化”的要求首先不是“大众”应该如何，而是“知识分子”该如何，显然这种话语的言说主体只能由革命领袖担当。

如果说知识分子的“大众”话语是“化大众”，那么革命领袖的话语才是“大众化”，或者说“大众化”言说形成于革命领袖的“大众”言说。在这个转换过程中，言说主体从知识分子转移到革命领袖，话语言说也从“化大众”转换为“大众化”，最终完成了工农“大众”话语的言说。进一步说，经由“化大众”到“大众化”，现代性的启蒙话语已让位于民族“救亡”。那么是否可以说，贯穿整个20世纪的“启蒙”话语至此出现了断裂呢？

当然也并非完全如此，一方面1930年代的“工农”大众言说始终伴随

① 胡适：《论民族形式问题》（1940），《胡风评论集》（中），人民文学出版社，1984，第216页。

② 周扬：《马克思主义与文艺——〈马克思主义与文艺〉序言》，原载1944年4月8日《解放日报》。

③ 同上。

着“化大众”与“大众化”这两个过程，这两者是同时存在的。而且这种言说一直延续到延安时期的“工农兵”大众话语之中，比如毛泽东在谈到如何为“大众”服务的问题时，便提出了“普及”与“提高”的基本原则。这也是因为革命时期的“工农兵”被看作是缺乏文化的，因而“迫切需求一个普遍的启蒙运动”，由此去……“提高他们的斗争热情和胜利信心”。[①] 可以说，“大众”话语的言说始终伴随着“启蒙”意识，这种意识与“化大众”“提高”等话语实践相对应；相应地“大众化”则与“普及”对应，就像1941年邵荃麟所说，“今天所谓大众化工作，乃是包含着国民思想革命的意义”[②]。

不过总体而言，虽然20世纪三四十年代的“大众”话语始终存在“启蒙”“教化”等话语潜流，但仍与五四启蒙言说方式不同且程度更深，也有人称之为“新启蒙”。现代性启蒙是基于一种国家整体文化普遍提高的要求，而“大众化”则是“人民群众自己在革命实践过程中的一种迫切要求。人民和革命文艺作品作为它的武器”[③]。在这种话语语境中，话语主体不是作为“启蒙者”的知识分子，而是“工农大众”。可以说，“大众化”只是“战时”的革命实践“策略”，带有鲜明的革命“功利主义”色彩[④]，它并没有完全割断与自近代以来的启蒙话语之间的关联。

具体来看，就“大众化”的言说主体——革命领袖来说，他们在言说工农“大众”时，往往多使用“群众”一词来命名“工农”这一革命主体，与“大众”用语相比，“群众”更具有政治性与阶级性。那么“群众”是哪些群体呢？尼克·奈特认为“农民作为‘主要’或‘中心’的力量，

---

① 毛泽东：《在延安文艺座谈会上的讲话》（1942年5月），《毛泽东选集》（第3卷）人民出版社，1991，第862页。

② 邵荃麟：《我们对现阶段文化建设的意见》（1941年8月），《邵荃麟全集》（第1卷），武汉出版社，2013，第15页。

③ 默涵：《略论文艺大众化》，见荃麟等主编《大众文艺论丛》，新中国书局，1949，第109页。

④ 关于“大众化”的话语策略问题，邵荃麟有很好的言说。1945年他在《伸向黑土深处》一文中认为“大众化”并不是单纯地“普及与通俗”，也不是“形式”或作家的“生活方式”的问题，它本质上“应该是一种人民的与非人民的思想斗争，一种社会革命的实践”（原载1945年5月《文艺杂志》新1卷第1期）。显然这种“大众化”的话语有很强的革命功利色彩。

且坚持工人阶级的领导权——是毛泽东对中国革命中农民阶级和工人阶级的关系及其各自角色的典型理解”①。那么，1930年代的工农“大众”是否只包括工人和农民呢？显然不是，早在1925年毛泽东在《中国社会各阶级的分析》中即把社会划分为资产阶级、中产阶级、小资产阶级和半无产阶级等成分，而武力革命的成功需要尽可能多的同盟者，因此在革命领袖的话语里“大众”或“群众”概念不光包含工人阶级，还有穷人、边缘人（中产阶级）、知识分子等。从这个意义上说，1930年代的“大众”既是一个阶级的概念，又是一个不能够用“阶级”尺度进行分类和命名的概念。“大众”话语整合了无产阶级以及其他可以征用为革命力量的各阶级，是一个内涵和外延都扩大的“无产阶级”。1930年代的工农话语中的“大众”概念既实指现实人群，又是一个流动性的所指，它包含的人群是流动性、不固定的、多样的。在这一点上，知识分子的“化大众”与革命领袖的“大众化”言说中的“大众”不尽相同。如早在1932年革命领袖瞿秋白就对知识分子的“大众”话语进行了批判：

> 这些革命的知识分子——小资产阶级，还没有决心走进工人阶级的队伍，还自己以为是大众的教师，而根本不了解“向大众去学习”的任务。因此，他们口头上赞成“大众化”，而事实上反对“大众化”，抵制“大众化”。②

瞿秋白的这种批判是针对知识分子的“化大众”。革命领袖认为1930年代的工农“大众”话语不光要改造“工农”而且包括知识分子本身。显然这与左翼知识分子的“大众”言说有较大“错位”：左翼知识分子在言说中把自身置身事外，而革命领袖却认为知识分子本身也是有问题的，要在“革命”语境中加以改造。对此，瞿秋白在《“我们”是谁?》中已有所区分：

---

① 〔澳〕尼克·奈特：《再思毛泽东》，闫方洁等译，中国人民大学出版社，2014，第84页。

② 瞿秋白：《“我们”是谁?》（1932），《瞿秋白选集》（第2卷），人民出版社，1953，第875页。

> 这里，何大白说的：“我们”是谁呢？他用“我们”和大众对立起来。这个“我们”是在大众之外的。他根本不感觉到这个“我们”只是大众之中的一部分。这样，所以他就不能够认识自己的错误，不能够消灭“知识阶级”的身份。[①]

显然，瞿秋白已较早意识到“大众化”与“化大众”的不同，“化大众”的姿态就是把“我们”与“大众”对立起来；而“大众化”的必要前提是把“我们”与“大众”等同起来。前面所提到的左翼知识分子的“工农”言说之所以是“化大众”，就在于“革命的文学家和‘文学青年’大半还站在大众之外，企图站在大众之上去教训大众”[②]。当然，左翼知识分子也不完全是“站在大众之上”去“化大众”，比如在《文学的大众化与大众文学》中何大白有这样的言说，“以前认为大众化的主要目的，只是到大众中间去扩张读者；这是错误的。我们认为大众化的任务，是在工农大众中间，造出真正的普洛作家”[③]。当然这种“大众化”的言说在左翼知识分子中并不占主流。

如果仅就文艺领域而言，“大众化”则要从内容与形式两个方面去说。就内容来说，知识分子要“和群众相结合，在工农大众中逐渐改造自己的思想感情，这是文艺大众化的一个中心关键”[④]，也就是文艺作品中充满“人民性”；而就形式来说，就要“尽量地采取大众所熟悉或易于接受的形式”[⑤]。而不论是内容还是形式，“这问题的中心点应该是文艺活动和大众生活的有机溶合”[⑥]。同时，文艺“大众化”的最终指向仍然是“大众”而不是“知识分子”，因为“文艺大众化并不只是把文学去迁就大众，同时也是

① 瞿秋白：《“我们”是谁?》(1932)，见文振庭编《文艺大众化问题讨论资料》，第101页。
② 同上。
③ 何大白：《文学大众化与大众文学》，见文振庭编《文艺大众化问题讨论资料》，第76页。
④ 默涵：《略论文艺大众化》，见荃麟等主编《大众文艺论丛》，新中国书局，1949，第111页。
⑤ 以群：《论文艺工作中的迎合倾向》，原载1947年3月17日《文汇报》。
⑥ 胡风：《大众化问题在今天》(1937)，《胡风评论集》(中)，人民文学出版社，1984，第13页。

要把大众提高到文学的水平”①。

总体来看，“大众化”与“化大众”在关于“大众”言说的最大不同在于，“大众化”除了“化”工农之外，还要“化”知识分子。也就是知识分子本身也要“化”为“大众”，因为“知识分子只有深入大众生活，同工农群众相结合，通过改造自己的世界观，把立足点移到工农大众一方面来，才能最终有所作为”②。再者，在全面抗战这个特殊的时代语境中，“大众化”的目的是“要使我们民族解放的思想和反法西斯侵略的意志，经过大众化的文艺形式和工作走入大众中去③”。而这一切的根本原因又在于“抗战所必需的是大众的动员”④。

行文至此，我们知道“大众化”应该包括两个层面，一是“工农”群体对于知识分子们的口号能够充分的理解；二是知识分子对于“大众”的生活要有充分的了解，要做到这一点“作者生活的大众化自然是最中心的问题”⑤。具体来说就是“革命的作家要向群众去学习”⑥。我们回顾五四时期的“平民”话语，虽然这种话语提倡“到民间去”，但是本质上并没能实现“大众化”。原因在于彼时的“所谓‘平民’其实是意指着市民而不是工农大众，所谓平民文学，其实是市民文学，不是‘大众自己的文艺’”。正如洛蚀文在《论抗战文艺的新启蒙意义》中说，“我们不能不承认五四启蒙运动的不彻底，新文化运动只徘徊在少数知识分子和小市民的圈子当中，而同大众始终是隔离的”⑦。再比如五四提倡的最成功的白话文，始终还是“白话‘文’，是士大夫的白话，而不是大众自己的白话”⑧。从这个意义说，全面抗战之前的“大众化”由于忽视了知识分子本身的“大众化”而

---

① 周扬：《新的现实与文学中的新的任务》，见洛蚀文编《抗战文艺论集》，上海书店出版社，1986，第25页。

② 王维国：《“大众话语”的转换与生成》，《河北学刊》2004年第6期。

③ 欧阳凡海：《论文艺动员的成果缺点及其任务》，原载1942年2月8~10日《新华日报》。

④ 郭沫若：《抗战与文化问题》，原载1938年6月20日《自由中国》第三号。

⑤ 瞿秋白：《“我们”是谁?》，《瞿秋白选集》（第2卷），人民出版社，1953，第877页。

⑥ 瞿秋白：《普罗大众文艺的现实问题》，《瞿秋白选集》（第2卷），第855页。

⑦ 洛蚀文：《论抗战文艺的新启蒙意义》，见洛蚀文编《抗战文艺论集》，第61页。

⑧ 潘梓年：《新文艺民族形式问题座谈会上潘梓年同志的发言》，原载1940年7月4~5日《新华日报》。

没能真正得以确立起来。

就此可知，作为旨在建构“大众”话语的“大众化”言述，也是1930年代革命政治话语在文艺领域的延伸。事实上，中国近现代史上的文艺常常承载着强大的政治功能。由上面的论述，我们看到这种承载革命政治功能的“大众化”言述，由于过分强调抽象的阶级意识与作家的“原罪”意识，消解了“大众”话语中的启蒙意识，或者把启蒙者与被启蒙的对象对调。从而使得“大众化”言述充满了乌托邦的革命想象。最典型的是“简单地在经济地位低下与思想意识的先进间画上等号”①，把“大众化”的成败完全归咎到知识分子身上，贬低甚至忽视“化大众”的重要性。换句话说，本来“大众化”的实现是把“知识分子”与“大众”同时进行“归化”，然而实际情形是知识分子被来自政治领域的权力话语“归化”到“工农”之后，“大众化”的任务即宣布完成。在这个过程中，“工农”群体实现了平稳着陆，成为不需经过改造的革命动力。

实际上“大众化”能实现的“化”的程度与“大众”关系甚大，我们来看一组统计数据：

> 根据1926年的统计，中国总人口中受过教育的不过3%，上海某纱厂目不识丁的女工占85%，男工占86%。甚至到1956年，福建的25000名乡长和乡党委书记，还有三分之二是文盲或半文盲。②

仅就“大众”的文化程度来看，如果多数人还处于文盲状态，不管文艺宣传的形式还是内容上如何贴近“大众”，“大众化”的实现都是非常困难的。这就决定了“大众化”是一个长期、复杂的过程。对此鲁迅有较为清醒的认识，“倘若此刻就要全部大众化，只是空谈”③。显然对于特殊的“大众”先进行“化大众”然后再“大众化”是可行的。但是将大众置于被教育的地位实现“大众化”的言论，被有些人视为“民众阿斗论”，或者

① 许志英等主编《中国现代文学主潮》（上），南京大学出版社，2008，第437页。

② 同上书，第435~426页。

③ 鲁迅：《文艺的大众化》（1930），原载《大众文艺》第2卷第3期，1930年3月。

“是要先提高大众知识，或先扫除文盲然后再建立大众文艺的等待主义”①。

总之，在从“化大众”到“大众化”的话语流变中，其核心问题是“工农”位置的变化。“大众化”讨论总体上还是顺应了时代“大话语”的客观要求，即“把它塑造和建构成一个崇高的社会群体/意象，并赋予诸如‘革命主力军’、‘历史前进方向’，甚至‘世界工农大众’的多重意义”②。

小　结

本章在“工农”民众话语的基础上讨论“工农”大众话语。尽管“工农”民众与“工农”大众话语之间既有连续性又有断裂性，但这些话语的主体都是“工农”，即要动员的革命主体力量。然而从“民众”到“大众”不仅仅是概念词的变换，更意味着话语中心由“现代性启蒙”转移到“革命”话语言说。具体到“工农”群体，他们不仅是启蒙和征用的对象，同时也是革命的主体。其主体性也不仅仅体现在担当革命的“主力军”，同时还是知识分子学习的对象与精神“导师”。当然这种话语的流变主要发生在左翼言说之中，“旧革命派”的“大众”话语则延续着“三民主义”的理念，主张“解救”民众而不是真正地把其视为革命“主力军”；自由知识分子则站在相对“中性”立场反对暴力革命，主张动员底层民众。不过他们对待“民众”更多的是一种批判，并不是满腔热情地提升民众地位。另外，在自由知识分子的民众话语中，“工人阶级”是一个被忽略的群体。这里需要适当指出，自由知识分子因理论的立足点是“精英个体”，因此导致其在言论中往往忽视底层民众的革命力量。

可见，不论是“旧革命派”还是自由知识分子的“大众”言说，与“新革命派”的“工农”大众话语都有所区分。当然，在左翼语境中，“工农”主体性的确立也经过一系列的话语竞争，从“化大众”到“大众化”，最终完成于延安时期。

---

① 向林冰：《论“民族形式”的中心源泉》（1940），原载1940年3月24日重庆《大公报》。

② 曹清华：《身份想象——1930年代文艺大众化的讨论》，原载《二十一世纪》第89期（香港：2005年6月）。

第四章 “革命”语境中的“工农兵”大众

如果说“工农”大众言说发生在“左翼时期”，那么“工农兵”大众话语则主要生成于“延安时期”。这里所说的“延安时期”既是一个时间概念又是意识形态概念，说它是时间概念是因为“1937～1945 年通常被叫做延安时期，它以共产党的战时首都命名。在这一时期毛泽东的主要精力在于制定策略并领导抗日战争”。[①] 而说它是意识形态概念则是基于生成于这个独特时空中的“延安话语”带有一种比较鲜明的政治导向，并与其借以运行的群体实践相结合，从而把“大众”定格为“工农兵”。同时“主张代表大多数人利益的、大众的、平民的文化，主张文化为大众所有，主张文化普及于大众而又提高大众”[②]，从而建构起了与西方现代性话语不尽相同的现代民族国家话语体系。

不仅如此，延安时期的“工农兵”大众话语也在某种程度上抛弃了近代“国民”话语的言说模式。我们知道近代的“国民”话语是在批判传统“臣民”话语的基础上建构起来的。具体来说，近代知识分子理想中的“国民”是在去除掉其传统的“劣根性”之后再与西方的“公民”的现代性质素相融合生成的。这些知识分子并没有把某一部分人群“认定”为理想的“国民”模板进行言说。而“工农兵”大众话语言说则不同，这种话语模式是以领袖的权威话语把诸如“工农兵”群体“认定”为理想的“大众”，批判与改造的对象则是“知识分子”。这样一来，“大众”成为被认可与提升的对象，而不是吸收西方的现代性话语对其进行“改造”的对象。可见，“工农兵”大众话语具有极大的“实用性”与极强的政治“功利”色彩。

---

① 〔澳〕尼克·奈特：《再思毛泽东》，闫方洁等译，中国人民大学出版社，2014，第 88 页。

② 洛甫：《抗战以来中华民族的新文化运动与今后任务》，原载《解放》第 103 期，1940 年 4 月 10 日。

同时，自“延安时期”始，意识形态的逐渐统一也使得“大众”话语言说也体现出高度的“自明性”、“一致性”与“本土性”，如“与工农兵相结合”“为工农兵服务”等成为这一时期“大众”话语言说的固定模式，而“知识分子”“工农兵”也各自形成自己固定的文化角色，可以说，“延安”话语所确定的“工农兵”方向，使得这一时期的“大众”话语“含有深刻的历史必然性和久远的乌托邦冲动”[①]。同时，在“为工农兵服务”这一实践口号之下，“‘大众’已被表述为一种‘革命的’大众，一个服务的对象”[②]。

第一节 “工农兵”大众话语生成

“工农兵”用语的提出始于1920年代中期，到了1930年代“工农兵”又频频出现在各种言说中。然而至少在全面抗战之前，“兵”并没有能够作为一个独立的概念出现在大众话语之中，“兵”的群体只是“穿着了军装的工人和农民”[③]。而全面抗战爆发后，“兵”从“工农”群体当中走向前台，成为与“工农”并驾齐驱的独立概念。

具体而言，虽然“工农”大众、“工农兵”大众同属于20世纪三四十年代“大众”话语语义场，但“工农兵”大众的“特质”还是显而易见的。而这些“特质”的形成又是以《在延安文艺座谈会上的讲话》（以下简称《讲话》）为转折点的。

首先，《讲话》以大家强烈认可的权威文本的形式规定了“工农兵”的身份认定与划分，也使得“工农兵”第一次以响亮而崇高的名称进入知识分子的话语系统之中，比如作家公木后来回忆说，《讲话》之后，“‘工农兵’顿然成了一个熟语，‘兵’字缀于‘工农’后面，构成一个复合词，这是以往所不曾听说过的”[④]，显然，“兵”已作为一个独立的概念被纳入“大众”话语之中，这种“特质”是与暴力革命的概念密切相关的，而暴力

① 唐小兵编《再解读：大众文艺与意识形态》（代导言）（增订版），第4页。
② 同上书，第238页。
③ 胡风：《胡风评论集》（中），人民文学出版社，1984，第149页。
④ 张军锋编《延安文艺座谈会的台前幕后》（下册），陕西师范大学出版社，2014，第150页。

革命的背景可追溯到1920年代的国内战争，到1928年前后以“国”“共”两种意识形态为标志形成了两种不同的“兵”，而无论是暴力革命还是民族救亡都极大地依赖于“兵”的力量。其次，《讲话》之后知识分子在思想上起了巨大变化，真正从思想深处意识到自身的“短处”，从而心甘情愿地走向“工农兵”大众；同时“知识分子”的身份也发生了变化，这种“变化”首先是与全面抗战时期的战时状况有关，即与“兵”相比，战争期间的知识分子更多的是起到一种“配角”作用。当然，知识分子身份的改变与“延安”的特殊历史使命，即构建新的社会主义意识形态密不可分。

总之，“工农兵”大众话语时期的“特质”主要体现在独立的“兵”概念的生成，以及知识分子身份的变化。

一　“工农兵”概念的提出

从目前所见到的资料看，最早提出“工农兵”用语的是邓中夏。1923年邓中夏在《革命主力的三个群众——工人、农民、兵士》一文中提出“革命运动中只有工人农民兵士三个群众是主力”①。邓中夏也是较早地认识到“中国革命所以软弱和不能完成的重要原因，是为革命主力的工人农民兵士这三个群众尚未醒觉和组织起来”②。邓中夏的“工农兵”理念并非凭空设想而仍是来自俄国革命，俄国革命本来始于资产阶级的民主政治诉求，“论理，该是资产阶级为主力，谁知道发难革命的却是工人和农民，助成革命的却是兵士”③。1925年廖仲恺在《在省港罢工工人代表第十二次大会上的报告》中提到“历次扑灭反革命势力的胜利，都由工农兵的结合”④，并进一步强调这种结合的重要性，“只靠兵士去打仗，很难得到胜利，惟有工农兵的大联合，始可达到成功”⑤。1926年恽代英在《为什么产业无产阶级最富于革命性？》文中提到“工农兵大联合万岁”⑥；1927年彭湃又在《土

① 邓中夏：《革命主力的三个群众——工人、农民、兵士》，《邓中夏文集》，人民出版社，1983，第40页。

② 同上书，第39页。

③ 同上书，第40页。

④ 廖仲恺：《廖仲恺集》，中华书局，2011，第279页。

⑤ 同上书，第279页。

⑥ 恽代英：《恽代英文集》（下卷），人民出版社，1984，第782页。

地革命》《海丰县工农兵代表大会开幕式上的言说》等文章中多次提到"工农兵"这个概念，并且发出"一切政权归工农兵代表会"[①]，"工农兵团结起来"，"一切政权交还工农兵"[②] 等口号；1928 年瞿秋白在《致古巴的中国工友信》中把"工农兵"视为革命的依靠力量，"中国要统一，要解放，要工农群众得到自由，便必须要工农兵士群众起来大暴动"，以此建立"工农兵"代表的苏维埃会议政府。[③] 1929 年周恩来也开始在文章中使用"工农兵士劳苦群众"的用语[④]；到了 1930 年代"工农兵"大众的使用更加普遍，但我们只是把这段时期尤其是全面抗战之前的话语作为"工农"大众话语，原因是"兵"并没有作为独立的阶级力量被言说。

到了全面抗战期间，"工农兵"概念更广泛地应用于各种文本之中，尤其是延安《讲话》所规定的"工农兵"方向，这个方向又可归属于此前"大众化"的言说系脉。也就是说，无论是"工农"大众抑或是"工农兵"大众，其话语旨归在于"大众化"的实现，不同之处在于"大众"概念或者其所指群体的"流动性"。就全面抗战时期的"工农兵"大众而言，其所指"有农民大众，有工人大众，有士兵大众，有妇女大众，有小市民大众"[⑤]。显然，"士兵大众"是"工农"大众言说中所没有的"新"概念，这就给"大众化"提出更具体的要求，即顾及"大众的阶级性，生活上和教育程度上的特殊性"[⑥]。

当然，"工农兵"概念不仅被革命领袖所言说，而且也成为实际的革命主体。如 1927 年广州暴动失败之后，当年的 12 月 7 日由广东省委主持召开的工农兵代表大会上，"选出 15 名代表组成苏维埃；从名单上看，其中 9 名为工人，农民和士兵各 3 人"[⑦]。

二 "兵"概念的生成

在论述"工农兵"话语之前，有必要弄清从"工农"大众到"工农

---

① 彭湃：《彭湃文集》，人民出版社，1981，第 279 页。
② 同上书，第 282 页。
③ 瞿秋白：《瞿秋白文集》（第 6 卷），人民出版社，1996，第 117~118 页。
④ 周恩来：《周恩来选集》（上卷），人民出版社，1980，第 28 页。
⑤ 光未然：《文艺的民族形式问题》，原载《文学月报》第 1 卷第 5 期，1940 年 5 月。
⑥ 同上。
⑦ 〔美〕费正清等编《剑桥中华民国史》（上卷），杨品泉等译，中国社会科学出版社，2007，第 683 页。

兵”大众的微妙变换中，“兵”如何从“隐性”状态走向前台，最终完成“工农兵”大众话语，换句话说，既然早在1923年就有人提出“工农兵”概念，为何迟至全面抗战爆发“兵”的概念才正式登场呢？事实上，从“工农”大众到“工农兵”大众话语，虽然只是一字之差，但是话语中的一些要素却起了很大变化。由此，先考察“兵”概念生成的历史语境。

（一）“兵”生成的历史语境

就时代语境来说，从1920年代末到全面抗战之前，中国革命基本上属于新旧革命派之间的阶级革命，如1928年11月毛泽东在《井冈山的斗争》一文中谈到中国革命的性质：

> 对内肃清买办阶级的在城市的势力，完成土地革命，消灭乡村的封建关系，推翻军阀政府。[①]

可见，这个时期的革命任务更多的要解决“内部”矛盾。而就具体的历史史实来看，从1920年代末开始，中共无论在政治上还是在军事上，都处在国民党势力的排挤、清洗与围剿之中，从而使得中共在全国的整体实力明显处于“弱势”，诸如被压制在偏远地区，并被国民党称为“匪”。像在当时的国民党清党运动中“由胡汉民任主席的国民政府成立的议事会上，发表既是革命又是反共的宣言，使已在进行的清党运动合法化”[②]。这种“清党运动”使得本来处于“弱势”的中共更是雪上加霜，加之后来南昌起义失败，“九江和武汉地区大规模逮捕共产党嫌疑分子，许多人被处死”[③]，逃过劫难的领导人也都躲了起来。

不仅如此，这期间中共所领导的革命运动大多以“工人暴动”“农民起义”等形式为主，很难形成自己独立的“兵”。毛泽东也由此在湖南起义失败后提出，“如果没有组织起来的军队，不论是主要的还是辅助的军队，起义就不能维持下去”，还提出“起义是在共产党旗帜下进行战斗，而不是仍

① 毛泽东：《井冈山的斗争》，《毛泽东选集》（第1卷），人民出版社，1991，第77页。

② 〔美〕费正清等编《剑桥中华民国史》（上卷），第632页。

③ 同上书，第667页。

打国民党旗号”[①]。但这种提议在当时并没有得到中共中央的认可，毛泽东也受到了严厉的批评。

可见，从“兵”的角度看，中共既没有形成强有力的正规军队，甚至连旗号都没有。尽管“工农红军”创建于1927年，曾被视为革命的重要工具，然而“在1928年六大政治决议中，没有地方提到军事斗争当时已成为斗争的中心形式，也没有提到军队是胜利的决定性因素”[②]。就这样到了1928年底，经历过种种形式的“清剿”之后，“共产党党员的人数可能此时已减到不足一万人”，而国民党党员的人数“从1926年的仅15万增至1929年的63万人”[③]。且那些数量有限的中共党员也只能“悄悄住在城市里，或着住在偏远的农村地区，以图保住必不可少的根据地”[④]。全面抗战前中共的“兵”不仅数量有限，而且构成成分也很特殊：

> 边界红军的来源：（一）潮汕叶贺旧部；（二）前武昌国民政府警卫团；（三）平浏的农民；（四）湖南的农民和水口山的工人；（五）许克祥、唐生智、白崇禧、朱培德、吴尚、熊式辉等部的俘虏兵；（六）边界各县的农民。[⑤]

从这些士兵来源可知红军主要是农民、工人以及一些“杂牌”部队组成的军队，很难说是真正意义上训练有素的“兵”。

相比于中共，国民党“在1924年改组后能承担起对民众进行政治动员和领导国民革命的任务”[⑥]。更重要的是，“改组后的国民党及其南方政府是个与下层社会有广泛联系，在民众心目中有政治合法性、具有现代化高效率权力体系的政治体制和新权威象征。它不但是一切对北方军绅政权不满的社会参政势力和集合体，而且成为进一步动员民众、进行推翻北方军绅

① 〔美〕费正清等编《剑桥中华民国史》（上卷），第670页。

② 〔美〕费正清等编《剑桥中华民国史》（下卷），第198页。

③ 同上书，第119页。

④ 〔美〕费正清等编《剑桥中华民国史》（上卷），第709页。

⑤ 毛泽东：《井冈山的斗争》（1928年11月），《毛泽东选集》（第1卷），人民出版社，1991，第63页。

⑥ 〔美〕费正清等编《剑桥中华民国史》（下卷），第347页。

政权统治的政治大革命的领导核心”①。到了 1928 年，“以张学良东北易帜为标志，国民党大致完成了对国家主权形式上的统一”②，就权力而言，国民党“通过‘清党’与北伐，形式上获得了内部和外部的统一”③。

基于以上所述，全面抗战前在“新革命派”的“大众”话语中未出现“兵”的概念，主要原因是构建这种概念的合理性与合法性尚未建立起来。尽管，自 1920 年代到全面抗战这段时期的革命实践中，“兵”无疑是重要的革命因素，但在整个国家的政治框架中却还未能证实其普遍的合理性与合法性。

然而，全面抗战开始后，随着“国共合作”的实现、“全民抗战”口号的提出，作为独立的“兵”的概念的合法性与合理性逐渐形成。由于全面抗战爆发，中华民族面临生死存亡的历史关头，时代的言说语境也发生了相应变化。1937 年周恩来在《现阶段青年运动的性质和任务》中阐明了时代语境的嬗变：

> 这时代不能与过去“五四”、“五卅”、一九二五年大革命时代相比。过去是对内的局部的政治斗争，这一次却是对外的全面的反法西斯侵略的抗战。④

周恩来强调了过去是对“内”的政治斗争，全面抗战是对“外”的民族战争。毛泽东也在全面抗战前指出“中日矛盾变动了全国人民大众（无产阶级、农民和城市小资产阶级）和共产党的情况和政策”⑤。由于中日之间的矛盾成为了主要矛盾，国内矛盾暂时降为次要问题。于是“工农”大众话语中的“阶级斗争”也转变为“民族斗争”，以实现民族救亡。

可见，从“工农”到“工农兵”言说的历史语境已由以“阶级”革命

---

① 许纪霖等主编《中国现代化史》（第 1 卷），学林出版社，2006，第 348 页。

② 同上书，第 417 页。

③ 同上。

④ 周恩来：《周恩来选集》（上卷），第 88 页。

⑤ 毛泽东：《中国共产党在抗日时期的任务》（1937 年 12 月），《毛泽东选集》（第 1 卷），人民出版社，1991，第 253 页。

为主，转移到以“民族”革命为主。显然，这种言说语境的转变成为“兵”概念生成的基础与前提。

首先，中共的军队被纳入国军战斗序列，尽管此时由于意识形态等的差异，导致矛盾冲突时有发生，以至这种“国共合作”有时也出现貌合神离的情形，但至少在形式上，“兵”的合法性是完全成立的。而且，全面抗战时期由于“全民抗战”口号遍及全国，因而“工农”也是“兵”，“兵”也来自“工农”。

其次，到全面抗战时期，中共无论在政治影响还是军事实力上，与之前都不可同日而语。就政治而言，“共产党有完全成熟的理论、理想、政纲和完整的政权体系”①；在军事上，“战争刚开始时，中国共产党指挥着大约3万人，由长征各部队的幸存者、原有的地方武装和新参军的人员混合而成”②。全面抗战爆发后不久，“中国共产党和它的主要部队——八路军和新四军——都在中日战争期间异乎寻常地扩大了。战争头三年，在1940年以前，发展是非常快的。军队扩大了5倍，党员人数增长了20倍”③。而“到1944年，共产党领导的正规军已达47万人，民兵220万人”④。次年，军队总数更是增加到61.4万人。⑤

再次，就文艺领域而言，全面抗战之后的“兵”也成为文艺队伍中的重要一员，就像茅盾所说，“抗战以前，文艺的群众基础，主要的还是小市民、知识分子，现在则扩大到士兵、农民和落后的工人分子了”⑥。

可见，无论从时代语境、政治合法性以及“兵”的实际数量上，全面抗战之后“大众”话语中的“兵”都已具备与“工农”同等重要的独立概念。

（二）全面抗战中“兵”的言说

由“兵”生成的时代语境可知，全面抗战时期“兵”概念的出现体现

① 许纪霖等主编《中国现代化史》（第1卷），第452页。

② 〔美〕费正清等编《剑桥中华民国史》（下卷），第611页。

③ 同上书，第618页。

④ 许纪霖等主编《中国现代化史》（第1卷），第452页。

⑤ 〔美〕费正清等编《剑桥中华民国史》（下卷），第619页。

⑥ 茅盾：《抗战期间中国文艺运动的发展》，原载《中苏文化》第8卷第3、4期合刊，1941年4月20日。

了时代发展的“必然性”，也为“兵”的言说提供了“合法性”：

> 今天的工农群众，已普遍地参加了实际斗争，参加了队伍；尤其在敌后方，大多数工厂工人，乡村的农民，已经变成战争的指挥员或者战士了。可以说，士兵群众是大众中进步的分子，是最强有力的细胞。①

全面抗战中“兵”不仅是“进步的”“有力的”群体，而且“士兵群众是和斗争接触得最紧密的大众，是站在生活最深也是广阔的大方的大众，是有组织有纪律的大众”②。

此外，全面抗战时期“兵”的言说也在一定程度上体现出话语的“策略性”。比如毛泽东在《井冈山的斗争》一文中关于“武力斗争”的用语是“工农武装割据”，并没有直接提到“兵”的概念，他关于工农武装割据存在和发展的条件做了如下表述：“（1）有很好的群众；（2）有很好的党；（3）有相当力量的红军；（4）有便利于作战的地势；（5）有足够给养的经济力。”③ 可见作为“兵”的主体——红军并不是最重要的因素。不仅如此，1929 年毛泽东在《关于纠正党内的错误思想》中集中批评了一些“单纯军事观点”，认为军事是为了完成政治的任务而不是单纯地打仗，“中国的红军是一个执行革命的政治任务的武装集团”④。同年 9 月周恩来在谈到红军的根本任务时有以下要求：

> 一、发动群众斗争，实行土地革命，建立苏维埃政权；二实行游击战争，武装农民，并扩大本身组织；三、扩大游击区域及政治影响于全国。⑤

---

① 梅行：《论部队文艺工作》，原载《大众文艺》第 1 卷第 4 期，1940 年 6 月 15 日。

② 同上。

③ 毛泽东：《井冈山的斗争》（1928 年 11 月），《毛泽东选集》（第 1 卷），人民出版社，1991，第 57 页。

④ 毛泽东：《关于纠正党内的错误思想》，《毛泽东选集》（第 1 卷），人民出版社，1991，第 86 页。

⑤ 周恩来：《中共中央给红军第四军前委的指示信》（1929 年 9 月），《周恩来选集》（上卷），第 3 页。

作为中共的高级领袖把“兵”的任务明确规定为“发动群众”“武装农民”，而“兵”的本质功能似乎并不是最重要的。同样，毛泽东也清楚地规定了红军及红军打仗的根本任务还是为了“征用”群众：

> 红军的打仗，不是单纯地为了打仗而打仗，而是为了宣传群众、组织群众、武装群众，并帮助群众建设革命政权才去打仗的，离了对群众的宣传、组织、武装和建设革命政权等项目标，就是失去了打仗的意义，也就是失去了红军存在的意义。①

这里面明确地用“宣传”“组织”“武装”等动词规定了红军打仗的实际意义，这些动词都指向同一个群体——群众，大致相当于我们所说的工农“大众”。

既然1930年代早期作为“兵”的现实人群已经存在，可是在话语策略上又把“兵”的概念隐藏于“工农”之中。这一话语策略或许还与当时对于“兵”的负面认识有关。比如戴季陶认为“中国向来分社会的阶级为士、农、工、商，谓之‘四民’”②，中国的兵乱不是由这“四民”造成的，而是他们之外的“落伍者”所为，这些“落伍者”就是所谓的“匪”。于是戴氏就把没有职业的“匪”与“兵”联系在一起：

> 兵就是匪，匪就是兵。“兵”就是有“国家”两个字做保护有经常收入的“匪”，“匪”就是没有“国家”两个字保护没有经常收入的“兵”③。

戴季陶把“兵”与“匪”视为近义词，且在一定的条件下它们之间可以互相转化。而井冈山时期的“工农红军”的实力在全国处于弱势且分散在偏远山区，他们作为话语主体在全国的影响力相对较弱。因而很难形成“兵”的认同性，而“认同性是一种预定人的社会角色的功能，是

① 毛泽东：《关于纠正党内的错误思想》（1929年12月），《毛泽东选集》（第1卷），人民出版社，1991，第86页。

② 季陶：《从经济上观察中国的乱原》，原载《建设》第1卷第2号，1919年9月1日。

③ 同上。

一种传统的神话系统，它提供方向感和宗教性的支持，以确定人在世界中的位置，同时又严格地限制其思想和行为的范围”①。在传统社会中，人的文化认同是固定不变的，人出身的背景决定了人在社会中的角色和定位。但这时所谓的“兵”不过是换上军装的工人、农民，他们既没有受过专业的军事训练，也缺乏“兵”的必要装备，比如枪支、军饷、统一的军装等。

左翼时期的革命是对“内”的“阶级”革命。也就是前面所提到的把“工农”命名为“无产阶级”，作为“穷人”的代表和领导；另一派则是代表“富人”的资产阶级。因此这种革命实质上可视为“无产阶级”与“资产阶级”之间的斗争。这种“内”部的斗争不光依靠武力暴动，更需要争取更多的“同盟军”——工人和农民的支持，以及政治、文化上的“造势”，或者说这是两种不同的话语之间的较量。所以此时的“兵”的概念被“工农武装”等概念所涵盖。

总之，全面抗战时期的“兵”既体现了时代的潜在要求，又可视为特定历史时期的话语策略。在整个 20 世纪作为“总体语”的“大众”言说中，“兵”概念的生成成为全面抗战时期独有的话语言说。

三 “工农兵”话语机制与实践方式

关于“工农兵”话语的生成，主要是紧扣“兵”这个“特质”进行论述的。而一种新的话语的生成应该有其独特的话语机制，包括“为什么说”“说什么”“谁在说”以及“怎么说”。之所以如此是因为“工农兵”大众话语“不是自然而就，而始终是某种建构的结果”②。同时，研究这种话语的目的在于弄清楚“当某些类型的话语相对于其他话语而取得优势地位并得以合法化的时候，究竟造成了什么后果？”③ 除了话语言说机制之外，“工农兵”话语的生成还有其重要的实践方式——下乡。下面首先探讨“工农兵”的言说机制。

第一，“为什么说”。这涉及话语与权力的关系问题。前面已提到《讲

---

① 〔美〕道格拉斯·凯尔纳：《媒体文化》，丁宁译，商务印书馆，2004，第 392 页。

② 〔法〕米歇尔·福柯：《知识考古学》，谢强、马月译，三联书店，1998，第 30 页。

③ 刘禾：《跨语际实践》（序）（修订译本），三联书店，2002，第 3~4 页。

话》的话语背景，是基于当时文艺界的思想需要。这种历史的客观要求使得领袖必须对诸如知识分子问题进行言说。

第二，“说什么”。毛泽东认为知识分子的“工农兵化”就是“文艺工作者的思想感情和工农兵大众的思想感情打成一片”[①]，不是用大众能够接受的文艺作品去“化”大众，而是要“认真学习群众的语言”，“要使自己的作品为群众所欢迎，就得把自己的思想感情来一个变化，来一番改造”[②]。这当中的中心问题是“一个为群众的问题和一个如何为群众的问题”[③]，因为这个时期的文化是人民大众的反帝反封建的文化。接着毛泽东在《讲话》中给“人民大众”的概念作了权威的分类和界定：

> 什么是人民大众呢？最广大的人民，占全人口的百分之九十以上的人民，是工人、农民、兵士和城市小资产阶级。[④]

毛泽东把工、农、兵、知识分子等划归到“大众”之中，也就是说，知识分子也属于“工农兵”中的一员，这就使得“工农兵”大众概念有了具体的能指。从“工农”大众到延安时期的“工农兵”大众，这一群体的规模在不断地扩大。

事实上，随着全面抗战的不断深入，“大众”所涵盖的群体还在继续扩展，甚至包括政治犯以及支持抗战的一切力量。当然这一话语既然以“工农兵”为核心词来命名，它的话语主体仍然是“工农兵”，毛泽东说“我们主要的基础是什么？是工农兵。要不要资产阶级、小资产阶级出身的知识分子文艺家呢？需要的，但是主要的基础是工农兵”[⑤]。从“工农”大众话语到“工农兵”大众话语，不仅仅是后者多了“兵”的概念，还在于“工农”大众话语所言说的“大众化”“通俗化”，主要是着眼于以通俗的形式

---

① 毛泽东：《在延安文艺座谈会上的讲话》（1942年5月2日），《毛泽东选集》（第3卷），人民出版社，1991，第851页。

② 同上书，第851页。

③ 同上书，第853页。

④ 同上书，第855页。

⑤ 毛泽东：《文艺工作者要同工农兵相结合》（1942年5月28日），《毛泽东文集》（第2卷），人民出版社，1996，第430页。

为“大众”服务；而“工农兵”大众话语则更强调“知识分子的‘自身改造’，是向工农兵‘学习’，是通过‘改造’与‘学习’，解决好知识分子问题，让他们洗心革面”①。

另外，《讲话》还说到了知识分子如何与工农兵相结合的问题。因为如果只是让知识分子居高临下地“教导”大众，则又回到了“启蒙”的话语模式。《讲话》要求知识分子“在教育工农兵的任务之前，就先有一个学习工农兵的任务”②，“普及”要“向工农兵普及”，“提高”也要“从工农兵提高”③；并且“只有代表群众才能教育群众，只有做群众的学生才能做群众的先生”④。也即知识分子在“化”大众之前，先把自己“化为”大众。这样才能做到与工农兵群众相结合。

第三“谁在说”。自 1937 年进入全面抗战以来一直充任言说主体的知识分子，也被“言说”到“大众”之中，显然只有拥有更大话语权的革命理论家才能充当此时的言说主体。可以说，《讲话》旨在以正式文本的形式使得话语权的转移合法化，或者说《讲话》解构了传统意义上的“知识分子中心论”。说到底，“《讲话》真正关心的问题只有一个，即如何在中国建立起符合马克思主义社会模型的党对文化的领导权，而这一领导权自孔子以来就无疑一直掌握在传统知识分子手中”⑤。延安时期的以政治权力代替话语权，成为“工农兵”大众话语的主要言说者。

第四，“怎么说”实际上是言说方式。

> 中国的革命的文学家艺术家，有出息的文学家艺术家，必须到群众中去，必须长期地无条件地全心全意地到工农群众中去，到火热的斗争中去，到唯一的最广大最丰富的源泉中去，观察、体验、研究、分析一切人，一切阶级，一切群众，一切生动的生活形式和斗争形式，

---

① 杨匡汉：《20 世纪中国文学经验》（上），东方出版中心，2006，第 202~203 页。
② 毛泽东：《在延安文艺座谈会上的讲话》，《毛泽东选集》（第 3 卷），人民出版社，1991，第 859 页。
③ 同上书，第 859 页。
④ 同上书，第 864 页。
⑤ 杨匡汉：《20 世纪中国文学经验》（上），东方出版中心，2006，第 192 页。

一切文学和艺术的原始材料，然后才有可能进入创作过程。[①]

文中连续两次使用“必须”一词，我们看到这种话语多少带有时代意味。事实上，“‘大众话语’作为一种权力话语，具有与生俱来的强制性和排他性”[②]，主要体现在对知识分子身上的小资产阶级世界观的改造。同时“社会行为所发出的指令总是会以思想观念（或意识形态）的方式传递的”[③]，因此这一时期的“大众”话语更多承载与表征着主流意识形态。而作为“话语”言说的受众——知识分子，“被规范为‘站’在无产阶级的和人民大众的立场时，他们在创作中突出文学的政治性，事实上就已经与当时中国共产党的意识形态达成了一种同构关系”[④]。

当然这种言说方式，是基于当时的时代语境，体现时代发展的历史必然。正如胡乔木所说，“有些是经常之道理，普遍规律”[⑤]。当然，这种话语不单单体现在话语方面，更具体地体现在对知识分子采取的“攻心”战术，即不光是让知识分子意识到其政治上有小资产阶级成分，更重要的是“击碎”他们在精神层面的优势，换句话说，让他们从“教育者”“启蒙者”转变为“受教育者”“被批判者”。而实现这一切则是通过话语权方式的转变去实现的。

如果说“工农兵”言说机制属于“语言”层面的话语构建的话，那么“下乡”则是在具体行动上实践“工农兵”方向。

实际上，在中国20世纪的“大众”言说中，“下乡”一直贯穿其中，成为重要的实践方式。总体来看，1920年代“平民主义”语境中的“到民间去”成为这种“下乡”行动的“滥觞”；到全面抗战时期演变为“文艺下乡”“文章下乡”，深入农村进行抗战宣传。由此，可以把“下乡”视为特定时期“大众”话语指令下的身体行动。就全面抗战时期而言，“下乡”

① 毛泽东：《在延安文艺座谈会上的讲话》，《毛泽东选集》（第3卷），人民出版社，1991，第861页。

② 王维国：《“大众话语”的转换与生成》，《河北学刊》2004年第6期。

③ 黄卓越：《书写、体式与社会指令》，《北京大学学报》（哲学社会科学版）2010年第2期。

④ 黄科安：《延安文学研究——建构新的意识形态与话语体系》，文化艺术出版社，2009，第4页。

⑤ 胡乔木：《胡乔木回忆毛泽东》，人民出版社，2003，第58~59页。

的中心意图在于促使“文艺工作者为工农兵服务，面向工农兵，与工农兵结合”①，把文艺从知识分子扩展到“工农兵”圈子中去。具体做法是“到他们中去生活，了解他们，熟悉他们，与他们打成一片”②。然而，一直以来知识分子无论是“到前方去”“到部队去”“到工厂去”还是“到乡下去”，效果并不明显，其根本原因在于“对下乡的认识还不够”③。鉴于此，凯丰向知识分子提出“打破做客的观念”“放下文化人的资格”等要求。④

不过，就中国革命的具体情形而言，把实现“工农兵”方向作为“下乡”旨归，多少有些笼统。更具体来看首先还是农民的问题，“中国人百分之九十还是农民，要在文化上唤醒他们，中国才能得救，否则一辈子也救不了中国”⑤；其次是中国革命过程的特殊性，也就是由乡村转向城市的过程，这就显示出“农村对于中国革命的重要”⑥。

第二节　从“工农兵”到“人民”言说

虽然同属于“工农兵”大众话语体系，1945 年到新中国成立这段时间里，大众话语也有一些局部变化。最明显的标志是话语用词由“工农兵”变为“人民”。当然“人民”用语在全面抗战时期已经普遍应用，使用频率甚至超过“工农兵”。在这段时期内，“大众”话语的中心词从“工农兵”变成了“人民”，标志着“大众”概念的内涵也相应地发生了变化，因为作为概念符号的“词”发生的“每一次变动都改变着文化的概念结构图，在不同的历史时刻，引导各种文化用不同的方式区别和思考世界”⑦。

显然，抗战胜利之后的五年左右的时期内，由于言说语境由“抗战”转为“解放”，这种语境下的“人民”言说更强调“民主”概念，相应的

① 凯丰：《关于文艺工作者下乡的问题》，原载《解放日报》1943 年 3 月 28 日。
② 同上。
③ 同上。
④ 同上。
⑤ 陆定一：《文化下乡》，原载《解放日报》1943 年 2 月 10 日。
⑥ 同上。
⑦ 〔英〕斯图尔特·霍尔编《表征——文化表征与意指实践》，第 45 页。

言说策略也随之变化。“人民”这个自然意义上的人的群体因此被赋予了浓厚的党性色彩，以至成为划分敌我的标志。从时代语境而言，大众面临着“人民”与“反人民”的命运抉择；从语义学角度看，常常与“人民”连用的“民主”（Democracy）一词，“就是希腊字 Demo 和 Cracy 拼合拢来的，‘德谟’是人民的意思，‘克拉西’是统治的意思，合拢来为‘人民统治’的意思”[①]。由此，民主概念中就暗含了人民掌权、人民管理之义。

一 “工农兵”大众到“人民”大众

《讲话》奠定了文艺为“工农兵”服务的基调，也即以“大众化”为核心的“工农兵”大众话语的正式确立。但是抗战胜利之后，“工农兵”大众话语中的“工农兵”概念逐渐为“人民”所取代，虽然“工农兵”大众话语贯穿始终，但是这种话语的言说对象却在悄然发生变化。从大的时代语境来说，“延安”话语笼罩下的“工农兵”概念与“人民”概念之间的关系可以表示为下图。

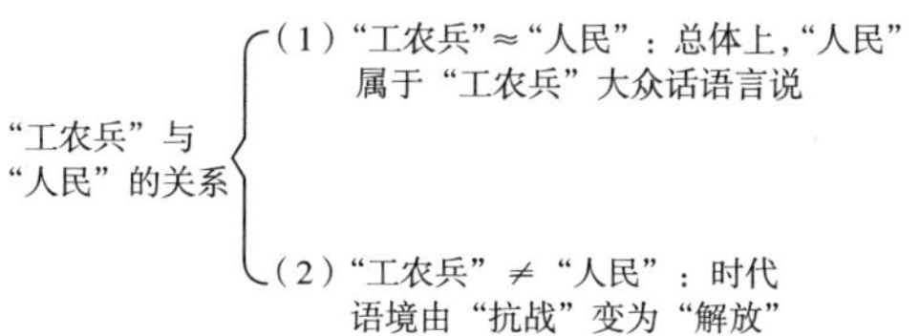

首先，从概念的能指来看“工农兵”与“人民”所包含的群体大体等同。费正清的《剑桥中华民国史》中对毛泽东的“人民”划分有这样的概括，“‘人民’由工人阶级、农民、城市小资产阶级和‘民族资产阶级’构成。在四个阶级中，工人是领导，农民是他们的最可靠的同盟军”[②]。再从时代语境来说，从左翼时期的“工农”大众到延安时期的“工农兵”大众，其话语言说旨在建立民族国家叙事话语。尤其是 1940 年代的“工农兵”大众话语，其话语语义场可表示为下图。

---

① 李栋材：《论民主与民本》（1948），原载《世纪评论》第 3 卷第 14 期，1948 年 4 月3 日。

② 费正清等编《剑桥中华民国史》（下卷），刘敬坤等译，中国社会科学出版社，2007，第 866～867 页。

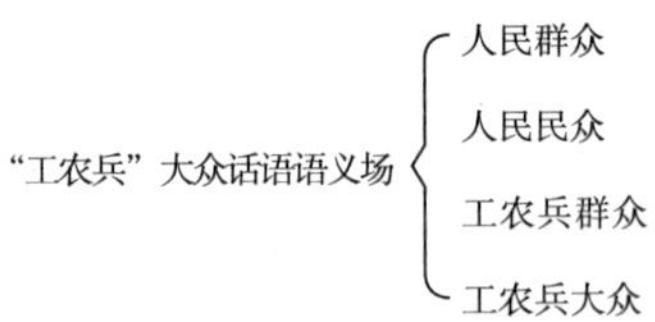

这些语义场都统合在“工农兵”大众话语之中。并且这些语义相近的概念在“工农兵”大众话语之中交替出现，其间的细微区别只在于具体的“小语境”或话语的语用意义上。因此我们认为“工农兵”与“人民”的概念大致相同，原因就在于他们几乎并列出现在“工农兵”话语的语境之中。这一点在经典文本《讲话》中尤为明显，“什么是人民大众呢？最广大的人民，占全人口百分之九十以上的人民，是工人、农民、兵士和城市小资产阶级”①。这是《讲话》中对于“人民大众”概念的最集中论述，同时也是“工农兵”概念的完整诠释。在这里毛泽东把“人民大众”等同于“工农兵”大众，作为“工农兵”大众话语生成的总结性文本，《讲话》为1940年代的大众话语指明了言说路向——为大众服务。另外，1945年刘少奇也给“人民大众”作了这样的规定，“中国革命的基本动力是无产阶级领导的以农民为主力的人民大众”②；次年彭真有类似的论述，“我们的基本群众是工人、农民、小资产阶级”③，“我们的基本群众是工人、店员、学生、贫民、农民，这是我们的依靠”④；到了1949年毛泽东又给“人民”作了一个新的阐释，“人民是什么？在中国，在现阶段，是工人阶级，农民阶级，城市小资产阶级和民族资产阶级”⑤。

对比《讲话》中的“人民”概念，以上这些言说中“兵”的概念已不复存在。与从左翼到全面抗战期间“兵”的概念被整合进“大众”话语之中的言说不同，解放战争时期“兵”的概念开始渐次疏离出“大众”言说

① 毛泽东：《在延安文艺座谈会上的讲话》（1942年5月2日），《毛泽东选集》（第3卷），人民出版社，1991，第855页。

② 刘少奇：《论党》（1945年5月14日），《刘少奇选集》（上卷），第338页。

③ 彭真：《发动群众粉碎蒋军进攻》（1946年4月26日），《彭真文选》（1941～1990），第135页。

④ 同上书。

⑤ 毛泽东：《论人民民主专政》（1949年6月30日），《毛泽东选集》（第4卷），人民出版社，1991，第1475页。

之外。当然这并不是说“大众”群体中已经没有了“兵”的成员，而是作为概念的“兵”被淡化为“工农”，如1948年毛泽东再次提出“兵士主要是穿军服的农民”[①]。可以说，“解放”语境中有关“兵”的言说与全面抗战前对“兵”概念的有意淡化，有异曲同工之妙。可以说，革命领袖对“人民”的言说基本保持了“工农兵”话语方向，只是把“兵”整合进“工农”概念之中。显然，“人民”主要是以“工农”为主体的群体，对此林默涵有清晰的表述，“我们的文艺应该为人民——其中的最大多数是工农——服务”[②]。

其次，由于时代语境从“抗战”转移到“解放”，“工农兵”话语内部的概念变化，除了上面所说“兵”概念的消失之外，一些新的人群被“说”进“大众”之中。比如“民族资产阶级”，他们“是人民的一部分，但是他们同时又是剥削者”[③]。对于“民族资产阶级”要有所区分，他们徘徊在“人民”与“敌人”之间，“其中表现不好分子可能被重新划在‘人民’之外”[④]，成为改造的对象。同时在概念使用上“人民大众”使用逐渐增多。与“大众”概念类似的是，“人民”这个概念也是个历史的范畴，是漂浮的能指。对此毛泽东有很好的论述，“人民这个概念在不同的国家和各个国家的不同的历史时期，有着不同的内容。拿我国的情况来说，在抗日战争时期，一切抗日的阶级、阶层和社会集团都属于人民的范围，日本帝国主义、汉奸、亲日派都是人民的敌人。在解放战争时期，美帝国主义和它的走狗即官僚资产阶级、地主阶级以及代表这些阶级的国民党反动派，都是人民的敌人；一切反对这些敌人的阶级、阶层和社会集团，都属于人民的范围”[⑤]。这指明了全面抗战与解放战争时期不同的“敌人”造就了不同的“人民”，他们之间有交集但也有很多不同。

---

① 毛泽东：《关于目前党的政策中的几个重要问题》（1948），《毛泽东选集》（第4卷），人民出版社，1991，第1272页。

② 林默涵：《关于人民文艺的几个问题》（1947），原载香港《群众》周刊第19期，1947年6月5日。

③ 费正清等编《剑桥中华民国史（1912~1949）》（下卷），第867页。

④ 同上。

⑤ 毛泽东：《关于正确处理人民内部矛盾的问题》（1957年2月27日），《毛泽东著作选读》（甲种本），人民出版社，1964，第328页。

由此看来，“人民”概念的限定其实是根据时代的需要，以及文化语境变迁而“审时度势”的结果。如1948年毛泽东在《关于民族资产阶级和开明绅士问题》中说“所谓人民大众，是指一切被帝国主义、封建主义、官僚资本主义所压迫、损害或限制的人们，也即是一九四七年十月中国人民解放军宣言上明确地指出的工、农、兵、学、商和其他一切爱国人士”。[①]这个定义似乎与“工农兵”大众差别不大，但多了个“其他一切爱国人士”，这些人士只要“政治”正确，即可以被划入“人民”行列。毛泽东另外一个定义则直接把“人民”与“敌人”对立起来进行言说，“所谓人民大众，是包括工人阶级、农民阶级、城市小资产阶级、被帝国主义和国民党反动政权及其所代表的官僚资产阶级（大资产阶级）和地主阶级所压迫和损害的民族资产阶级，而以工人、农民（兵士主要是穿军服的农民）和其他劳动人民为主体”[②]。

从革命领袖的“人民”言说中我们看到，虽然“工农兵”话语贯穿了整个1940年代，但1940年代后期的“人民”所包含的人群与前期的“工农兵”有所不同。简单地说，后期的“人民”概念包含的人群更加宽泛，甚至把延安时期认为政治上“不正确”的“大众”也划进来了。

可见，虽然我们把1940年代视为“工农兵”大众言说的时期，但是这一时期前后话语言说也有局部的流变，即由“工农兵”变为“人民”。显然革命的目标和任务变化了，社会人群的分类也随之变化。

二　“人民”大众话语的言说策略

自近代以来，作为“总体语”的“大众”话语的言说策略始终存在，比如在孙中山的“国民”言说中就是如此，辛亥革命前的“国民”言说包含浓厚的“排满”成分，而辛亥革命之后这种“排满”言论在孙中山的“国民”话语中则变成了“满汉一家”。因而从根本上说，话语实际上是言说主体根据不同的语境主动“选择”，并适时作出调整的结果。如郭沫若就

---

① 毛泽东：《关于民族资产阶级和开明绅士问题》（1948），《毛泽东选集》（第4卷），人民出版社，1991，第1287页。

② 毛泽东：《关于目前党的政策中的几个重要问题》（1948），《毛泽东选集》（第4卷），人民出版社，1991，第1272页。

曾经说延安时期毛泽东的言论“有经有权”[①]，对此，毛泽东也很认可。从近代的“国民”“民众”到延安时期的“大众”话语的流变，其内部的推动力与其说是时代语境，不如说是这些语境之下的话语策略。

(一)“征用”人民大众

言说者之所以根据不同的时代语境“制造”不同的“大众”话语，最根本的目的是要在不同的时代“征用”不同的人群，以期完成时代所赋予的使命。利用手中的话语权通过“命名”“分类”等方式，言说者把人群划分到不同的话语体系之中。如1948年毛泽东关于“人民”有这样的言说，“我们今天的主要敌人是帝国主义、封建主义和官僚资本主义，我们今天同敌人作斗争的主要力量是占全国人口百分之九十的一切从事体力劳动和脑力劳动的人民”[②]。显然这里所划分的“人民”与延安时期有很大不同，即笼统地把“一切从事体力劳动和脑力劳动”的人都划归“人民”之中，而没有明确的“阶级”划分，并把“敌人”与“人民”也进行清晰地的归类。由于概念既可视为时代的“指示器”也可成为时代的“推进器”，因而这种指示时代特征的“推进器”，自然成为社会进步的巨大文化力量。

不过，解放战争时期关于定义“人民”的话语策略，除了利用“分类”“命名”等言说方式外，还有就是淡化“兵”的概念。自第一次国内革命战争到解放战争，“兵”无疑是“革命”的核心元素。但是从“工农”大众到“工农兵”大众，从“工农兵”大众到“人民”大众，“兵”始终是一个流动的概念。或者说“兵”的概念主要集中于全面抗战时期，其他时期的“兵”并没有作为独立的概念被言说。与“工农”大众话语类

---

① 胡乔木曾在一本回忆录中有这样的言论，“《讲话》正式发表后不久，毛主席说：郭沫若和茅盾发表意见了。郭说：‘凡事有经有权。’毛主席很欣赏这个说法，认为是得到了一个知音。‘有经有权’，即有经常的道理和权宜之计。毛主席之所以欣赏这个说法，大概是他也确实认为他的讲话有些是经常的道理，普遍的规律，有些则是适应一定环境和条件的权宜之计”。见胡乔木《胡乔木回忆毛泽东》，人民出版社，1994，第269页。

② 毛泽东：《关于民族资产阶级和开明绅士问题》(1948)，选自《毛泽东选集》(第4卷)，人民出版社，1991，第1288页。

似的是，“人民”大众话语中的“兵”也是“穿军服的农民”①，而不具有独立概念。

这里的话语策略除了因为解放战争是“对内”战争之外，还在于历史的真实情形表明解放战争的胜利，并不是完全依靠“兵”的力量。中共在军事、经济等方面远远落后于国民党的情况下却打败它，依靠的正是毛泽东所说的“人民”，即“被蒋介石政府各项反动政策所压迫、处于团结自救地位的中国各阶层人民，包括了工人、农民、城市小资产阶级、民族资产阶级、开明绅士、其他爱国分子、少数民族和海外华侨在内”②；以及“长江流域和南方的人民大众，包括工人，农民，知识分子，城市小资产阶级，民族资产阶级，开明绅士，有良心的国民党人”③；还有一些被毛泽东划分出来的“同盟者”：“中农，独立工商业者，中产阶级，学生，教员、教授和一般知识分子，一般公务人员，自由职业者和开明绅士。”④ 这些被革命领袖“整合”进“人民”概念之中的新的人群，改变了国共革命力量的对比，也不断重构了“人民”的概念。

（二）“一元论”话语模式下的“人民”大众

这里所说的“一元论”并非哲学意义上的物质或意识，而是在1940年代后期出现的非此即彼的话语模式，这种话语模式一直持续到新中国成立以后很长一段时间。由于时代语境由“抗战”转为“解放”，原本自然意义上的“人民”概念被赋予了党性色彩，即人民的与反人民的。就文艺领域而言，那些所谓的“超阶级”“超斗争”的文艺已经没有了存在的空间，文艺领域也形成了界线分明的不同阵营。

---

① 毛泽东：《关于目前党的政策中的几个重要问题》（1948），《毛泽东选集》（第4卷），人民出版社，1991，第1272页。

② 毛泽东：《蒋介石政府已处在全民的包围中》（1947年5月），《毛泽东选集》（第4卷），人民出版社，1991，第1225页。

③ 毛泽东：《国民党反动派由‘呼吁和平’变为呼吁战争》（1949），《毛泽东选集》（第4卷），人民出版社，1991，第1415页。

④ 毛泽东：《关于目前党的政策中的几个重要问题》（1948），《毛泽东选集》（第4卷），人民出版社，1991，第1268页。

一方面是为人民的文艺，虽然在程度上还有差别；一方面是反人民的文艺，——把那些肮脏丑恶的东西称为“文艺”，是对文艺的玷辱，但为了说明的方便，只好用这个名词。这正是阵线分明的人民势力和反动势力的尖锐斗争在文艺斗争上的反映。[①]

当然，虽然“人民”与“工农”群体相对应，但“为人民的文艺，不一定是写工农的文艺”，比如“为工农服务”到了城市应该改为“为市民服务”。只要是“站在工农的立场来表现市民，教育市民，争取市民，使他们和工农一道斗争”[②]，就都是为“工农”的，也是为“人民”的。反过来，“写工农的文艺，如果站在反人民的立场上去写的，那就依然是反人民的文艺”[③]。

实际上，在“一元论”话语模式下的“人民”与“民主”是相辅相成、一一对应的关系，为人民的即是民主的，否则就是反人民、反民主的。其实这种话语言说也是延安时期“工农兵”大众话语的延续。同时，“民主”实现的标志是“工农”尤其是“农民”成为话语的主体，就像学者吴恩裕所说，“在我们的民主运动中，绝不可忘记了农民：因为在全中国人民中，倘使把农民抽出去，剩下的便显然是少数的特权阶级了”[④]。这么看来，“人民”既是“工农”的代用词，又成为时代发展的方向正义与否的标签。

总之，“大众”言说的变化，主要源自两个方面：时代语境与话语策略。时代语境的变迁引起话语的流变，这是不言而喻的。话语策略则是依据时代语境的变迁而实时做出的言说变化。“解放”与“抗战”所面对的“敌人”不同，对“大众”的分类也自然不同。以上所列举的不同时期关于“人民”的不同定义，就是根据时代语境的变化所作出的“调整”。

小　结

从 1928 年到 1949 年，“大众”话语真正以“大众”为核心概念进行言

① 林默涵：《关于人民文艺的几个问题》（1947），原载香港《群众》周刊第 19 期，1947 年 6 月 5 日。

② 同上。

③ 同上。

④ 吴恩裕：《自由乎？平等乎？》（1947），原载《观察》第 6 卷第 7 期，1947 年 11 月 10 日。

说。这期间的“大众”话语又经历了三次语义流变：工农、工农兵和人民。从整体来看，这个20年的“大众”话语主要包含“工农”话语与“工农兵”话语，而“人民”大众可以看作“工农兵”大众话语在解放战争时期策略性的变化。

“工农”大众话语是从“工农”民众话语变化而来，虽然言说对象都指向“工农”，但是其话语内涵已经发生流变。以“到民间去”为口号的“工农”民众话语代表了五四以来的启蒙思潮，其言说主体主要由革命知识分子或革命领袖担当。1928年以后左翼思潮的兴起，“大众”话语言说主要在文艺领域进行，言说主体自然由知识分子接任，而革命领袖的言说并没有形成社会的主流意识形态。“大众”用语代替“民众”源于国内“工农”运动的兴起、国际大众化思潮尤其是苏俄“普罗”话语的传播，以及由日本“旅行”而来的“大众”用语。在左翼文化语境中，“工农”大众话语更强调话语的阶级性及社会干预能力。知识分子在文艺领域进行革命、文化的话语言说，但总体而言这段时间的“大众化”言说实为“化大众”启蒙话语。知识分子仍然延续着五四启蒙立场，居高临下“教化”大众。于是，以知识分子的“化”大众为核心完成了“工农”大众话语言说。

全面抗战爆发以后，“工农兵”大众话语代替了“工农”大众话语，其显著的不同在于“兵”作为独立概念进入大众话语之中，知识分子也被“化”到“工农兵”之中，从“启蒙者”蜕变为被言说与改造的对象。同时“启蒙”暂时让位于“救亡”，“大众化”也正式取代了“化大众”的启蒙姿态。而《讲话》的发表则以文本的形式完成了“工农兵”大众言说。

抗战结束以后，中国革命又一次进入“内部”革命时期，“工农兵”大众话语中的“人民大众”概念取代了“工农兵”大众概念的主导地位。这种话语内部概念的转换也再次使得“兵”的概念退居幕后，同时一些支持“和平”“民主”的新的社会群体走进“人民”之中，由“抗战”到“解放”新的言说语境中诞生了新的“大众”。当然“人民大众”概念的生成，是时代语境的召唤，也是一种话语策略，这种“漂浮的能指”在新中国成立以后又出现新的所指。这也是下一章要讨论的话题。

第五章 “和平”语境中的“群众”

本书把新中国成立到1980年代前后称为“和平革命”时期，之所以在这个时期仍然沿用“革命”话语，是因为一方面在执政党看来，“革命”的任务并没有结束；另一方面为维护“社会主义”理念的纯洁性，这主要是基于新中国成立初期西方资本主义世界对社会主义的仇视，并试图进行文化上的渗透，由此需要通过文化上的革命不断地剔除文化中的其他“杂质”。可以说，和平时期“革命”话语的存在，在某种程度上可视为战争时期“非此即彼”或者说是“阶级”话语模式的延续，不允许“中间状态”的存在，最终形成了“一元化”的话语言说。

当然，与以“兵”为主体力量的“暴力革命”时代相比，新中国成立后的“革命”更强调意识形态领域的改造，以“建设”为言说基础，因此，虽然“和平革命”时期的“大众”话语延续了延安以来的“工农兵”言说，但是在以“和平”“建设”为核心概念的新时代，“大众”话语的言说语境已经与“延安”时期大不相同。那么很自然地，“和平革命”时期的“大众”话语也会悄然发生流变。从概念的用语变化来看，“工农兵”大众逐渐让位于“工农兵”群众、人民群众等以“群众”为中心词的语词，形成了以“群众”为言说中心的“大众”话语，这种“群众”话语与作为总体语的“大众”话语之间的关系可表示为下图。

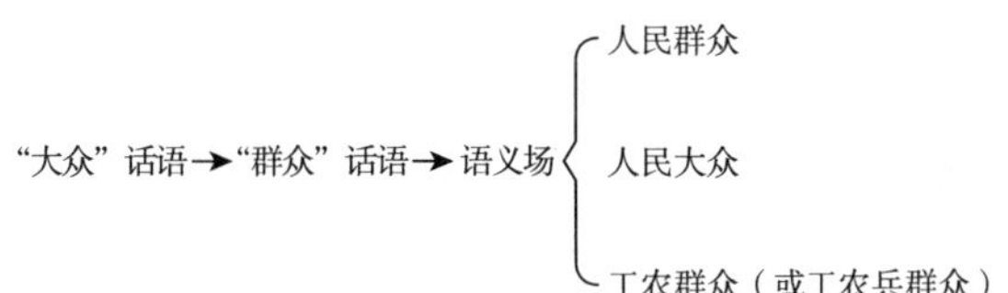

如果从“和平时期”回溯到1900年前后，我们看到，自近代以来“大众”话语中依次出现了国民、民众、“工农”大众、“工农兵”大众、“工农”群众等概念。这一连串分述语清晰地勾勒出20世纪中国“大众”话语的流变过程。不过本文中我们重点关注的是“大众”的话语史，而不仅仅是“大众”所指的现实群体。也即我们论述的重点不是“大众”是什么，而是“大众”是如何生成的，因此一直把“大众”作为言说的对象，而没有与之直接“对话”。本章我们将要探讨的“群众”话语也是如此，“群众”话语并不是“群众”的话语，而是言说者是如何言说“群众”的。“群众”本身是一个“沉默”的群体，无法与言说者“对话”。那么“群众”话语实际上是作为言说主体的代言人在面向所有“群众”尤其是知识分子时的言说。特别是在关于知识分子身份的确认这一层面，如果说延安时期的“工农兵”大众话语是关于知识分子如何“大众化”的言说，那么和平时期的“工农”群众话语则是关于知识分子如何“群众化”的言说。具体说来，从新中国成立到“文化大革命”之前的“双百”方针、“新民歌运动”等其实针对的还是知识分子如何与“工农”结合的问题；而“文化大革命”十年的“群众”也只是被主流意识形态所操纵的“符码”，它所传递的仍然是知识分子及党内那些准知识分子的“改造”问题。

第一节 “工农兵”话语的传承与断裂

“十七年”时期的“大众”话语的言说核心承接了延安时期的“工农兵”意识形态，并且一直持续到20世纪70年代末。但是新中国成立之后，时代语境的转换、言说主体与对象的微妙变化以及历史使命的转移，也使得这种“工农兵”话语意涵在新的历史时期显现出传承基础上的部分断裂。而正是这种断裂催生了“群众”话语的生成。关于“工农兵”话语的传承与断裂，邵荃麟在论述新民主主义文艺时认为，它是“服务于工农兵，而目前以农民为重要对象，但是也照顾到城市工人与小资产阶级，并且包括革命小资产阶级文艺在内的”①。可见，新中国成立前夕的“大众”

---

① 邵荃麟：《对于当前文艺运动的意见》（1948），见荃麟等主编《大众文艺丛刊》，新中国书局，1949，第17页。

话语依然承接“工农兵”方向，而其“断裂”之处就在于它所包含的人群主要是农民、城市工人、小资产阶级等，与延安时期的“工农兵”群体的提法已有一些不同。

总体来说，虽然新中国成立之后“工农兵”话语言说中既有对“传统”[①] 的传承又有断裂，但总体上仍然延续着“工农兵”方向，至少在1980年代之前“工农兵”话语中的“工农兵”与“知识分子”对立的言说模式一直存在，即当政治领袖把“工农兵”言说为社会政治生活的主体时，其潜在的话语同时把知识分子作为“他者”[②] 而与“工农兵”相对立[③]。至于“断裂”可视为大的“工农兵”言说中的局部流变。而这一切到了1970年代末，由于大的政治运动与阶级斗争不再成为社会的主流话语，国家的主要任务转向经济建设，“工农兵”在国家主流意识形态中的地位也变得日趋边缘化。相对而言，知识分子却日益向政治生活“中心”靠拢，再次被表述为“工人阶级的一部分”[④]。

（一）“兵”概念的变动

如前所述，延安时期兴起的“工农兵”大众话语的重心是“为”大众服务，其根本目的就是动员和组织“大众”，使其成为革命需要的力量。而“在现阶段，人民包括工人阶级、农民阶级、小资产阶级和民族资产阶级”[⑤]。可见，“十七年”时期的“人民群众”与“工农兵”大众所整合的人群有较大不同。

---

① 此处“传统”与“传统/现代”模式下的“传统”不同，这里用以指与“十七年”时期的“工农兵”相比较而言，“延安”时期的“工农兵”言说则为“传统”。文中只为表述方便，故称呼之。

② 要说明的是，这里所说的知识分子与“工农兵”的对立只是相对而言的，总体来看，知识分子与“工农兵”之间属于内部矛盾，而外部敌人则是“地、富、反、坏、右”等五类分子，以及国外的“阶级敌人”。

③ 谢保杰：《主体、想象与表达》，北京大学出版社，2015，第39页。

④ 这里之所以使用“再次”一词，是因为周恩来在1956年已经有过“知识分子是工人阶级一部分”的表述，但在中共高层似乎并没有对此达成一致的意见，而是认为知识分子世界观的改造还没有完成。到了1979年邓小平在政协会议上重提这一认识，并从根本上解决了知识分子的阶级属性问题。

⑤ 周恩来：《在全国高等教育会议上的讲话》（1950年8月6日），选自《周恩来选集》（下卷），第16页。

这种差别最明显的表现在，“十七年”时期的“人民群众”话语逐渐淡化了“兵”的概念，虽然“兵”在这一时期仍然肩负着神圣职责，但是这个“拿着枪的农民”不再成为言说的重心。当然，这并不是说现实的“兵”已经消失，而是说“十七年”时期的话语语境已经从“革命”转变为“建设”，“工农”成为“建设”的主力军。那么为何“十七年”时期甚至到1970年代，“工农兵”概念依然频繁地出现于各种文本之中呢？首先，“革命”与“战争”的思维模式依然存在，这一点从当时长期存在的以“战争”为题材的文艺作品可以看出。其次，与延安时期“兵”的概念相比，“十七年”时期的“兵”有着更为广泛的外延，他们无论是“拿枪”还是“拿笔”，都是社会主义的“兵”。如周扬有句话很能说明这一点，“你们又会劳动又会创作，拿起枪来是战士，拿起笔来也是战士。你们既是生产的队伍、打仗的队伍，又是创作的队伍”①。可见，“兵”是工、农、知识分子在特殊场合中的“变体”，是一个流动的概念。最后，即使是在“十七年”时期，“兵”仍然肩负着抵制来自国内外的各种反动势力侵扰的任务。另外，在“建设”方面“兵”同样起着不可替代的作用。

（二）“工农兵”话语的延续

在讨论“延安时期”的“工农兵”话语时，我们基本上把“工农兵”作为言说对象，而较少作为言说主体出现。其实不仅仅是“工农兵”话语，近代以来中国“大众”话语的“分述语”——国民、民众、大众、群众等话语言说基本上把这些“分述语”所指代的现实人群作为言说对象，真正的言说者往往是知识分子或革命领袖。这也是近代以来中国“大众”话语的命名方式，即以言说对象而不是言说者作为话语命名。

如前所述，“十七年”时期既是“工农兵”话语的延续，同时这种源于全面抗战时期的“革命”话语在“十七年”时期又有新的异变。新中国成立之后，来自不同意识形态语境的人民汇聚于社会主义大家庭之中，其话语论争甚至冲突在所难免。就文艺而言，新中国成立之后“群众”话语仍

---

① 周扬：《高举毛泽东思想红旗做又会劳动又会创作的文艺战士》，人民文学出版社，1966，第1页。

然以“文艺为工农兵服务，文艺工作者跟工农兵相结合”[1] 为指南。而有关“群众”话语论争的焦点也是“工农兵”话语的延续性的问题，即为不为工农兵服务，要不要与工农兵相结合。[2] 在解放战争接近尾声的时候，一些文艺工作者开始怀疑“解放区”的“工农兵”话语能否适应城市这个新的文化语境。也有人认为“工农兵”话语是解放区的“农民话语”，缺乏人情味和情调。对于这些疑惑，周扬强调这实际上是知识分子对工农兵方向的不坚定，看不起工农兵的缘故[3]，也即没有看到“工农兵”话语的延续性。同时周扬又在《文艺思想问题》一文中提到另一个有争议的问题：“能不能写小资产阶级”，周扬认为这个问题言外之意是说“能不能不写工农兵”[4]。显然答案是否定的，因为这不符合新时期“群众”话语的要求，“群众”话语既然传承了延安时期的“工农兵”话语，那么在文艺创作上毫无疑问要以“工农兵”为话语主体。发表于 1957 年《人民日报》的文章《我们对目前文艺工作的几点意见》对“双百”方针下的“工农兵”方向进行了进一步的强调：

> 为工农兵服务的文艺方向和社会主义现实主义的创作方法，越来越很少有人提倡了。有些人认为描写工农兵题材太狭窄，企图用“题材广泛论”来代替为工农兵服务的文艺方向；有些人认为国家已经进入社会主义建设的新时期，只需要“百花齐放，百家争鸣”，为工农兵服务的方向就可以不必强调了。[5]

文章针对在“双百”方针下有人企图放弃“工农兵”话语的现象进行论说。“双百”要以“工农兵”为方向，否则文艺会向“修”（修正主义）的方向偏离；同时“工农兵”方向也要依靠“双百”的话语实践，要不然文艺会走向“教条主义”。

---

① 周扬：《高举毛泽东思想红旗做又会劳动又会创作的文艺战士》，第 6 页。
② 同上。
③ 周扬：《为创造更多的优秀的文学艺术作品而奋斗》，见《文艺报》1953 年第 19 期。
④ 周扬：《文艺思想问题》，《周扬文集》（第 2 卷），人民文学出版社，1985，第 268 页。
⑤ 陈其通等：《我们对目前文艺工作的几点意见》，见 1957 年 1 月 7 日《人民日报》。

可见，即使是毛泽东所提倡的“百花齐放、百家争鸣”也是“为工农兵服务、为社会主义服务的”①。同时“双百”也提出知识分子改造的具体口号“工农群众知识化，知识分子劳动化”②，其实也就是要求知识分子既要“知识化”又要“群众化”。而在毛泽东的有关讲话“既是反对修正主义的，又是反对教条主义的”③，可以看出，“大众”话语进入和平时期以来，虽然言说语境出现了部分断裂，但是言说主体与言说客体并没有发生实质性变化，且社会主流话语也传承了延安时期的“大众”言说。这种“工农兵”话语的传承，常常还体现在对“非工农兵”话语的片面、僵化的理解与批判上。

具体来看，首先“十七年”时期文艺作品中所塑造的主要形象也都是以工农兵为主，以知识分子为主人公的作品很少。当然，文艺形象以工农兵为主并不代表全部是工农兵，王淑明在《论人情与人性》一文中批评一些人的天真想法，“把文艺创作上的工农兵方向，讲解为不写工农兵以外的人物，以为作品有政治性，就可以不要艺术性”④。显然王淑明的这种言论是对那种极端、片面的“工农兵”文艺方向的纠偏。

其次，在“群众”话语论争中，存在着所谓的“英雄”话语与“群众”话语的争论。周扬在电影《武训传》的批判中总结出了两种历史话语：“英雄”话语与“群众”话语。“英雄”话语认为“历史不是由阶级和阶级斗争造成的，而是由少数所谓先知先觉者造成的”⑤；而“群众”话语则认为“人民群众是历史的主要推动者”⑥。对《武训传》的批判主要集中于剧中武训的个人英雄主义，这种英雄主义没有意识到“群众”才是创造历史的主体。这种“英雄”与“群众”的论争看似平常，实则牵扯到能否真正坚持“工农兵”方向的问题。“英雄”话语其实是小资产阶级个人主义言

---

① 茅盾：《反映社会主义跃进的时代，推进社会主义时代的跃进》，见《争取社会主义文学的更大繁荣》，作家出版社，1960，第 3 页。

② 邵荃麟：《在战斗中继续跃进》，见《争取社会主义文学的更大繁荣》，作家出版社，1960，第 64 页。

③ 周扬：《高举毛泽东思想红旗做又会劳动又会创作的文艺战士》，第 6 页。

④ 王淑明：《论人情与人性》，见《新港》1957 年第 7 期。

⑤ 周扬：《反人民、反历史的思想和反现实主义的艺术——电影〈武训传〉的批判》，见《人民日报》。

⑥ 同上。

说，没有与工农相结合，属于“资”（资产阶级）姓话语；而“群众”话语坚持了知识分子与工农的结合，属于“社”（社会主义）姓话语。关于这一点后面我们还将详细论述。

最后，反对“题材决定论”被认为是反对“工农兵”群众话语的言论。因为谈到题材问题实际上“就是描写谁歌颂谁的问题”[①]，这个“谁”不外乎就是“工农兵”，显然这个“题材”关系文艺的阶级性质问题。而“工农兵”形象的塑造一直是“社”姓文艺创作的根本任务。[②] 浩然的小说《艳阳天》的创作就是对“题材决定论”的很好的诠释，小说中的主人公贫下中农萧长春组织广大劳动群众，同反革命分子、敌人作英勇斗争，最终取得胜利。在和平时期的“群众”话语讨论中，诸如此类的文艺作品对于文艺创作中的“无冲突论”“中间人物论”等都起到很好的反驳作用。

然而，作为一段尘封的历史，新中国后的“工农兵”在社会“大话语”的感召下，以自己独有的方式延续着“延安”时期的“工农兵”话语。自“延安”到“和平”时期，“工农兵”一方面被视为理想社会阶层，承载着社会历史使命以及美好未来社会的想象。新中国成立以后“工农兵”从“社会文化的暗处走上前台，从沉默无声走上阅读和想象甚至语言表达为前提”[③]。大批“工农兵”以自己特有的方式进行“样板”式言说。如“工农兵”作家高玉宝、胡万春等文学创作，真正代表了“工农兵”自己的声音。

这些“工农兵”作家与知识分子作家的话语姿态很不一样，“工农兵”作家的成长过程始终伴随着“纯粹”的主流意识，这使得他们的言说方式与话语资源单纯而唯一，那就是歌颂新社会。

（三）从“革命”到“建设”——“群众”话语转向

在“国民”“民众”“工农兵”大众等话语分述语中我们都能找到“群众”用语，看来至少自近代到新中国成立以来“群众”概念也在不断发生

① 辽宁大学中文系编《修正主义文艺路线代表性论点批判》，人民出版社，1976，第84页。

② 初澜：《在矛盾冲突中塑造无产阶级英雄典型》，见《文学评论集》，人民文学出版社，1974，第118页。

③ 曹清华：《身份想象——1930年代文艺大众化的讨论》，见《二十一世纪》。

语义流变。如朱执信写于 1920 年的《群众运动与促进者》一文中“群众”用语出现了 16 次之多①，这篇字数不到 1500 字的时论，如此频繁地使用“群众”一词，在近代的一些时论文本中并不多见。值得注意的是，这篇 1920 年发表在《民国日报》的文章，其话语言说具有从“国民”向工农“民众”话语过渡的性质。还有据笔者统计，在被称为为“工农兵”大众正式命名的文本——《讲话》中，“群众”一词出现了 101 次，而当时的主流概念“大众”却只有 34 次。

要强调的是，随着时代语境的推移，某一概念取代另一概念而成为时代的主流概念，进而生成时代的主流话语，在这个过程中不单单看某一用语出现的频度，更重要的是话语与时代语境的契合度。延安时期“工农兵”大众与“工农兵”群众使用的频度几乎相同，然而我们却认为主流话语是“工农兵”大众，而非“工农兵”群众。同样，从新中国成立到 1970 年代末期，“大众”“群众”“人民”等词交替使用，但我们选择用“群众”作为这一时期的话语命名，这是因为与“大众”用语相比，“群众”一词更能体现“人民”的普遍性，和平时期只要拥护“社会主义”的人群都可以成为“群众”，即使是战争期间“人民的敌人”也可以改造成人民“群众”。而延安时期国家正处于交战状态，阶级划分、敌我界限十分鲜明，是一种非此即彼的话语模式，因而那时的“工农兵”大众有严格的所指。

事实上，从延安的“工农兵”大众到新中国成立之后的“工农兵”群众的话语断裂，是由不同的历史阶段赋予“人民”的不同的历史任务所造成的。延安时期的“任务”就是“革命”，而且主要是“武力革命”，“革命”的主力军被确定为“工农兵”，因此那时的话语策略是鼓动“工农兵”为“革命”奉献力量，也就是说“工农兵”姓“社”还是姓“资”还不是最重要的。但是到了“十七年”时期，这些“武力革命”的任务基本完成，或者说不是社会的最重要的任务，“工农兵”的主要任务自然就转移到“建设”上来了。正如周扬所说，“为工农兵服务，在今天就是要为千百万群众

① 朱执信：《群众运动与促进者》，原载 1920 年 3 月 5 日《民国日报》。

正在轰轰烈烈地进行着的社会主义建设服务”[①]。

当然，各个历史时期都有“任务”，从“革命”到“建设”只是“任务”的转移。但是与延安时期生死存亡的“革命任务”相比，“十七年”时期的“建设任务”就显得不是那么迫切了。因而此时的“工农兵”话语的策略不是鼓动他们去“革命”，而是首先去除他们思想中的非“社”姓成分，以便于更好地完成“建设”的任务。同时，从话语口号来看，延安时期所倡导的是“文艺为工农兵服务”“知识分子与工农相结合”等口号，而和平时期除此之外，还有文艺为“社”姓“革命”、“社”姓“建设”服务的口号。[②] 如周扬在《新的人民的文艺》中也有这样的言论：

> 现在全国革命已取得基本胜利，中国正迈入一个广泛地从事经济建设、政治建设、国防建设和文化建设的新历史时期。我们的文艺工作者必须继续深入群众、深入实际，积极参加人民解放斗争和新民主主义各方面的建设，并通过各种艺术形式更多地更好地来反映这个斗争和建设。[③]

据前所述，在延安时期的“工农兵”话语中，知识分子“深入大众”是为了与之组成“革命的主力军”；与之不同的是，“和平时期”的知识分子与“工农”的结合则主要为完成“建设”的使命；同时知识分子的“群众”言述主要是通过文艺作品来完成话语建构，因为“工农兵群众在作品中如在社会中一样取得了真正主人公的地位”[④]。这一时期的“群众”由“革命”时期的“主力军”转换为“主人公”，这种言说的转换与“人民群众当家作主”的言说有关。因而文艺工作者的作品就必须把重点放在“工农兵”群众身上，就像周扬所说，“工农兵群众是解放战争与国家建设的主体的缘故”[⑤]。而且像1958年的“大跃进”中的“新民歌”口号

---

① 周扬：《我国社会主义文学艺术的道路》，人民文学出版社，1960，第8页。

② 《文艺界拨乱反正的一次盛会》，人民文学出版社，1979，第23页。

③ 周扬：《新的人民的文艺》（节选），见谢冕等编《中国当代文学史料选》，北京大学出版社，1995，第27页。

④ 同上书，第21页。

⑤ 同上书，第28页。

就是以“建设”为中心的“群众”话语。知识分子与工农群众打成一片，向群众学习语言使诗歌创作民族化、群众化。而新民歌的作者“大多是直接参加劳动的，为建设社会主义、共产主义忘我的劳动”[①] 的“群众”。这种“建设”语境中的民歌创作，“更好地执行了工农兵方向”[②]，并避免了“资”与“修”的话语干扰，“以高度的政治热情歌唱工农兵”[③]。把知识分子投入火热的劳动建设中去，实现“工农兵”话语所要求的群众化、劳动化。不过与延安时期歌颂“大生产”、歌颂革命的“工农兵”话语不同的是，“十七年”时期的“群众”话语歌颂的是“社”姓的建设劳动。

第二节 走向“社”姓的“大众”——“群众”话语的生成

正如1940年代知识分子来到延安时需要改造一样，“十七年”时期，知识分子在“和平革命”语境中也需要经历一场精神的洗礼。同时，“社”（社会主义）姓的“大众”话语构建，也是和平时期继续“革命”的重要任务，这个任务的完成是基于“封”（封建主义）、“资”（资本主义）、“修”（修正主义）等话语的改造之上的，当然这三种话语的划分也是相对的，它们之间也存在着相互的包含关系以及重合的部分。其指导思想是巩固新政权，保持“社”姓的纯洁性。从而把和平时期的“群众”话语打造成去除“封、资、修”等异质性元素的一元化的政治话语。

需要说明的是，之所以在谈论社会主义时期的“群众”概念时，需要涉及对“封”“资”“修”等话语的改造，是基于社会主义的基本目标，即建立平等、无剥削的理想社会，而“封”“资”“修”却与此背道而驰；同时这种改造也是基于“工农兵”的认同标准，在主流意识形态中“工农兵”

① 田间：《作红色的歌手》，见《争取社会主义文学的更大繁荣》，作家出版社，1960，第167页。

② 同上书，第168页。

③ 同上书，第169页。

是唯一的标准，在内容上具有排他性。

总之，“大众”话语的“社”姓改造就是建立在反对“封资修”，尤其是“资”与“修”这些意识形态之下的话语改造。当然“封”姓的话语虽然被列为改造之中，由于近代以来中国主流意识形态中一直包含反封建的因子，因此并不能成为“群众”话语改造中的独特因素。并且对“封”的改造常常隐含于反“修”话语之中，因此本节的论述将重点探讨“资”与“修”话语的改造。

（一）“资”姓话语的改造

“资”姓话语的改造根本是要去除“资本主义”的流毒，在思想领域实现“兴无灭资”的目的。在“非社即资”的思维模式中，与“社”姓相对的即被认为是“资”姓的，甚至是“修”姓的话语也常常被划入广义上的“资”姓话语。

这种“资”姓话语的改造常常发生在文艺领域，自延安时期以来，文艺一直承载着文化与政治的强大功能，在“文艺为政治服务”“文艺为工农兵”服务的号召下，“十七年”时期文艺的政治与文化功能更加突出。如1949年第一次文代会论争的核心就是“可不可写小资产阶级”。以冼群为代表的知识分子认为，“文艺作品不但可以写小资产阶级，在某种情况下，还可以以小资产阶级人物为主角”①，随之冼群等在整风运动中受到严厉批评；而以陈白尘为代表的一方则认为，为工农兵服务只能以工农兵为主角。1951年在对电影《武训传》的批判中，丁玲等人认为电影中对待工农的态度存在问题，如把工农干部写成了“母老虎似的泼妇”，这“实际上是嘲笑了工农兵”②。1958年周扬在《文艺战线上的一场大辩论》中说，“社会主义和资本主义之间的斗争是长期的，时起时伏的，每经一次紧张的斗争，工人阶级就受到一次严重的锻炼和考验”③。因为这些右派分子是反“工农群众”

① 杨凤城主编《20世纪的中国——走向现代化的历程》（思想文化卷1949~2000），人民出版社，2010，第64页。

② 丁玲：《作为一种倾向来看——给萧也牧的一封信》，见《文艺报》1951年第4卷第8期。

③ 周扬：《文艺战线上的一场大辩论》，见1958年2月28日《人民日报》和《文艺报》1958年第4期。

的，“他们看不起工农群众，但又不能不感到工农群众的力量”[①]。因而一部分“资”姓知识分子时常表现为“思想苦闷”“精神动荡”，一遇到合适机会就会向人民群众“进攻”。[②] 同时，右派分子的“群众”话语具体表现为“反对文艺为工农兵、为社会主义服务的路线”，认为《讲话》已经“过时”，应该放弃社会主义现实主义创作原则[③]，并且把文艺为工农兵服务视为“狭窄”；反对文艺表现工农兵的火热生活，把“资”姓文艺视为“珍宝”，认为工农兵文艺太“低级”，搞资产阶级自由化。[④] 由此可见，文艺上的“工农兵”群众话语，被视作“资”姓阶级与“社”姓阶级之间“斗争的焦点”。[⑤]

“工农”群众语境中的这种“资”姓话语改造一直持续到“文化大革命”结束。在这个过程中，虽然知识分子一度被认定为“工人阶级的一部分”，但那个时代依然“从世界观、从家庭出身、从过去受到的教育等方面，将知识分子视为资产阶级”[⑥]，并认为工人、农民的生产斗争、阶级斗争知识比知识分子多。

因此，在谈到对知识分子去“资”的原因时，周扬说“小资产阶级文艺家不经过思想家改造，就不能正确地表现工农兵，就不能为工农兵服务”[⑦]。茅盾曾经在《蚀》三部曲《幻灭》《动摇》《追求》中描写了大革命后追求理想的小资产阶级知识分子的心路历程，在没有找到工农群众之前，他们只能采取个人奋斗的方式，其结果也只能是“幻灭”和“彷徨”，找不到生活的目标。同时，周扬还认为“小资产阶级知识分子在没有经过认真的思想改造以前，不管口头上如何称赞群众，如何表示愿意接近群众，实际上常常是轻视群众，并且安于脱离群众的状态的”[⑧]。看来知识分子的改造在和平时期仍然是“群众”话语形成的先决条件。因为要实现“群众”

---

① 周扬：《文艺战线上的一场大辩论》。

② 同上。

③ 同上。

④ 辽宁大学中文系编《修正主义文艺路线代表性论点批判》，人民出版社，1976，第67~68页。

⑤ 同上书，第70页。

⑥ 杨凤城主编《20世纪的中国——走向现代化的历程》（思想文化卷1949~2000），第195页。

⑦ 周扬：《毛泽东同志〈在延安文艺座谈会上的讲话〉发表十周年》，见1952年5月26日《人民日报》。

⑧ 同上。

话语的“社”姓改造，小资产阶级知识分子的改造是前提，如果知识分子脱离了工农，沉湎于个人的生活就会滋生出“资”的思想。

另外，虽然这种针对“资”姓话语的改造同时也是彼时真实的情势使然。我们单从知识分子的情况来看，“知识分子群体存在着共产主义知识分子、国民党或亲国民党的知识分子和自由知识分子的分野”①。然而，知识分子中的大多数是游离于国共两党之外的自由知识分子，“他们构成了中国建立之初知识分子的主体”②。而且，从知识分子的构成来看，他们的家庭属于地主、富农、资本家的占了半数以上③，另据一项调查显示，新中国成立初复旦大学的教职员的出身90%以上是地主、资产阶级。④ 从知识分子的思想倾向看，他们多会在内心深处向往美国等资本主义的生活方式；更为严重的是他们搬洋教条，用英语授课；等等。

可见，新中国成立初期把知识分子划归“小资产阶级”，进而进行“去资”改造也是较为符合新的社会主义理念的。

那么知识分子如何实现由“资”姓向“社”姓话语的转变呢？周扬认为要在生活实践、创作实践中去改造，“积极地参加群众的实际斗争，则是彻底改造自己的思想，将自己的创作和工农群众的生活，和群众的阶级斗争真正结合起来的关键”⑤。其实这就是“工农兵”话语中的另一个核心言述：如何改造为工农兵的问题。文艺工作者深入群众、参加劳动、熟悉工农，最终要达到的目标就是实现自己“世界观”的转变。当然“大众”话语的“社”姓改造并不是把所有的事物都写成社会主义思想，写农民无外乎写他们如何获得土地。但是光写农民得到土地并不能体现“社”姓改造，周扬提出“应该这样写，农民得到了土地，工人阶级得到了同盟军”⑥。可见这种“社”姓改造不光是话语意识形态的改造，也是言说方式

---

① 杨凤城主编《20世纪的中国——走向现代化的历程》（思想文化卷1949~2000），第14~15页。

② 同上。

③ 《新华日报》第1卷第1期，1949年11月。

④ 葛剑雄：《悠悠水长——谭其骧前传》，华东师范大学出版社，1997，第210页。

⑤ 周扬：《毛泽东同志〈在延安文艺座谈会上的讲话〉发表十周年》，见1952年5月26日《人民日报》。

⑥ 周扬：《在全国第一届电影剧作会议上关于学习社会主义现实主义问题的报告》，《周扬文集》第2卷，人民文学出版社，1985，第213页。

的改造。

但是，如果总是片面地以“工农兵”话语作为“社”与“资”分类标准，教条化倾向在所难免，并在知识分子中造成一些消极后果。文艺理论家胡风就认为光写工农兵“太狭隘”了，是在“唱独角戏”。而且现在看来这场文艺阵线上的反右运动或者说反“资”话语，还有些过于单一和极端化倾向，比如周扬就把丁玲《我在霞村的时候》和《在医院中》等文本视为其与“工人阶级，和劳动群众尖锐对立的”证据。特别是把《在医院中》这篇小说说成是丁玲对“工人阶级，对劳动人民的敌视”，原因是小说把“劳动群众写成愚蠢的、麻木的人”①。这种文艺领域的反“资”运动，实际上是把文艺创作等同于政治实践。比如，作为“群众”话语的代言人，周扬对“资”姓知识分子的“群众”观进行批判性总结：

> 他们口中的所谓“大众化”，实际是用他们的资产阶级思想去“化大众”；他们从来不提作家应该如何努力与大众思想感情打成一片，却反复宣传作家应当用甚么“主观战斗力”，实际就是用狂热的资产阶级个人主义思想去“拥抱”现实，“改造”人民。②

此外，还包括主流报刊对知识分子的批判，如把梁漱溟定为“彻头彻尾的唯心主义”③；把胡风的文艺思想说成是“属于资产阶级、小资产阶级的个人主义的”④。这实际上也是政治领袖或主流意识形态给予“资”姓知识分子“群众”观的“定性”，认为这些知识分子没能很好地与“工农兵”相结合，没有遵守“工农兵”话语规范。

（二）“修”姓话语批判

如前所述，从广义上说“修”姓话语属于“资”姓话语的分支，一般

---

① 周扬：《文艺战线上的一场大辩论》。

② 同上。

③ 晓亮：《梁漱溟和他的反动思想》，见 1955 年 9 月 7 日《工人日报》。

④ 见《人民日报》，1952 年 6 月 8 日。

是指歪曲、篡改、否定马克思主义的一种资产阶级思潮。具体地说，“十七年”时期“修”姓言说与延安以来的“工农兵”话语几乎背道而驰，这种对立与差异主要体现在言说方式及言说对象上。

首先从言说方式上看，“修正主义”往往一般会与资产阶级人道主义有关，并在文艺上提出“写真实”的口号，“把革命群众写成暴徒，把他们自己写成神圣”①，认为“作家应当去积极干预生活，应当描写生活中的阴暗面，揭露隐蔽的社会病症和抨击一切畸形的病态的东西”②。那么为何这种对阴暗面的“暴露”会遭到批判呢？毛泽东在《讲话》中已经做出指示，“暴露的对象，只能是侵略者、剥削者、压迫者及其在人民中所遗留的恶劣影响，而不能是人民大众”③。显然这里存在着话语策略问题，即对于“人民大众”要以“歌颂”为主，对于他们的缺点也只能用“批评”或者“教育”等方式，而“暴露”只能用于“敌人”。

具体来看，修正主义的典型言论“现实主义深化论”就是主张小说的人物是反映“社会主义思想的领导与农民实际要求的矛盾”④。赵树理的小说《锻炼锻炼》被称为“现实主义深化论”的代表作品，小说的主人公“小腿疼”和“吃不饱”就被看作“深化”人民“内部矛盾”的反“工农兵”群众话语的形象。

进一步说，修正主义中的“写真实”的口号是胡风从国外修正主义那里“引进”的口号，姚文元在《文艺思想论争集》中对此进行阐述，“这个口号的目的是把文学艺术的真实性（手段）曲解为‘写真实’（目的），反对文艺要把社会主义精神教育人民作为自己的任务，反对文艺为政治服务”⑤。这个“写真实”的口号被认为是把文艺的“手段”当作了“目的”，把“真实性”看作文艺的唯一目的，从而忘记了《讲话》中所要求的文艺为“工农兵”服务的问题。并且“写真实”反对

① 毛泽东：《在延安文艺座谈会上的讲话》（1942 年 5 月），选自《毛泽东选集》（第 3 卷），人民出版社，1991，第 871 页。

② 邵荃麟：《修正主义文艺思想一例》，见《文艺报》1958 年第 1 期。

③ 毛泽东：《在延安文艺座谈会上的讲话》（1942 年 5 月），选自《毛泽东选集》（第 3 卷），人民出版社，1991，第 872 页。

④ 辽宁大学中文系编《修正主义文艺路线代表性论点批判》，人民出版社，1976，第 72 页。

⑤ 姚文元：《文艺思想论争集》，作家出版社，1964，第 39 页。

作家的“大众化”改造，由此也使得这种口号溢出了“工农兵”群众话语之外。由此姚文元认为“写真实”还有政治上的目的，即“揭露阴暗面”，把我们认为光明的社会主义道路，工农兵的生活塑造成“阴暗”的故事情节。

这方面的例子如阿章的小说《寒夜的别离》[①] 里就描写了一个“无法挽回的悲剧”，一对恩爱夫妻在抗战期间失散，事隔几年之后当他们再次重逢的时候，男方已经再婚，小说中描述了他们在凄冷的夜晚在火车站相逢的场景，除了令人绝望的环境描写之外，还有一段女主人公的独白：

> 我也是一个活生生的人，怎么会不希望有个幸福的家庭呢？集中营的苦难忍受过来了，失去组织关系的痛苦也没有压倒我……几十年来，有多少艰辛又有多少希望，望着和平，望着建设，也望着小小一份家庭团聚的欢乐。如今，和平、建设的日子到来了，那一份想望已久的小小的欢乐呢？

姚文元把这段凄美的内心告白视为一种阴暗的消极的情绪释放，它会让人们在“火热的生活中产生茫然的悲哀”[②]。显然，“工农兵”群众话语所要求的是一种“集体无意识”高于“个人无意识”，革命、建设等高于个人情感生活的话语。像《寒夜的别离》中使用的这种“揭露阴暗面”的话语，所引起的是内心生活的感伤、绝望、阴暗的情绪，从而掩盖了“革命”事业的光辉色彩。

其实，这种对“阴暗”话语的批判源于其与“工农兵”群众话语语体“色调”的冲突，和平时期的“群众”话语是基于“动员”群众进行“社”姓的“革命”与“建设”事业的任务而言说的，因此这种“群众”话语继承了自延安以来的“工农兵”大众话语“暖色调”的话语语体，也即积极的、光明的、火热的、赞扬的、催人上进的、革命乐观主义的话语色彩，也就是毛泽东所提倡的“革命的现实主义与革命的浪漫主义

---

① 《萌芽》1957年第3期。

② 姚文元：《文艺思想论争集》，第148页。

相结合”。这里的“浪漫主义”可以替换为“向上主义”或“乐观主义”，就像周扬所说，“用灰暗的色调，灰色的语言，琐碎的自然主义的手法，难道能够反映我们时代的面貌吗？那是决不可能的。我们需要用豪迈的语言，雄壮的调子，鲜明的色彩，来歌颂和描绘我们的时代”①。可见，“工农兵”群众话语不仅要求所言说的内容是“纯正”的“工农兵”方向，在“色调”上也必须是“豪迈的”“雄壮的”“鲜明的”等诸如此类的暖色调。

另外，“工农兵”话语还认为“阴暗面是旧社会留下来的包袱”②，然而修正主义者却把“反映人民内部矛盾和暴露社会阴暗面等同起来”③。他们批判“工农兵”话语的关键词是“人性论”，“人性论的特点是根本否认人的阶级性，主张人与人之间有什么‘普遍共同本性’”④，也即超越阶级的共同人性。然而毛泽东在《讲话》中已经说过“只有具体的人性，没有抽象的人性”⑤，他认为人性肯定是有阶级性的，超阶级的人性是不存在的。我们知道延安时期以来的“工农兵”话语的核心就是以“阶级”为划分人群的标准，到了“十七年”时期的“工农”群众话语依然把人群分为“资”“无”阶级。这就涉及政治领袖提出和平时期“继续革命”的话语指向：期望“继续革命”实现“社”姓的一元化的“纯净”话语。

与“现实主义深化论”同时存在的还有“中间人物”论的文艺主张。这是1962年邵荃麟在大连召开的文艺座谈会上的主张，邵荃麟给“中间人物”下了这样的定义，“所谓‘中间人物’，是人民群众中、特别是农民群众中介乎好人与坏人之间的人，正面人物与反面人物之间的人，先进人物和落后人物之间的人，是身上有‘旧的东西’——‘几千年来个体农民的

---

① 周扬：《我国社会主义文学艺术的道路》，人民文学出版社，1960，第43页。

② 茅盾：《反映社会主义跃进的时代，推进社会主义时代的跃进》，见《争取社会主义文学的更大繁荣》，作家出版社，1960，第49页。

③ 同上书，第50页。

④ 辽宁大学中文系编《修正主义文艺路线代表性论点批判》，第10页。

⑤ 毛泽东：《在延安文艺座谈会上的讲话》（1942年5月），《毛泽东选集》（第3卷），人民出版社，1991，第870页。

精神负担’的人”[①]。邵荃麟认为在“工农兵”群众中，“中间人物”占大多数，社会矛盾就集中在这些人物身上，现在的问题是英雄写的多，“中间人物”写的少，导致文艺创作的路子变狭窄了。主张写英雄人物的缺点，认为这样才使得英雄人物“真实可信”。

但是邵荃麟的这个“中间人物”言论被视为“小人物”、落后分子的代名词。邵荃麟又进一步解释他的“中间人物”，是工农中介于“资”与“社”之间，“革”与“不革”之间的摇摆人。但是动摇于“资”和“社”之间的是“上中农”，而“工农兵”群众话语里把“贫下中农”划为“农民”阵营。[②] 因而邵荃麟的这个“中间人物”的概念被批判为“反人民”的概念，不是站在群众的立场，而是凌驾于其上的“修”姓话语。同时这个概念也被上升到反对文艺为工农兵服务，以及“要不要坚持文艺的工农兵方向的根本问题”[③]。如周扬就认为“写中间人物”的实质是“反对歌颂工农兵的先进人物”[④]。他认为问题不是要不要写“中间人物”，而在于这种话语的言说者把农民的大多数看作摇摆于“资”与“社”之间的“中间人物”，这是对贫民、下中农的污蔑。[⑤] 而“社”姓“群众”话语要求“工农兵劳动群众是革命的主力军”，他们的“思想品质无比高尚、美好”[⑥]。这也是前面所提到的“工农兵”群众话语是一种一元化的“社”姓“纯净”话语，同时又用“非此即彼”模式把人群分成政治立场鲜明的“敌—我”两大阵营。这种“中间人物”最终被划分到“敌”的阵营当中，是“挂着工农兵招牌的资产阶级人物”[⑦]。

基于这样一些言说理念，“修正主义”被视为只看到“工人阶级自身中间的某些缺点和落后现象”，这显然与“工农兵”话语所要求的以“歌颂”

① 《文艺报》编辑部：《“写中间人物”是资产阶级的文学主张》，见《文艺报》1964 年第 8、9 期。

② 同上。

③ 雷声宏：《这是与文艺的工农兵方向唱反调》，见 1964 年 12 月 27 日《人民日报》。

④ 周扬：《高举毛泽东思想红旗做又会劳动又会创作的文艺战士》，人民文学出版社，1966，第 26 页。

⑤ 同上。

⑥ 辽宁大学中文系编《修正主义文艺路线代表性论点批判》，人民出版社，1976，第 96 页。

⑦ 同上书，第 105 页。

为主的言说方式截然不同，“工农兵”话语要求文艺要歌颂工农兵，歌颂光明，歌颂人民群众改造世界的伟大壮举，努力塑造工农兵英雄形象。[①] 因为在和平时期仍然存在阶级、阶级矛盾与阶级斗争。这就要求“社”姓文艺能够“迅速、及时地反映工农兵火热的现实斗争生活”[②]。也即毛泽东在《讲话》中所要求的表现工农兵群众，歌颂这个历史的创造者。这方面的正面例子有很多，浩然的小说《艳阳天》歌颂了贫下中农走社会主义道路的火热激情，这种创作实践，被称为“是对‘现实主义深化’论的无情批判”[③]；还有《战地新歌》更是直接讴歌“工农兵”的革命热情与英雄壮举。而最能代表“工农兵”群众话语中“歌颂”题材的文本莫过于“样板戏”的创作。这种创作实践不仅培养了一批“社”姓的文艺队伍，更重要的是“制造”了一大批“标准”的“工农兵”群众形象。以《红灯记》《智取威虎山》等为代表的“样板戏”，秉承“普及的基础上提高”的原则，塑造了一系列的“工农兵”英雄“样板”。

其次，从言说对象来看，修正主义者提出文艺为“全民”服务，而不单单为“工农兵”服务。这种言论在文艺领域逐渐派生出了一个“全民文艺”的口号，并逐渐演变为“修正主义文艺路线的中心口号”[④]，主张文艺为“全民”服务，为全人类服务，而“工农兵”方向却要求文艺为“人民大众”服务，“为工农兵而创作，为工农兵所利用的”[⑤]。这种为全民服务的口号被认为是有意淡化工农兵意识，甚至是忽略工农兵的主体性存在。因此，针对“修”姓话语的批判被认为是“广大工农兵的根本利益所在”[⑥]。

说到底这种修正主义被言说为一种广义上的“资”姓话语，因为修正主义试图从资产阶级的立场出发去“修正”正统的、确实无疑的马克思主义及其“阶级论”。

总之，始于延安时期的“工农兵”大众话语，在和平时期既有继承又

---

① 辽宁大学中文系编《修正主义文艺路线代表性论点批判》，人民出版社，1976，第56页。

② 晓黎：《热情歌颂社会主义新生事物》，见1974年9月25日《解放日报》。

③ 辽宁大学中文系编《修正主义文艺路线代表性论点批判》，第76页。

④ 同上书，第19页。

⑤ 毛泽东：《在延安文艺座谈会上的讲话》（1942年5月），《毛泽东选集》（第三卷），人民出版社，1991，第863页。

⑥ 《人民日报》短评《时刻想着工农兵》，见1975年5月31日《人民日报》。

有一定的深化，新中国成立后的这种话语是经过了“社”姓的改造，同时剔除“封资修”等“杂质”之后的“工农兵”话语。其话语实践包括“工农兵”方向下的“双百”方针、新民歌运动、“知青下乡”等运动。

小 结

本章主要论证了“和平革命”时期的“工农”群众话语的生成与实践。首先我们说“十七年”时期的“群众”话语总体上延续了延安以来的“工农兵”方向，并且一直持续到20世纪70年代末。这一点与这两个时期共同的话语体系——“革命”话语关系密切。从这一时期“工农兵”概念的广泛使用就能看出，这段时期的话语核心仍然是以“工农兵”为导向，既而形成了带有“大众民主”（直接民主）色彩的“群众”话语。

但是从另一方面来说，和平时期与延安时期毕竟属于不同的话语时代，最明显的变化是社会的主体任务已经从“革命”过渡到了“建设”，那么“群众”话语也把言说的中心转移到了“建设”中。这样一来，“工农兵”话语中的“兵”的概念由于不再具有独立意义而被人们逐渐淡化，最终被整合出“群众”话语之外。当然这并不是说“兵”已经不存在或者不重要了，在“社”姓的“革命”与“建设”中仍然不可或缺。而且我们之所以把新中国成立之后的话语命名为“工农”群众话语，用“群众”替换了延安时期的“大众”用语，主要在于“群众”概念比“大众”具有更大的涵盖性和“社”姓特征。

“群众”不仅包含了延安时期的“工农兵”大众中的人群，而且也涵盖了能够被“社”姓话语所接纳的人。不过“工农”群众话语的形成不单单是命名的事情，更重要的是它仍然属于自“工农兵”话语以来的“一元化”的纯“社”姓话语。尤其在新中国成立初期，面对来自国外各种政治势力的压力，“群众”话语不允许有其他“杂”姓话语的存在，因而涤清诸如“封资修”等其他话语的任务迫在眉睫。“工农”群众话语就是在清除掉这些“杂质”之后的“社”姓话语。

第六章　比较视域下的当代“大众”

本书的主要任务是探寻具有中国特色的“大众”话语或“大众”理论。对于从近代的“国民”到1970年代末的“工农群众”言说，以及有关“大众”话语/理论的延宕与展开，本书已在前面初步梳理出了一条流变脉络。然而仅仅如此尚不能完全认识中国“大众”言说的独特性与研究价值，只有站在一个与“革命”时代有所差异的言说语境中，才能更清晰地看到中国“大众”理论的“特色”之所在。因此，本章的“大众”话语研究，拟在比较的视角下考察1980年代之后的“大众”言说。换句话说，本章要论述的中心是探讨中国当代“大众”话语，但目的并不仅仅是把当代“大众”作为20世纪“大众”话语的“分述语”进行探究，而是在当代“大众”与1980年代之前的中国“大众”以及西方“大众”之间建立对比关系，这样或许更能凸显本文的问题意识。另一方面，研究当代“大众”言说也回到了本论题的切入点，即本论题是从当代“大众”言说把“mass”与“popular”两种意涵混用的现象切入的，这使得我们把思考的问题延伸到了中国近代以来的“大众”言说。由此，在主体任务完成之后，有必要对当代的“大众”问题予以考察。

就总体而言，20世纪中国“大众”话语形成了由国民、“工农”民众、“工农”大众、“工农兵”大众、“工农”群众，直到当代“消费”语境中的“大众”这样一条流变轨迹。也可以说中国“大众”走过了一条现代性从发生到发展的过程。如果用几个关键词来概括的话，大致是现代性的发生、阶级的划分以及文化的标准。

具体地说，从“臣民”到“国民”属于中国“大众”话语的现代性的萌芽期，从“五四”开始受“共产话语”影响的革命理论家开始构建具有浓厚阶级色彩的“工农民众”话语，这种以“阶级”为中心的“大众”话语尽管有波折，但总体上一直持续到1970年代末，从而形成了具有中国特色的“大众”理论。可以说，中国的“大众”可称为“阶级大众”，而在与之相对应的西方精英话语体系中，“大众”言说大多遵循“文化”的逻辑，可称之为“文化大众”。对此，韩少功在《哪一种“大众”》一文中说：

> 在工业消费社会之前，与大众相区别甚至相对立的小众，是指贵族。人们作出这种区分，实使用的是经济尺度，是阶级分析方法。这与后来人们转用文化的尺度，把人群划分为“大众”与“精英”两个类别，大为异趣。①

由于两种不同的言说语境，以及与之相对应的两种不同的分类标准生产出了两种截然不同的“大众”话语，从而生成了两种不同的“大众”理论。

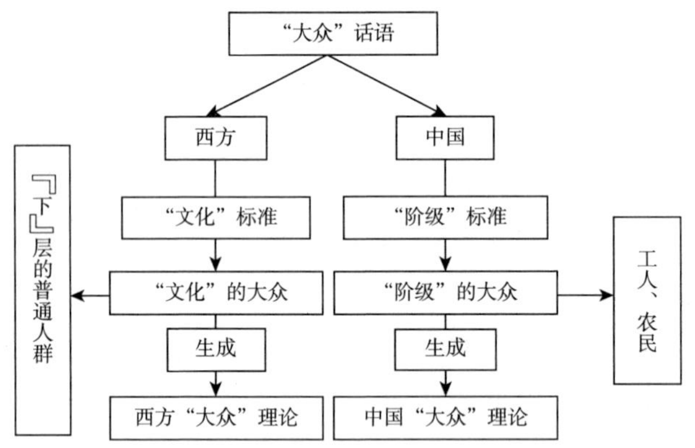

要说明的是，以“阶级”来划分中国“大众”以及以“文化”作为西方“大众”的分类标准，不仅仅是空间意义上的同时也是时间上的概念。实际上，在英国的文化研究领域，后期的文化研究学者如霍尔、伊格尔顿等人虽然主要倡导“文化”标准，但有时也强调“阶级”的标准，用以反利维斯主义。而中国以“阶级”为分类标准的“大众”言说则主要集中于

① 韩少功：《哪一种“大众”》，《读书》1997年第2期。

20 世纪 30 至 80 年代，这个以“工农”大众为言说中心的时期。因此，研究中国“大众”话语，有必要在中西比较视域中建构起中国的“大众”理论。而理论总是来源于实践，由于中国的“大众”言说生成于 20 世纪的“革命”话语实践之中，从而使得中国的“大众”是一个高度“政治化”“革命化”的，同时也是建立在经济基础分析之上的概念/话语。此外，在 1980 年代之前中西“大众”理论的另一区别在于，西方“大众”理论大致是沿着两条路向推进的，如 Mass 和 Popular 这两条有所区别的“大众”理论。而中国“大众”理论基本上是单线演进的，“大众”始终是一个正面的用语，是一个被看作“积极的主体”。

不过，中国的“大众”流变到当代，“阶级”性逐渐淡化，人们始而以“文化”为标准，把社会上的文化现象划分成“大众文化”以及与之相对的“精英文化”，当然还有主流文化等。因而当代的“大众”主要是以“文化”为标准进行分类的。而与之相对应的 1980 年代之前的中国“大众”，则是带有“阶级”色彩的工农“大众”，这种“工农”大众话语到了 1980 年代发生了意义的断裂，他们不再被视为革命的动力。这就使得 1980 年代的“大众”言说形成了与之前的“工农”大众完全不同的话语体系。

到了 1990 年代，“大众”再次进行自我“蜕变”，成为商业文化中的“消费大众”。显然，当代的“大众”正逐渐朝着西方“大众”靠拢，从而形成了中西之间的“‘大众’话语始而有异、渐次趋同”① 的现象，这也提请我们须将西方的“大众”作为中国当代“大众”研究的重要参照背景。

具体来说，当代“大众”话语的流变首先是从“革命大众”转变为“消费大众”，这引起了一部分人文知识分子对“消费大众”的批判，并形成了批判主义言说模式。而至 1990 年代中期以后另一批知识分子从较为积极、肯定的角度重新审视当代“大众”言说。大约在 2000 年前后，随着西方“文化研究”理论的引入，“文化批判”式的“大众”言说进一步受到冲击，人们始而把“大众”言说视为一种“斗争的场域”，认为“大众”不仅仅被看作文化的被动消费者，而且还被认为具有一定的反抗性与辨识

① 黄卓越：《“大众”叙述的历史岔路》，《黄卓越思想史与批评学论文集》，北京语言大学出版社，2012，第 47 页。

力。“大众”话语的这种转变除了受到中国当代社会语境影响之外，在理论上更多的是“移植”了霍尔、费斯克等人的积极“受众”理论，也即一种新的界定“大众”的方式。

总体而言，当代“大众”的言说者都是知识分子。所不同的是，知识分子群体也处于变动之中，这表现在一方面知识分子群体出现了二分化、多元化的价值与理论视角取向；另一方面由于知识分子境遇的变化，不同的言说群体也在进行新的聚分、集合，也使得当代“大众”言说也在不断地发生变化。

第一节　当代“大众”话语转型

自 1970 年代末开始，以“工农兵”言说为中心的“革命”话语逐渐退出历史舞台，知识分子重新引导时代的文化潮流。但由于历史创伤的存在，1980 年代的知识分子们首先倡导“人文主义”精神价值，因而这一时期掌握话语权的主要是“人文知识分子”，他们“积极倡导一种以确立人之主体性，即实现人自身的现代化为宗旨的文化启蒙”①。同时，由于言说语境由“革命”逐渐转向“市场经济”，“大众”话语也由“工农兵”转向“消费大众”为主体。显然，“消费大众”与人文知识分子的价值取向是背道而驰的，于是人文知识分子从“大众”的引路人转变为“大众”的批判者，“大众”也从积极的被赞美者变成了消极的被批判的对象。

一　“人文主义”视界中的“大众”

“大众”话语的当代转型与 1980 年代之后兴起的“人文主义”(humanism)② 文化思潮密不可分，可以说，当代知识分子正是秉持“人文

---

① 衣俊卿：《文化哲学十五讲》（第 2 版），北京大学出版社，2015，第 276 页。

② 学界一般把“人文主义”（humanism）视为西方文艺复兴的产物，“人文主义的中心主题是人的潜在能力和创造能力。但是这种能力是潜伏的，需要唤醒，需要让它们表现出来并加以发展，而达到此目的的手段就是教育。所以‘人文主义’基本含义就是教育，人文主义者把它当作人从自然的状态中脱离出来发现他自己的 humanitas（人性）的过程”（钟谟智：《人文主义的由来和定位》，《四川外国语学院学报》1999 年第 2 期）。而《不列颠百科全书》中更加明确地指出，“人文主义（humanism）是高度重视人和人的价值的一种思想态度”（The New Encyclopaedia Britannica, *Micropaedia Ready Reference*, 15th Edition, Encyclopaedia Britannica, Inc. 2002, Vol. 6, p. 138）。

精神”的标尺对“消费大众”进行审视，继而对之进行文化批判。

当代“人文主义”的兴起最早可以追溯到1970年代末。1979年《上海文学》刊登的《为文艺正名——驳“文艺是阶级斗争的工具”说》一文，驳斥了文艺创作中的公式化和概念化倾向，主要体现在把文艺视为阶级斗争的工具。这篇文章虽然并没有提到“人性”“人道主义”等用语，但是它旨在打破束缚“人性”的精神枷锁，为1980年代的“人文主义”讨论揭开了序幕。同时，从“文化大革命”走来的知识分子“大都受过19世纪人道主义的影响，以后又接受了中国当代文化的教育”①。正因为如此，“文化大革命”之后解除了精神枷锁的知识分子，不约而同地选择了与“人文主义”密切相关的“人道主义”② 讨论，就像学者陶东风所说，“‘主体性’、‘人的自由与解放’、‘人道主义’几乎是当时的相关文章中出现得最多的术语，且这三者之间存在明显的关联性（主体性表现为人的自由创造性，而人道主义则是对于人的自由创造精神的肯定）”③。因此，正是“这种不约而同地选择正好昭示了80年代的时代精神：在‘文化大革命’造成的废墟之上重建人文精神的王国”④。

如此一来，经历过“文化大革命”的精神“炼狱”之后，知识分子们发现自近代开始的“启蒙”任务并没能彻底完成，而即便是作为启蒙的中心任务，也就是针对大众的“国民性”改造的“理性”任务，也总是被“非理性”的狂热干扰甚至是打断。这样，“人论”“人性论”逐渐成为知识分子，尤其是人文主义知识分子们关注的焦点，当然这种关注又常常会与对知识分子命运的讨论联系在一起。如著名学者赵园在《艰难的选择》中说，“该按照何种‘模子’来改造一下中国人，使我们自身，使我们的知识分子性格更臻完善呢”⑤？到了1980年代中后期，随着社会焦灼情绪的发

---

① 《两个彼此参照的世界》，《读书》1985年第6期。

② 英文词humanism既可以翻译成“人文主义”，有时候也可译作“人道主义”，章可在《中国“人文主义”的概念史》一书中对它们的区分进行了较为详细的论述，不过“无论是人文主义还是人道主义，其核心观念都是对人在现世生活中本身价值的尊重”（章可：《中国“人文主义”的概念史》，复旦大学出版社，2015，第125页）。

③ 陶东风：《文化与美学的视野交融——陶东风学术自选集》，福建教育出版社，2000，第149～150页。

④ 樊星：《当代文论与人文精神》，《当代作家》1995年第1期。

⑤ 赵园：《艰难的选择》，上海文艺出版社，2001，第353页。

展，“危机意识”“独立人格”等成为人文知识分子思考的焦点。

1990年代初，“世纪末情绪”、商品经济的冲击以及大众文化的繁荣，使得“消费社会”“消费主义”等以“消费”为中心的批判话语甚嚣尘上，正如鲍德里亚所说，“这种盲目拜物的逻辑就是消费的意识形态”[①]。这种对以“消费”为中心的批判意识，促使人文知识分子提出人文精神重建的可能性与必要性，而这一切又以始于1993年的“人文精神大讨论”[②]最为集中。这场“人文精神”讨论首先关注“人文精神”的概念，对此学者袁进作了如下解释：

> 我理解的“人文精神”，是对“人”的“存在”的思考；是对“人”的价值，“人”的生存意义的关注；是对人类命运，人类的痛苦与解脱的思考与探索。人文精神更多的是形而上的，属于人的终极关怀，显示了人的终极价值。[③]

袁进从“存在”的层面思考“人文精神”，并把它视为“终极关怀”，这既是对刚刚过去的“文化大革命”对“人”的禁锢的反思，同时也流露出人文知识分子的“精英”意识。王一川则是从人生的意义和价值来谈论“人文精神”：

> 我们所谓“人文精神”，主要指一种追求人生意义或价值的理性态度，即关怀个体的自我实现和自由、人与人的平等、社会和谐和进步、

---

① 〔法〕让·鲍德里亚：《消费社会》，刘成富等译，南京大学出版社，2008，第39页。

② 学界一般认为“人文精神大讨论”的发轫之作是1993年第6期的《上海文学》，在“批评家俱乐部”一栏，发表的王晓明等人的《旷野上的废墟——文学和人文精神的危机》一文，陈晓明在文章中指出，“今天的文学危机是一个触目的标志，不但标志了公众文化素养的普遍下降，更标志着整整几代人精神素质的持续恶化。文学的危机实际上暴露了当代中国人人文精神的危机，整个社会对文学的冷淡，正从一个侧面证实了，我们已经对发展自己的精神生活丧失了兴趣”。紧接着，《东方》《读书》等杂志也参与了热烈的讨论，从而掀起了一股全国性的“人文精神”讨论。

③ 袁进：《人文精神寻踪——人文精神寻思之二》，见《读书》1994年第4期。

人与自然的同一等。[①]

学者肖同庆更是直接将“人文精神”与1980年代末以来的“消费文化”相对立：

> “人文精神”永远是个人性的东西，而伴随着商品经济的日益浸透，人文精神越来越可能为资产者和中产者的趣味所左右，成为他们的精神游戏或时髦的点缀。[②]

而与大多数“学者型”人文知识分子把“人文精神”与“消费文化”对立起来不同，著名作家王蒙似乎并没有那么绝对化，而是从一个更为宽泛的意义上言说“人文精神”：

> 如果说世界上真有一种很好的、很有益的人文精神的话，那么这种人文精神应该是能够承认社会生活与文化格局中的多因子多层次结构的，承认包括着承认某个特定的因子与层面的局限与消极面。[③]

可以看出，王蒙的“人文精神”言说与其他人文知识分子的区别还是很明显的。王蒙并没有把“人文精神”提高到与1990年代“消费文化”完全对立的层面，而是承认了“消费文化”中的“局限与消极面”，这也为1990年代中期以后人文知识分子的分化埋下了“伏笔”，即一部分人文知识分子仍然坚守其一贯的“精英”立场，而另一部分则开始对以前的“批判”意识进行反思。不过在“人文精神”的讨论中，多数知识分子感受到的是大众消费时代“人文精神”所面临的危机：

> 把原本不该出卖的东西出卖了，换回了商品交换中的一般等价

---

① 王一川：《从启蒙到沟通——90年代审美文化与人文精神转化论纲》，《文艺争鸣》1994年第5期。

② 肖同庆：《寻求价值目标与历史进程的契合》，《东方》1995年第1期。

③ 王蒙：《人文精神问题偶感》，《东方》1994年第5期。

物——货币。从这个意义上来说，市场经济意识泛化现象本质上是商品拜物教和货币拜物教的产物。①

既然“人文精神”遭遇重重危机，必然带来新的“人文精神”/“文化重建”的问题，对此王德胜认为：

90 年代以来，随着大规模的经济变革，带来了中国文化的一种新的重建可能性。不可否认，从文化重建的核心上人文价值领域来看，现在存在很多人文价值/精神失落的现象，人们现在似乎很少谈论价值、理性，而完全沉浸到一种享乐主义的氛围中，关心现实利益甚于关心历史和未来。在这种情况下，当今中国文化所面临的，应当说是一个当代性的文化价值/精神重建任务。②

可见，大多数人文知识分子是基于对当代“大众”/“大众文化”的批判与救赎的心态而参与“人文精神”讨论的，而触发这次讨论的直接原因则是“世俗化与大众文化”。关于这一点，著名文化学者陶东风对这次讨论作了很好的总结：

与西方文艺复兴时期以世俗化为核心的“人文主义”相比，中国知识分子 90 年代提出的“人文精神”则是针对世俗化与大众文化的，其核心是以终极关怀、宗教精神拒斥世俗化诉求，用道德理想主义与审美主义拒斥大众文化与文艺的市场化、实用化与商品化。③

总之，自 1980 年代中期之后的人文知识分子秉持“人文精神”的批判标准，对当代文化尤其是大众文化进行量度，很自然地把社会文化划分为“精英”与“大众”的二元模式，由此引起 1990 年代的“大众”批判话语，以及此后人文知识分子中另一部分人针对“大众”批判话语的反思。

---

① 张琼：《略论市场经济意识的泛化》，《求是》1995 年第 1 期。

② 王德胜：《关于文化现状、道德重建的对话》，《东方》1994 年第 6 期。

③ 陶东风：《文学理论的公共性——重建政治批评》，福建教育出版社，2008，第 169 页。

二　当代“大众”言说语境的变迁

自1920年代到1970年代末近半个世纪的时间里，中国“大众”话语基本上是围绕着“革命”这个主题进行言说的，正是这一时期作为被推崇、被颂扬的“大众”形象表征着中国“大众”话语/理论的主要特色。到了1980年代，这个被一些学者称为“后革命时代”① 的新时期，社会的主流话语由“阶级斗争”转为“经济建设”，因而此时“无论是政府、知识界还是民间，大家达成的一个共识就是所谓的‘告别革命’”②。而作为“告别革命”的一个重要标志则是对“阶级”的讨论与批判，这同时也是1980年代“拨乱反正”的主要内容。事实上，取消“阶级论”最初在1970年代末的高考招生中已初露端倪③，随后又在理论界出现了“马克思主义人道主义大讨论”“真理阶级性的讨论”等热烈讨论④，这使得中国文化发生了当代转型，即“从一元的文化向多元的文化转变”⑤。

可以说，20世纪80年代“阶级论”的取消实质上可视为对“大众”

---

① 当代学者陶东风在《后革命时代的革命文化》中把“后革命时代”界定为“从20世纪70年代末、80年代初期开始，一直到今天这个历史时段，称之为‘后革命’时期，因为从70年代末开始，党的工作重心和国家的发展战略发生了很大变化，从革命时代的‘以阶级斗争为纲’转向‘以经济建设为中心’，党不再进行革命时期常见的那种大规模社会动员与政治运动，转而一心一意地在确保政体稳定的前提下发展经济”（陶东风《后革命时代的革命文化》，《当代文坛》2006年第3期）。

② 陶东风：《后革命时代的革命文化》，《当代文坛》2006年第3期。

③ 1977年刚刚恢复高考的时候，仍然沿用“文化大革命”时期的“阶级”“成分”的标准，用以确定是否具有高考报考资格，尽管1977年8月在太原召开的招生工作会议对此进行了纠正，但是“成分论”思维依然存在，“关于政治审查时这样规定的：政治审查要全面贯彻党的阶级路线，要注意成分，但不唯成分论，重在政治表现。在保证‘工农及其子女享有教育的优先权’的前提下，注意适当招收确实表现好的剥削阶级家庭出身的子女和‘可以教育好的子女’”。后来，这种政审规定被小平同志修改为“政审主要看本人表现”（赵书生：《小平同志亲自修改政审标准》，《中国教育报》2007年12月26日第6版）。到了1978年这种“阶级”“成分”标准逐渐被取消。

④ 刘锋在《真理阶级性的讨论》中说，“为了批判‘四人帮’一伙夸大真理的阶级性，鼓吹‘所有真理都有阶级性’的谬论，自70年代末到80年代初，哲学界开展了对‘真理的阶级性’的讨论”。这些关于“阶级性”的讨论主要有三种意见：一种意见认为，任何真理都没有阶级性；另一种意见认为，不是一切真理都没有阶级性，而是部分真理有阶级性；第三种意见则认为，真理有无阶级性的命题是不能成立的，是无意义的（曹维劲等主编《中国80年代人文思潮》，学林出版社，1992，第59页）。

⑤ 周宪主编《世纪之交的文化景观》，上海远东出版社，1998，第44页。

的重新定义。随着1980年代中期以后中国社会政治/经济的变动，也带来了“大众”话语的变化，具体表现在当代“大众”的政治热情开始退潮，而“消费主义观念却开始渗透到文化的创造和传播过程中”[①]。同时主流意识形态对文化、知识分子的禁锢开始松动，使得1980年代出现了类似五四的第二次文化启蒙，即所谓的“从共产主义的超越世界回到哲学人类学意义上的普遍理性”[②]。

具体地说，作为思想史概念的“80年代”[③]既是“传统知识分子文化延续的时代”[④]，又是一个“传统与现代、激进与保守”[⑤]冲突的时代。在这个社会秩序重建的转型期，“大众”话语的言说方式与五四时期有些类似，即都把“启蒙”[⑥]作为面向大众的言说姿态。而且，如果把“五四”视为从“国民”到“民众”话语的转换节点，那么“80年代”则可视为承上启下的历史时期，它上承“革命”语境中的“群众”话语，下续“消费”语境里的“大众”言说。在这个思想激荡的年代，人文知识分子对“大众”充满了乐观与焦虑的矛盾情绪，在“伤痕”“反思”“寻根”等文化思潮中，人文知识分子对“传统”[⑦]的思考逐步深入。作为“大众”的主要言说者，人文知识分子“大多以民族精英自居，都自信民族之梦将在他们的文化策略中得以实现，这种心态和话语方式一直延续至80年代中期”[⑧]。而其中一部分人则认为自五四伊始的“启蒙”话语，在经历了一段曲折的发展之后，其历史使命并没有真正完成，而是变得愈益迫切，“大众”的蒙昧状态依然是需要关切的话题。于是伤痕文学的发轫之作《班主任》随即以“救救孩子”的呼吁吹响了新时期“启蒙”的号角，继而“启蒙成为新时期精英文化的主题，启蒙的前提是先预设一个理想状态的存在，

---

① 许纪霖：《启蒙的起死回生》，北京大学出版社，2012，第367页。

② 同上。

③ 许纪霖认为“思想史意义上的1980年代，从1978年的改革开放开始之始，延续到1990年代初全球冷战结束”（许纪霖：《启蒙的起死回生》，第367页）。

④ 顾土：《我所经历的80年代文化现场》，《同舟共进》2013年第2期。

⑤ 孟繁华：《众神狂欢：世纪之交的中国文化现象》，中央编译出版社，2003，第2页。

⑥ 总体而言，我们把“80年代”看作对传统、对体制的批判与反思的年代；同时我们也借用李泽厚的“苏醒的80年代”，把80年代的文化主潮定为“启蒙”话语。

⑦ 这里的“传统”更多的是意指新中国成立之后的30年的文化思潮。

⑧ 孟繁华：《众神狂欢：世纪之交的中国文化现象》，第2页。

然后确定民众的文化属于低层次的文化，而提高民众的文化是进入理想状态的唯一途径”[①]。

到了1980年代中期，“文化热”[②] 或者“新启蒙运动”[③] 的兴起，使得针对“大众”话语的反思与批判有了与五四不同的文化启蒙任务。也就是说，与五四对“臣民”“国民”话语的思考不同，“新启蒙运动”的“新”就在于它除了关注“臣民”“国民”话语之外，更聚焦于新中国成立之后的“工农兵”群众话语，并且“人文知识分子所倡导的文化启蒙都是以确立人的主体性，即实现人自身的现代化为宗旨的”[④]，也即把重建人的“主体性”作为一个重要目标。[⑤] 因为在“工农兵”话语时代，“革命”成为时代的真正“主体”，个人只是革命机器中的“螺丝钉”。而1980年代所关注的是“那个超越了具体种族、民族与国家界限的抽象的‘人’。启蒙追求的也就是一种符合普遍人性的普世现代性”[⑥]。因此，这场“新启蒙运动”也是对

---

① 陈刚：《大众文化与当代乌托邦》，作家出版社，1996，第32页。

② 陈来在《人文主义视界》一书中提出把1985年作为“文化热”开始的标志，不过吴修亿在《中国文化热》一书中则认为是从1984年开始的。关于“文化热”许纪霖也有过较为详细的论述，“80年代文化热的核心主题是所谓的中西文化比较，这一比较背后预设着当时知识界普遍流行的传统/现代的二元模式：即中国文化与西方文化是二分的，前者代表传统的价值系统，而后者代表现代的文化价值，从而一个文化的空间并置的关系被转换成了一种线性的时间叙述”（许纪霖等：《启蒙的自我瓦解》，吉林出版集团有限责任公司，2007，第22页）。

③ 许纪霖在《启蒙的命运》一文中说“我们有理由相信，1984年是新启蒙运动的发端”。由于“文化热”与“新启蒙运动”都以“启蒙”为言说核心，因而本书中我们把“新启蒙运动”作为80年代中期的文化运动的统称。这种“新启蒙”话语与80年代的批判话语相关，它最初是以王元化等人创办的《新启蒙》杂志命名的（曹维劲等主编《中国80年代人文思潮》，学林出版社，1992，第906~907页）。学者徐友渔认为，“80年代的启蒙是对‘文革’的黑暗、专制的一种拨乱反正，是对酿成文化悲剧的原因的反思”（徐友渔：《自由的言说——徐友渔文选》，长春出版社，1999，第363页）。另外，许纪霖又在《启蒙的自我瓦解》一书中认为“新启蒙运动是一个十分复杂的思想运动，既有渴慕西方现代化的同质性诉求，又有对其进行批判和反思的潜在性格。文化态度的同一性与思想内涵的异质性，构成了新启蒙运动混沌的表象和复杂的内在分歧，成为90年代中国思想界分化的渊源所在”。“新启蒙运动是思想解放运动的历史延续，但它的重心却发生了变化。如果说思想解放运动主要诉诸于政治变革的话，那么新启蒙运动的诉求却转移到了所谓的‘文化的现代化’”（许纪霖等：《启蒙的自我瓦解》，第3~6页）。

④ 衣俊卿：《文化哲学十五讲》（第2版），第268页。

⑤ 许纪霖等：《启蒙的自我瓦解》，第26页。

⑥ 许纪霖：《启蒙的起死回生》，第367页。

“国民性”的再反思，“是‘五四’以来激进反传统的文化启蒙工程的延续”[①]，并非西方话语的简单移植，“而是根植当时的历史境况，为解决中国实际问题而发生的思想解放运动”[②]。

进入1990年代无论是国家主流意识形态文化还是启蒙主义的人文知识分子的文化，均已失去了曾经的文化上的主导地位。[③] 这当然要归因于社会的全面转型，因为“中国进入90年代后，由于市场经济的全面发展成为社会的主导形势和推动社会前进的直接动力，使得80年代那种精英文化与主流文化在政治/道德理性上的绝对权力对立如今也被纳入市场的轨道”[④]。在这种以“市场”为中心的言说语境中，“中国的文化—审美风尚出现了由启蒙模式向消费模式的转换”[⑤]，正如徐友渔所说，“90年代中国社会思潮的特征是民间性、多元化和非形而上学化”[⑥]。这种言说语境的变迁对于知识分子，尤其是人文知识分子的影响是显而易见的，就像王尧在《作为问题的八十年代》中所说：

> 知识分子在90年代以后的落差是巨大的，几乎从现代化设计的参与者和大众精神生活导师的位置上跌落下来，而包括一部分文学读者在内的大众，则越来越沉入世俗化生活中。[⑦]

在这样的文化背景之下，1980年代的启蒙话语被迫挤出历史舞台，并且“80年代的‘启蒙’，‘代言’的伟大叙事的阐释能力丧失瓦解”，“话语的转换已不可避免”[⑧]。当然，1990年代启蒙话语的受挫并不全是“阐释能

---

① 陶东风：《现代性反思的反思》，李世涛主编《知识分子立场：自由主义之争与中国思想界的分化》，时代文艺出版社，2000，第431页。

② 徐友渔：《自由的言说——徐友渔文选》，长春出版社，1999，第252页。

③ 尹鸿：《为人文精神守望：当代中国大众文化批评导论》，《天津社会科学》1996年第2期。

④ 于文秀等：《当下文化景观研究》，人民出版社，2007，第48页。

⑤ 陶东风等：《当代中国的文化批评》，北京大学出版社，2006，第241页。

⑥ 徐友渔：《自由的言说——徐友渔文选》，第241页。

⑦ 王尧：《作为问题的八十年代》，三联书店，2013，第70页。

⑧ 张颐武：《阐释“中国”的焦虑》，原载《二十一世纪》1995年4月号，第132~133页。

力的丧失”，“而是肇因于一场重大政治风波后话语环境和格局的巨变”①。因此，如果说80年代的“大众”言说偏重“个体”的终极关怀，那么90年代则是从大的社会层面关注“大众”的生存。

三　当代“大众”话语流变

当代中国文化经历了“拨乱反正”“真理大讨论”之后，很大程度上摒弃了传统的社会主义革命乌托邦的文化政治，代之而起的是思想解放运动和新启蒙运动所倡导的人道主义“道德”文化。由此在“80年代”形成了以“重建人的主体性”为中心的“大众”话语，它反对“工农兵”大众话语把“革命”视为“至高无上的主体”，“个人”则只是“整个革命机器中微不足道的螺丝钉”②。而到了1990年代，随着新启蒙运动的瓦解，以“主体性”为中心的“大众”话语也随之开始解体，“消费大众”的登场让一部分人文知识分子看到了传统“人文精神”的失落，既而生成当代“大众”批判话语。

（一）“文化”意义下的当代“大众”

“80年代”的“大众”言说展示了与过去的话语断裂，同时对过去的政治话语也提出了强烈质疑，使得“80年代”知识分子的“大众”话语追求一种“非政治的政治向往”。③ 实际上，“20世纪的主流意识形态一开始对大众的理解，就具有强烈的政治色彩。大众是作为一个‘阶级’被理解认识的，而且是一个朴素的、纯洁的、有着天然革命要求和自觉性的群体，他们比任何阶层、阶级、群体都更进步”④。可见，“80年代”之前的“工农兵”群众话语，是在主流意识形态主导下的泛政治化的话语模式，其言说主体主要由政治领袖担当，“工农兵”则是沉默的、被言说的对象。而

① 徐友渔：《自由的言说——徐友渔文选》，第364页。

② 许纪霖等：《启蒙的自我瓦解》，第26页。

③ 孙绍振：《新的美学原则在崛起》，《诗刊》1981年第3期。

④ 孟繁华：《小写的文化：当下中国的大众文化》，《海南广播电视大学学报》2001年第3期。

“80 年代”的“大众”话语权，开始逐步由上层政治领导层回到知识分子[①]手中。由此也使得此时的“大众”言说从政治化的“工农兵”模式转向“文化大众”的模式。

事实上，在 1980 年代重新取得“大众”话语权的主要是人文知识分子，他们“把自己看作文化英雄和先知”[②]，并重新拾起自近代以来的“启蒙”话语，企图把“大众”从以“集体英雄”为言说中心的政治话语转向“世俗”[③] 话语。这其实也彰显了自近代以来一直存在的“精英”与“大众”间的冲突，因而在被一些学者称为“后革命”时代的 1980 年代，以“工农兵”为言说中心的“大众”话语逐渐为“精英主义”[④] 所否定，“在精英主义者看来，当代中国政治体系在很大程度上就是沿着平民化的道路逐渐得以奠定的。平民政治缺乏观念和理性的驾驭，最终可能会演化为一种无序的浪漫运动”[⑤]。

因此，这些人文知识分子的话语指向并不真的是“平民大众”，而是充满了精英化、理想化色彩的话语言说。比如与“革命”年代的“阶级大众”言说不同，解禁之后的“大众”话语是知识分子“自由”地以旁观者的姿态“凝视”某一特定范围内的人群的过程中生成的，如文化大众、消费大众、娱乐大众等。这些知识分子总是以“精英”视角注视着那些参与某项活动的普通民众，并把他们命名为“某某大众”。这种“大众”言说消解了革命年代的“阶级”标签，代之而起的则是“文化”逻辑。

另外，从界限上看，新中国成立之后的“人民大众”是基于阵线分明

---

① 本文中的知识分子群体也是在不断变化的，“新时期”的知识分子主要是社会中有文化的人群，他们主要由文艺家和学者组成。到了 90 年代以后，这种“大众”话语权更主要集中于一批“精英”知识分子手中。他们对“大众”的言说立场与言说方式也在“与时俱进”，大致经历了由“批判”到“反思”，最后到“认同”的言说过程。

② 汪晖：《当代中国的思想状况与现代性问题》，见李世涛主编《知识分子立场：自由主义之争与中国思想界的分化》，时代文艺出版社，2000，第 85 页。

③ 需要说明的是，这个“世俗”是与“英雄”相对而言的，与 90 年代后的“消费大众”又不尽相同，而是被启蒙的“个体”。

④ 这里所说的“精英主义”更多的是一种“精英意识”，因为“精英主义”的核心是排斥底层，把精英群体视为历史的创造者；而“精英意识”并不排斥底层，他们只是在关注底层的同时把自己的想法强加给底层（刘旭：《底层叙述：现代性话语的裂隙》，上海古籍出版社，2006，第 229 页）。

⑤ 高瑞泉等：《转折时期的精神转折》，上海古籍出版社，2008，第 141 页。

的一元论话语模式上的政治概念，“人民”与“非人民”之间是一种敌对关系；而基于“文化”意义上的当代“大众”则无法如此明确地划分为“大众”与“非大众”，而是“大众与非大众往往是相互渗透在一起的，在很多时候，我们很难断定一个人是否属于大众，因为他常常既带有大众的特点，又带有非大众的特点”①，并且，在“大众与非大众之间，也不是敌对关系，而经常是一种相互协调的合作关系”②。

显然，与“阶级”标准的“泾渭分明”的特性相比，以“文化”的高低作为“大众”划分的标准具有极大的模糊性与不确定性，使得“大众”只是“作为文化想象的大众”③，以至“谁是当代大众”似乎成为悬而未决的问题。更有甚者，作为言说者的精英知识分子本身也时常被其他知识分子归入某一特定“大众”群体之中。

（二）当代“消费大众”的生成

1980 年代中期之后，随着市场经济的不断完善和成熟，中国社会在经济快速增长的同时也逐渐迈进“大众消费”时代，其明显的标志是人们的生活方式和消费理念发生了巨大变化。那些身处“消费”时代的“大众”不仅仅关注商品的“物”的实用性，更关注其符号象征意义。在这种由“消费”主导的社会中，“‘大众’就是一个消费的群体”④，并且其“表面由巨大的、无差别的大众构成，阶级和种族的身份正逐渐地淡薄，大众生活在由符号编码主宰的世界里，商品成为个人品位和阶层归属的表征，大众出于对具有社会区分价值的商品符号的认可，加入到个人对表明身份认同和阶层归属的商品的无意识追逐中”⑤。

与“革命”语境中的“工农”理所当然地成为“大众”的主体的言说

① 邹广文主编《当代中国大众文化论》，第 41 页。

② 同上。

③ 旷新年在《作为文化想象的“大众”》一文中质疑“mass culture”是否存在，并指出“也许在他们看来，大众文化/大众传媒在很大程度上是虚构出来的耸人听闻的神话，或者至少与美国的标准不同，而且他们也质疑大众文化这个暧昧的概念本身”（旷新年：《作为文化想象的“大众”》，《读书》1997 年第 2 期）。

④ 孟繁华：《小写的文化：当下中国的大众文化》，《海南广播电视大学学报》2001 年第 3 期。

⑤ 王迎新：《大众文化的意识形态功能研究》，南开大学出版社，2014，第 82 页。

不同，“消费”语境中的“消费大众”① 模糊了“大众”概念的阶级属性，并提高了“工农”成为“消费大众”的准入门槛，即至少需要具备一定的经济基础，才能成为消费社会中的文化消费者。“文化大革命”结束之后，革命时代的“阶级”话语渐次失去了对社会阐释的有效性，继而作为新的社会阶层——“消费大众”的生成已是不争的事实。正如韩少功在《哪一种“大众”》中说：

> 对于精英们来说，大众几乎一直是贫困的同义语，是悲惨命运的同义语。光是这一条，就足以使大众获得神圣的地位，并且成为精英们愧疚的理由。但是，如果把这种历史情绪带入现代的工业消费社会，当然有些可疑和可笑。②

可见，这种新的社会阶层——“消费大众”不仅打乱了既有的社会阶层（诸如工人、农民等），同时也是对原有阶层进行重新整合的结果。这样一来，当代作为新的社会阶层的“消费大众”，其所指与西方资本主义语境中“中产阶级”③ 似有些接近，因为“在新的社会分层结构中，‘中产阶级’之所以有效地表达了一个新阶层的出现，一方面是全球资本主义的一部分，另一方面，当代中国的‘新富人’确实具备了‘中产阶级’的所有特征”④。正如陆扬、王毅在《文化研究导论》中所说，“后现代的‘大众’已每每具有中产阶级的口味”，这些大众与“传统意义上知识分子所构想的大众文化意义上那个被动的、社会下层的‘大众’，未必是同一个概念了”⑤。

---

① “消费大众”这一群体早在20世纪30年代的上海既已产生，只是本文所分析的30年代的“大众”是“主流”的“工农大众”，与彼时以“摩登”为中心“消费大众”无关。

② 韩少功：《哪一种“大众”》，《读书》1997年第2期。

③ 在当代“大众”言说中，集中提出“中产阶级”概念的是“新左派”的理论家，代表性论文有旷新年的《作为文化想象的“大众”》、戴锦华的《大众文化的隐形政治学》。他们把现代工业社会中的“大众”视为中产阶级，把大众文化视为中国阶级文化/特权阶级文化，是资本主义与资产阶级的意识形态，而精英则变得边缘化了（陶东风等：《当代中国的文化批评》，北京大学出版社，2006，第98~99页）。

④ 孟繁华：《新世纪文学论稿——文学思潮》，现代出版社，2015，第361页。

⑤ 陆扬、王毅：《文化研究导论》，复旦大学出版社，2006，第290页。

不过需要说明的是，这种把“消费大众”等同于“中产阶级”的言说只是一部分学者的看法，并不具有代表性，如学者陶东风认为，“大众文化就是中产阶级文化，是资本主义与资产阶级的意识形态。这是新‘左’派的核心观点”①。如果从理论渊源来说，上述言说也可视为对英国文化理论的“生硬”的“移植”，如英国学者西蒙·弗里思在其《通俗文化：来自民粹主义的辩护》一文中认为，“大众文化始终是一种中产阶级的文化形式，以中产阶级的关怀为特征”②。国内学者陈龙等在《民粹化的媒介文化：从大众崇拜到“大众”文化崇拜》一文中也引用并认可了西蒙·弗里思的上述言论，然后提出自己的看法，“虽然社会大众都接受中产阶级文化，但这种接受是被动的，自上而下的”③。事实上，在消费语境中几乎所有人（包括“精英”）都变成了消费者，所不同的是消费能力不同。从这个意义上说，消费时代的人群在某个特定“场域”下都会变成“消费大众”的一员。

进一步来说，“消费大众”的出现使得“符号”消费已成为当代“大众”生活方式与理念的新标志，从而也改变了“大众”在知识分子/言说者心中的既有形象，那个“我们曾经崇拜、迷信的‘大众’已经散去，时代的转型使那些可以整体动员的‘大众’已经变成今日悠闲的消费者”④。这样一来，以“启蒙”自居的人文知识分子，在吸收了西方的“大众”理论资源，尤其是“Mass”理论之后，在面对“消费”语境中寄生于物质外壳上蠕蠕爬行的“大众”时，他们看到的是这些“大众”的非理性“消费”以及欲望的膨胀，而这些并不仅仅体现在“物”的消费，因为“人们从消费物品的这样的经济行为转向了消费物品的形象这样的文化行为”⑤，并且人们的消费“逻辑”已经从对“物”的痴迷到了对其“崇拜”，也即“从对自然偶像的崇拜转到对商品偶像的崇拜，复又转到对符号偶像的崇拜”⑥。

---

① 陶东风：《文学理论的公共性——重建政治批评》，福建教育出版社，2008，第184页。

② 〔英〕西蒙·弗里思：《通俗文化：来自民粹主义的辩护》，陈永国译，见罗钢等主编《文化研究读本》，中国社会科学出版社，2011，第77页。

③ 陈龙、陈伟球：《民粹化的媒介文化：从大众崇拜到“大众”文化崇拜》，《山西大学学报》（哲学社会科学版）2013年第6期。

④ 孟繁华：《新世纪文学论稿——文学思潮》，现代出版社，2015，第405页。

⑤ 高岭：《商品与拜物——审美文化语境中商品拜物教批判》，北京大学出版社，2010，第94页。

⑥ 同上书，第95页。

这样一来，人文知识分子更多地从消极的、被动的视角看待当代“大众”，从而形成当代“大众”批判话语。这种批判话语又是建立在“大众社会”“大众文化”等理论基础之上的。

首先当代“消费大众”与“大众社会”（Mass Society）[①] 概念相关。“大众社会”是“相对于传统社会而言的，它最早出现于西方，是市场经济发展到一定阶段的产物”[②]，“大众社会”概念的形成与工业化、城市化等都有密切的关系。当代的“消费大众”可看作基于“大众社会”的话语建构，如当代学者张汝伦即持这种观点：

> 说起“大众”这个词，马上就会使人想起像“人民大众”，“劳苦大众”这些耳熟能详的名词，以及与此有关的种种派生义和转义。但“大众文化”中的“大众”这个词，并非通常说的“群众”的同义词，而是一个哲学和社会学的专门术语，它指的是大众社会产生后人在社会中地位与特性的一些本质变化。[③]

张汝伦将当代“大众文化”中的“大众”与“劳苦大众”进行比较，把当代“大众”与“大众社会”概念联系起来，凸显其哲学与社会学意义。也就是说“工农兵”话语是生成于“革命”“阶级”等言说语境之中的，而当代的“消费大众”则是在“城市化”“工业化”的“大众社会”中形成的。

同时，由“大众社会”中的“大众”（Mass）用语可以看出，这个语式中的“大众”大体被视为一种“无知”的群体，也就是知识分子站在

---

① 大众社会（Mass Society）也叫“群众社会”，较早是社会学家卡尔·曼海姆在荷兰版的《变革时期的人们与社会》一书中提出来的。“大众社会”概念是西方一些社会学家用以对“工业化”的西方社会的理论概括，所针对的是科层制、理性化的机器大生产造成的人的异化，具有“反现代性”倾向。日本学者岩间一弘认为，“大众社会”就是“由于媒体、教育、大规模生产技术等的发达，多数人获得了一定的读写能力与生活的富裕，接触同样的情绪及文化，容易将自己想象为某大集团成员的社会”（〔日〕岩间一弘：《上海大众的诞生与变貌——近代新兴中产阶级的消费、动员和活动》，葛涛等译，上海辞书出版社，2016，第 4 页）。

② 邹广文主编《当代中国大众文化论》，辽宁大学出版社，2000，第 37~38 页。

③ 张汝伦：《论大众文化》，《复旦学报》（社会科学版），1994 年第 3 期。

“精英”的文化立场，以知识贵族自居，戴着有色眼镜看到的“大众”，因而是“从负面意涵上使用‘大众’概念的”①。最典型的是把“大众”视为一个临时的、同质性的概念，认为他们“始终处于集中和流动的动态过程中，没有固定的人员组成，也不会有明显的人格特征，是一种‘无脸的存在’”②。如学者邹广文这样给“大众”下定义：

> 所谓大众，是一个历史性的范畴，是市场经济的产物，对当代中国来说，特指生活于城市之中处于平均状态的人群。③

显然，这种“大众”定义是把“大众”视为“大众社会”的产物，并且是有“同”而无“异”的人群。不过也有人从社会“整体性”的角度对“大众”有近乎与之相反的描述，如潘知常就认为“‘大众’就是只有异，没有同。对于异质性的重视，使得‘大众’不再是一个统一体，而是人心各如其面的零散的群体。它代表着在当代社会条件下诞生的公共群体，但又是无名的存在；是最实在的群体，但又是查无此人的存在”④，潘知常也给“大众”下了个定义：

> 所谓“大众”，就是失去了抽象本质支撑的零散的“我”。⑤

可见，如果把当代“大众”与“革命”语境中的“工农兵”大众/群众做对比，可以看到之前的“大众”更强调其政治性，明确的话语指向是“为工农兵服务”，也即以“工农兵”为言说中心的“大众”话语所强调的是其政治性与阶级性；而当代“大众”更多的是与教育、素质等有关的文化概念，“它主要以社会生活及文化消费方式为标准，并不考虑具体的政治立场”⑥。对此，日本学者岩间一弘也认为“消费大众”的生成是基于城市

① 郗彩红：《西方大众社会理论中“大众”概念的不同义域》，《学海》2007年第4期。

② 同上。

③ 邹广文主编《当代中国大众文化论》，第40页。

④ 潘知常等：《大众传媒与大众文化》，上海人民出版社，2002，第258页。

⑤ 同上。

⑥ 邹广文主编《当代中国大众文化论》，第41页。

这个“消费”语境：

> 大众，是指愿与众人平起平坐的、行为层次与众人相同的人们，它诞生于机制工业和大众媒体发达的，能进行大量生产、大量流通、大量消费的近代城市。[①]

其次，当代“消费大众”的生成与“大众文化”关系密切。可以说，“大众”与“大众文化”具有相辅相成、互为前提的关系。如学者旷新年认为当代的“消费大众”是由大众文化/大众传媒构筑而成的概念：

> 随着大众文化的概念的出现，“大众”的内涵已经发生了扭转和变化，“大众”这一历史主语已经转变成为白领大众。[②]

当然，“消费大众”与更大的社会群体——受众不同，“受众的范围远远超出了大众的范围，在大众之外，广大农村中的农民以及城市中的‘知识精英’同样属于受众之列”[③]。而我们几乎可以把当代“大众”视为“大众文化”的产物，学者邹广文等人认为，“大众文化”首先考虑的是“大众”的文化需求，把“大众”看作“隐含读者”，因而他认为“大众是大众文化的典型受众”[④]。邹广文等人进一步认为，就“大众”与“大众文化”的关系而言，“大众”既有主动性又有被动性。就主动性而言，“大众的文化需求引导着大众文化的生产”[⑤]；而“大众”的被动性则表现在，被视为“读者性文本”的“大众文化”以“接触”的方式“强化”“控制”大众的“趣味”，从而“塑造”出创造性缺乏的“消费大众”。[⑥]

由上可知，学界对当代“大众”的界定大致有两种情形：一是无阶层

---

① 〔日〕岩间一弘：《上海大众的诞生与变貌——近代新兴中产阶级的消费、动员和活动》，第 410 页。

② 旷新年：《作为文化想象的“大众”》，《读书》1997 年第 2 期。

③ 邹广文主编《当代中国大众文化论》，第 42 页。

④ 同上。

⑤ 同上书，第 45 页。

⑥ 邹广文主编《当代中国大众文化论》，第 45~52 页。

定位，这主要是与1980年代之前的“阶级”大众相比较而言的；二是一部分学者把“大众”视为“中产阶级”。可见，“大众”的意义是被言说者所赋予的，但把“大众”视为“中产阶级”显然有失偏颇，因为尽管“大众”也存在着固有的层次，如文化程度的高低，但以人数较少的“中产阶级”来替代“大众”，有以偏概全之嫌。

从根本上说，“大众”概念古已有之，但当代消费语境中的“大众”概念，则是在告别了“革命”语境中的“工农兵”大众之后，这种“新”概念是随着当代大众文化的兴起而出现的，且与当代西方的“大众”理论相融合后形成的“新”概念。而带有浓厚“消费”色彩的大众概念的产生与“大众社会”“大众文化”等概念的生成不无关系。

（三）当代“大众”批判话语

由前述可知，在1990年代的“消费”语境中生成了“众生喧哗”式的“消费大众”，这也使得当代人文知识分子开始意识到“自己已经不再是当代的文化英雄和价值塑造者”①。显然，与1980年代的“启蒙者”相比，这时期知识分子的心理落差是巨大的，他们“几乎是从现代化设计的参与者和大众精神生活导师的位置上跌落下来”②；同时，这些曾经为现代化改革大声疾呼的“精英”，到了1990年代随着“经济地位的下降，使大量知识分子产生严重的受挫感”③。

这样一来，知识分子“境遇”的变迁改变了他们的“大众”言说方式，从启蒙“大众”到“消费”语境中的“大众批判”，那种1980年代启蒙式的“‘化大众’的深度模式已被‘大众化’的平面模式所取代”④。更重要的是，被视为文化“快餐”的大众文化与人文知识分子的“人文精神”背道而驰，于是坚守“精英”立场成为相当一部分人文知识分子的“本能”选择。首先，他们以“精英”意识要求大众文化：

---

① 汪晖：《当代中国的思想状况与现代性问题》，见李世涛主编《知识分子立场：自由主义之争与中国思想界的分化》，第85页。

② 王尧：《作为问题的八十年代》，三联书店，2013，第70页。

③ 高瑞泉等：《转折时期的精神转折》，上海古籍出版社，2008，第15页。

④ 王岳川：《中国镜像：90年代文化研究》，中央编译出版社，2001，第352页。

> 我们提倡一种具有精英意识的大众文化，反对以媚俗为荣的大众文化；我们鼓励一种具有高雅品位的大众文化，反对以庸俗自许的大众文化。从根本上说，我们希望的是一种以人文理想为终极价值的大众文化，而反对的则是一种以商业利润为最高标准的大众文化。[①]

其次，他们看到“大众心目中的‘英雄偶像’不再是50、60年代的黄继光、邱少云，不是70年代的‘反潮流’代表，也不是那些在思想解放运动中涌现出来的思想先驱和艺术先锋，而是香港的‘四大天王’，是东方丽人巩俐、喜剧天才葛优，是好莱坞明星道格拉斯、黛米·摩尔，是一代足球天骄马拉多纳”[②]。

大体来看，当代的人文知识分子曾一度热衷于大众批判理论，尤其是20世纪三四十年代盛行于德国“法兰克福”学派的批判理论，或者说是“文化工业”理论。这种理论认为国家利用现代科学技术生产出一批千篇一律、雷同的文化娱乐产品，消费这种文化产品的“大众”会成为“单向度的人”“异化”的人。这些“大众”需要的“只是满足其生理需要的娱乐，而不再是生活意义的揭示”[③]。当然，现在看来这种“批判理论”视野下的“大众”话语，实质上是在生硬“移植”源于西方资本主义语境下的文化批判理论，其理论局限性是不言而喻的。至于这种批判理论在中国语境中盛行的原因，学者单世联有这样的分析：

> 中国知识分子的天下情怀和兼济意识迄今仍积重难消，急速转型的社会结构使知识分子在饱受政治摧残以后又遭经济白眼，愈益边缘化、异己化，这些都可能使其本能地接受批判理论。[④]

---

① 尹鸿：《为人文精神守望：当代中国大众文化批评导论》，《天津社会科学》1996年第2期。

② 同上。

③ 张汝伦：《论大众文化》，《复旦学报》（社会科学版），1994年第3期。

④ 单世联：《“只因没有希望，希望才给予我们”》，见《法兰克福学派史》（中译本序言），单世联译，广东人民出版社，1996，第4页。

于是，这些人文知识分子的“大众”言说，常常是从对消费社会的产物——大众文化的责备与批判而开始的：

> 这就是我们所理解的当代中国的大众文化：在功能上，它是一种游戏性的娱乐文化；在生产方式上，它是由文化工业生产的商品；在文本上，它是一种无深度的平面文化；在传播方式上，它是一种全民性的泛大众文化。①

可见，20世纪90年代一批批判“大众文化”的人文知识分子站在“精英文化”的立场上，把中国市场经济下的商业文化称为“文化工业”生产的“低级”产品，而消费这些产品的“大众”也一同被降为“低级”人群。它们之间形成了这样一个文化逻辑：文化工业生产大众文化，大众文化又生产了大众，因此，当代的消费大众自然成为文化工业的“产品”。如当代学者张汝伦这样描述“工业化”时代的“大众”：

> 个人比任何时候都更依附于社会，或者说被整合进社会。在日趋标准化和同一性的社会生活中“个人”逐渐成为“大众”（mass），从前个人所有的出身、血统、种族、种姓、阶级等等的区别已变得不那么重要，个人渐渐失去其个别性而成为被操纵的社会原子和单位。②

张汝伦认为这种在“工业化”基础上生成的“消费”语境，使得“大众”变成“僵化”、“标准化”和“同一化”的“mass”，而促使这种“大众”形成的最直接的文化则是“大众文化”。③ 于是，围绕以“大众文化”为主的接受活动所形成的“消费”语境使得“大众”进一步发生“质变”：

> 大众由于丧失了其个别性和独立性，也就失去了抵制科层制或

① 尹鸿：《为人文精神守望：当代中国大众文化批评导论》，《天津社会科学》1996年第2期。
② 张汝伦：《论大众文化》，《复旦学报》（社会科学版），1994年第3期。
③ 同上。

国家权力对个人自由实质的侵害，他被彻底支配和操纵，最多只有形式的自由，却在感情心理上经常会被误引误导。同时，正因为失去了个别性和独立性，大众又最容易对任何事情轻易地做出排斥性甚至是压制性的一致反应。所以，从本质上讲，大众潜在具有反民主的倾向。①

可见，在张汝伦看来，“大众”由于自身的“缺陷”而成为“消费”时代的受害者。这些失去“个别性”与“独立性”的“大众”已经不是“一个量的概念，不是真正的杂多，而是一个单一同质的集合单位”②，它与“大众文化”之间是相互塑造的关系，即“大众”塑造“大众文化”，反过来又被“大众文化”所塑造。在这个“互动”过程中，“大众”最终成为被动的受众与消费者。

事实上，这种批判立场是把商业文化的受众——“大众”视为一种与“精英”相对立的群体，也即失却主体性的文化“受害者”，而学者们试图找回“人文精神”来拯救“大众”。在始于1993年的“人文精神”大讨论中，人文知识分子认为“大众”主体性失落的过程也伴随着人文精神的失落。可问题是究竟谁是言说者心中的“大众”？戴锦华在《隐形书写》中认为“‘大众’一词所隐含的社会民主与民主社会的特征，成为不言自明的合法性依据；而且也正是在‘大众文化’的倡导者与辩护者那里，工业/后工业社会之所谓的‘大众’，开始显露出其作为社会消费、娱乐主体的意义”③。戴锦华的这个“大众”概念明确点出了当代“大众”的“消费”“娱乐”特性，但总体还是语焉不详。学者陈旭光的“大众”概说则更加具体与翔实：

时至今日，大众的内涵正发生着巨变——应该置换成包括工农在内的社会各个阶层的最广泛的受众群体。鉴于城市化的现实，现在受众的主体已不是以工农为主了，这个大众最为重要的市民和青少年，

---

① 张汝伦：《论大众文化》，《复旦学报》（社会科学版），1994年第3期。

② 同上。

③ 戴锦华：《隐形书写——90年代中国文化研究》，江苏人民出版社，2004，第11页。

尤其青少年大众是文艺作品传播的主要对象和主要接受主体。[①]

可见，在“革命”话语时代，“大众”被清楚地指定为“工农”群体，当代的“大众”却是一个“漂浮的能指”，也即戴锦华所谓的“消费、娱乐的主体”；而陈旭光则把“市民和青少年”界定为当代“大众”主体。显然这些大众“主体”具有很强的语境性与流动性，就像张汝伦所说，“‘大众’其实不是个人的集合，不是量的相加，而是一个质的概念。个人在这概念中毫无意义。看起来好像大众可以决定大众文化的内容与形式，但实际上刚好相反，大众只是消极的消费者和受众”[②]。

然而，当言说者在言说“大众”的时候，其实他也在潜意识中“建构”了一个与之相对的“精英”。“精英”与“大众”是相伴而生的，否则“大众”便无法存在。与“工农”群众话语言说者的仰视视角不同，当代人文知识分子以一种俯视的眼光，把“消费”语境中的“大众”看作一群缺乏判断力、知识水平低下的“乌合之众”。可见，当代“大众”批判话语是把“大众”视为与“精英”对立的文化群体，其核心特征就是“消费性”，消费的对象自然就是“大众文化”。

当代“大众”不仅被定性为与“精英”对立的大众文化的“消费者”，而且对“大众文化”的生成具有“反作用”，这主要表现在当代的“大众文化”被认定为标准化、无个性、程式化的文化，目标是追求商业利润，而这一切都被视为“现代大众生活方式及其文化特征所决定的”[③]；另一方面，“消费大众”形成的根源在于社会的“工业化”，比如学者周宪就详细地论述了当代“消费大众”的生成过程：

工业化使大量的人口集中于都市，教育的普及造就了大批具有读写能力的文化大众，技术的进步和工作效率的提高，使他们具有越来越多的闲暇时间，于是，闲暇便成为一种生活。另一方面，都市化所

① 陈旭光：《大众、大众文化与电影的“大众文化化”》，《艺术百家》2013 年第 3 期。

② 张汝伦：《大众文化霸权与文化生态危机》，《探索与争鸣》1994 年第 5 期。

③ 周宪：《从文学规训到文化批判》，译林出版社，2014，第 265 页。

> 形成的文化大众，与农业文明的俗民不同，不再以家庭为纽带，而是日益以社会组织（如产业、公共机构、社会服务等）作为交往的纽带，取而代之的是社会学上所描述的“平均的人”[①]。

基于对当代“大众”的这种认识，周宪还认为由于文化流通领域存在着“格雷欣法则”[②]，也就是“价值不高的东西会把价值较高的东西挤出流通领域”[③]，那么也就是“大众的”会对“精英的”东西进行挤压，于是在当代的文化场域中形成了“大众”与“精英”[④] 之间的博弈，最终“大众”取代了“精英”的强势地位，成为当代文化的“操纵者”。在周宪看来，传统意义上的拥有文化“优越感”的话语生产者（精英）占据着言说的中心，并充当启蒙大众的角色，告知和启蒙大众该如何认识世界，大众则是被动的、次要的接受者[⑤]。然而，在当代“消费”语境下的“大众”话语模式却使得“精英”与“大众”成了平等合作的角色，并且“大众”正“越俎代庖地变成了中心角色”[⑥]。

---

① 周宪：《从文学规训到文化批判》，译林出版社，2014，第 266 页。

② “格雷欣法则”是经济学中的术语，具体是指货币流通中劣币逐良币现象，在货币流通中价值相同的货币，金属价值高的会被价值低的货币挤出流通领域。

③ 周宪：《从文学规训到文化批判》，第 266 页。

④ 需要说明的是，中国当代文化场域中所形成的所谓“精英”与“大众”之间的二元对立，与西方近代以来所形成的二元对立是不同的。F. R. 利维斯《大众文明与少数人文化》一书中所确立的“大众”与“少数人”之间的对立，在一定程度上继承了西方自文艺复兴以来的“精英”与“大众”的二元对立模式。从空间来看，这种二元模式中“精英”常常指的是人数上较少的“上层”，而“大众”则指人数众多的社会下层。与之相对应的是，“大众”与“精英”之间又形成了“中心”与“边缘”的对立。从文化传承来说，14~16世纪的文艺复兴运动的影响主要限于社会上层，即“精英”阶层，而“普通大众实际像过去一样，仍延续着中世纪的传统，至少没有发生本质的变化”（晏绍祥：《古典历史研究史》（上卷），北京大学出版社，2013，第 3 页）。从语言的使用来看，“人民当中的大多数人只讲他们本地的方言，精英却用拉丁文或一种书面语言讲话和写字，他们还能讲方言，但把方言当作第二种语言或第三种语言”（〔英〕彼得·伯克：《欧洲近代早期的大众文化》，杨豫等译，上海人民出版社，2005，第 34 页）。因此，拉丁语常常成为“精英”与“大众”的重要区分，因为“一个绅士是个有闲暇和资源来学习一门困难的第二语言的人，它并不像农活、印刷或缝纫那样马上会派上用场”（Craig W. Kallendorf, “Renasissance”, in Craig W. Kallendorf, ed., *A Companion to the Classial Tradition* , Oxford: Blackwell Publishing Ltd., 2007, p. 42 ）。

⑤ 周宪：《当前的文化困境与艺术家的角色认同危机》，《文艺理论研究》1994 年第 6 期。

⑥ 周宪：《当前的文化困境与艺术家的角色认同危机》，《文艺理论研究》1994 年第 6 期。

从以上的论述中，可以清楚见出，当代“大众”批判话语大体源自西方文化批判理论，尤其是法兰克福学派的“文化工业”理论，把“大众”看作“没有积极性批判性的人，他们不能对于文本进行积极的、选择性的阅读”[①]。这种批判“大众”的“精英”立场类似于英国“文化与文明”传统的“Masses”话语，即都基于“精英”式的立场，以自己所设定的“文化”为标准去俯视“大众”，从而把他们“制造”成缺乏主体能动性的“庸众”。当然，这种所谓的“精英”立场以及对于西方批判理论的移用，最根本的动因在于一批固守“启蒙”立场的人文知识分子，在“消费”语境中深感“消费大众”与“人文精神”的格格不入，从而以“批判”的姿态作出的回应。

第二节　当代“大众”话语分化

当代“大众”话语的分化，来自作为言说主体的人文知识分子内部的分化，由此而形成了另一批新的“言说者”。作为“80年代”“启蒙者”的人文知识分子，到了1990年代其文化价值观出现了分裂，“一方面，一些人文知识分子自觉地、主动地撤离文化启蒙的阵地，将自我消解于平面化的日常生活之中”[②]，这类人文知识分子更多的是进行“大众”批判话语的反思以及对“消费大众”的某种程度的认同，这也是本节要论述的主要内容。而“另一方面，另一些人文知识分子依旧固守文化启蒙立场，却面临着多种文化精神的严重冲突”[③]，如学者衣俊卿就坚持认为“通过传统日常生活的批判与重建把以人之主体性为核心的文化启蒙推向深层次，这就显得十分重要与迫切”[④]。显然，上文中所讨论的“‘大众’批判话语”即属于这种固守文化启蒙姿态的话语言说。

从另一个角度看，1990年代人文知识分子的这种文化价值的“分裂”，

① 陶东风：《研究大众文化与消费主义的三种范式及其西方资源》，《河北学刊》2004年第5期。
② 衣俊卿：《文化哲学十五讲》，第268页。
③ 同上。
④ 同上书，第280页。

也表现在对待市场经济世俗化，以及裹挟而来的“消费大众”的问题上出现的一些分歧，“一部分知识分子积极肯定世俗社会中人的自然欲望和功利主义，而另一部分知识分子则猛烈地抨击世纪经济大潮下人文精神的失落，人已经堕落为物欲控制的对象，不再成其为人”[①]。就“大众”/“大众文化”来说，“人文精神论者对大众文化持一种不假思索的精英主义立场，认为大众文化肤浅、媚俗、实利主义，在大众文化的侵蚀下，中国文化变成了一片‘荒原’或‘废墟’。后现代论者则对大众文化采取热烈拥抱的态度，认为大众文化的兴起是中国进入后现代、‘后新时期’的‘进步’的表征”[②]。这样，在知识分子群体内部主要形成了“大众”批判话语和“大众”反思话语的分化，也可以说是“人文精神传统”与“世俗主义”的对立，并且这种对立一直持续到当下。当然，当代“大众”话语由批判到反思，或者说言说者内部的分化，一方面基于社会语境的变化；另一方面也是受到西方尤其是英国“文化研究”[③] 理论视角的影响。

就“大众”反思话语而言，那些对“大众”/“大众文化”相对肯定的知识分子试图通过“大众”与“后现代”话语去消解自上而下的“权力”（包括政治上的垄断等），这也是因为大众消费是与市场自由联系在一起的。到了1990年代后期，逐渐受到“文化研究”理论影响的学者，在认可“大众”对“权力”的消解的理论视野的基础上，进一步提出“抵抗”的观点。毫无疑问，在针对“抵抗”的言说中，暗含着“大众”与“特权”二元对峙的文化逻辑。而近几年来随着“文化研究”理论的盛行，一些学者把“大众”/“大众文化”视为斗争的“场域”，体现着“中心”与“边缘”的权力斗争，这就使得当代的“大众”言说更趋多元化。

---

① 许纪霖等著《启蒙的自我瓦解》，第27页。

② 同上书，第83页。

③ “文化研究”（cultural studies）是20世纪五六十年代主要兴起于英国的学术思潮，是一种注重考查文本的文化与政治意义的，具有跨学科性的思潮。在中国，“文化研究”理论模式真正对学术界产生重大影响应该在2000年前后。就“大众”话语而言，“文化研究”的出现使得对“大众”的言说更加多元化，具体表现在对“大众”批判话语的反思不仅仅是当代社会文化语境的客观要求，而且更加学理化地从“文化研究”的视角言说“大众”。

一　“大众”话语反思的文化逻辑

当代“大众”话语由“批判”到“反思”的变化，经历了从强调自上而下的对大众的宰制力量，到强调大众自下而上的主体能动性的转向。

具体地说，1980 年代之前的“工农”大众概念是由革命领袖或知识分子制造与命名的结果，而 20 世纪 90 年代之后的“消费大众”则主要源于人文知识分子的话语言说。在这个过程中，“大众媒介”起了至关重要的作用，因为随着电子媒介的普及与应用，媒介已经成为“经济、历史和社会权力关系的一部分，同时是人们生活体验、意义和身份认同的外在形态”[①]，我们所说的“消费”常常是在“媒介”的“帮助”下由体制、经济、社会、文化和历史同时构成的言说语境。[②] 在这种“媒介制造”的“消费”语境中，“人们放弃了传统精英文化用理性、人生的价值、历史的意义、人的终极关怀等深度文化价值取向为大众构造的理性文化或理想文化空间，开始向衣食住行、饮食男女等日常生计（生活的原生态）回归，从而自觉不自觉地接受以现代大众传播媒介为依托、此时此刻为关切中心、以吃喝玩乐为基本内涵的消费文化和通俗文化”[③]。可以说，“消费”语境中的“大众”更多的是由“媒介”所建构的，而知识分子则往往只是“大众”概念的“命名者”。从这个意义上看，当代“大众”既是被语言建构的“概念”，同时也是知识分子对生活于媒介之中的消费群体的一种“命名”。

因此，当代的“大众”无论是倾向于“Masses”还是“Popular”的言说，其话语生成机制大都遵循着由“媒介建构”到知识分子“命名”这样一个过程，它们“分野”的关键在后来的“命名”的程序之中，当代“大众”所包含的两种语义（“Masses”和“Popular”），在话语建构的机制中呈现出“分→合→分”的态势。

对于人文知识分子而言，一直以来他们都在利用所掌握的“文化资

---

① 〔美〕劳伦斯·格罗斯伯格：《媒介建构》（第一版序言），祁林译，南京大学出版社，2014，第 14 页。

② 同上书，第 13 页。

③ 衣俊卿：《文化哲学十五讲》，第 273 页。

本”建构“那种以他们为中心的符号等级结构，他们把合于自己文化品味的东西划为‘高雅’，把与之相反的东西划为‘粗俗’，通过控制这个界限，知识分子不仅将自己与大众在文化身份上做了高低的区分，并且形成和保持着对后者的压力，令他们有一种提升的向往和需要”①。然而在“工农兵”大众话语笼罩下的知识分子，不仅失掉了言说的权力同时也失掉了传统意义上的文化优越感，转而为自身小资产阶级的种种“缺陷”而自卑。这也使得“‘大众’这个概念在百年思想文化历史上具有举足轻重的地位。它的神化性质是不容颠覆和僭越的”，因而“对大众的膜拜是20世纪思想文化史上最大的时尚”，这当然与特定时期“救亡图存和社会主义建设需要广泛的民众动员有极大的关系”②。尽管在革命时期，知识分子成了被改造的对象，“但他们有话语支配权，社会对知书达理的读书人的尊重仍是普遍的共识。因此，对‘大众’的呼唤，知识分子多少还有些‘优越感’”③。

然而，到了1990年代，当人文知识分子“仍然以当年的热情，以旧理想主义的情怀面对大众，并试图为他们服务时，大众却对知识分子为他们创造的文艺失去了兴趣”④。在这个过程中，这些曾经的“精英”知识分子被边缘化了，“它们或许从来没有像今天这样意识到自身的无足轻重，此前那种先知先觉的悲壮情怀，在商品流通中变得一文不值”⑤。当然这也从某种程度上彰显了“80年代”“文化启蒙”的局限性，即“在一个社会中，往往只有少数人是自觉的文化实践者，而绝大多数普通民众则凭借着自在的文化而自发地生存”⑥。

从另一个角度看，知识分子在1990年代的失落和无奈也可视为是一种后现代文化的表征，因为“随着大众文化与高雅文化之间差别的消弭，向后现代文化的转轨，给知识分子带来一种特别的威胁”⑦。这种“后现代文

① 杨匡汉：《20世纪中国文学经验》（上），东方出版中心，2006，第259页。
② 孟繁华：《众神狂欢：世纪之交的中国文化现象》，中国人民大学出版社，2009，第123页。
③ 同上书，第124页。
④ 同上。
⑤ 陈平原：《近百年精英文化的失落》，原载《二十一世纪》1993年第6期。
⑥ 衣俊卿：《文化哲学十五讲》，第278页。
⑦ 〔英〕迈克·费瑟斯通：《消费文化与后现代主义》，译林出版社，2000，第81页。

化”更多地源自“市场”主导下的“消费”逻辑，对此学者唐文明有如下言述：

> 90年代实际上是一个知识分子与大众分化的时代。在“领袖”之后，“人民”也被请下了神坛，“大众”的贬义渐渐呈现为真实。这种处境需要知识分子的新的自觉。如何在以民众为底色的社会中再生出一种全新的精英意识，怀着长远的考虑而构筑“道统”的堡垒，这才是知识分子所面临的时代考验。①

如果回到“红色”革命时代的“大众”话语，可以看到“工农兵”被很明确地划分到“人民大众”之中，并成为革命的主体，社会阶层的排序大致为：工、农、兵、学、商。而“消费”逻辑下具有后现代色彩的“大众”话语，在某种程度上形成了对“工农兵”大众话语的颠覆与解构，其具体表现在：曾经处于“末”位的“商”被提升到了各个阶层之首，而过去革命的主力军——“工农兵”则相对边缘化了。这样一来，知识分子也“不得不融入市场化与世俗化大潮”②。

可见，当代“大众”话语反思，得力于带有后现代色彩的消费社会的出现，“大众”由“批判”到“认可”或“扶正”，“反映了现代性向后现代性的转迁的社会的和思想的进程，体现了主张差异、多元和抹平界限的后现代思潮的一个面相”③。

另外，就1990年代的“大众”言说来说，“这个‘大众’的概念其内涵与外延均不同于‘讲话’时期的大众，也不仅仅是一个数量的概念。现在我们所用的‘大众’术语更多地来自西方，与文化研究理论相关，指的是一个大众文化语境下的有所限定和特指的‘大众’”④。因此，考察1990年代的“大众”话语，既要参照1980年代之前的以“工农”为主体的“大

---

① 唐文明：《80年代到90年代的文化政治》，作者授权新浪历史刊发，原标题为《怀旧与反思——〈八十年代访谈录〉读后》，http：//www.21ccom.net/articles/lsjd/lsjj/article_2013071987979.html。

② 邹诗鹏：《三十年社会与文化思潮》，复旦大学出版社，2012，第29页。

③ 朱立元主编《西方美学思想史》（下），上海人民出版社，2009，第1585页。

④ 陈旭光：《大众、大众文化与电影的“大众文化化”》，《艺术百家》2013年第3期。

众”言说，也要从西方“大众”话语中寻找理论资源。或者说，当代“大众”言说由“批判”向“反思”的转移，与“文化研究”（cultural studies）理论视角的影响是分不开的。

事实上，1990年代中后期，一部分人文知识分子对“大众”话语进行反思的时候，已经引入了“文化研究”的理论视角与分析方法。不过，“文化研究作为一门学科，公认是发端于英国伯明翰大学1964年成立的‘当代文化研究中心’”[①]。在中国，“文化研究”正式作为一门独立的学科或者批评理论应该出现在2000年前后。[②] 与传统[③]的文化研究理念不同，“文化研究抵抗英国主流文学界的文化精英主义，将传统文化理论不屑一顾的一些文化表现领域如电视、大众文化纳入研究领域”[④]，“文化研究”的核心问题是“文化政治或政治文化”[⑤]，也就是揭示文化与权力在不同语境中的接合，以及文化中的知识、权力与政治的关系。简单地说，当代“大众”话语由“批判”转向“反思”，更直接的原因在于“在文化研究者眼里，已经没有对大众文化的仇视和贬低，大众文化已经成为肯定的、并值得研究的对象”[⑥]，并且“文化研究对现代社会中的文化现象进行了具体的甚至实证式的考查，以民族志方法深入探讨了大众文化和传媒问题，并采取了文化

① 朱立元主编《当代西方文艺理论》（第3版），华东师范大学出版社，2015，第375页。

② 这里所说的“文化研究”进入中国学术界的时间，主要指其被大规模作为话语资源被应用的时间。实际上，“文化研究”理论被中国学术界接受的时间可以追溯到1990年代甚至更早。著名学者陶东风认为，“当代西方文化研究的理论与实践在上世纪的80年代末、特别是90年代以降被陆续介绍到中国并运用于当代中国文学与文化研究，成为90年代社会-文化批评的主要话语资源之一”（陶东风等著《当代中国的文化批评》，北京大学出版社，2006，第25页）。也有学者认为“文化研究直到90年代后期才进入中国，尽管在此之前有各种各样的‘文化研究’，但与现今欧美流行的文化研究南辕北辙”（陈晓明：《文化研究与政治合法性陷阱》，《中国社会科学》2000年第6期）。著名学者黄卓越教授认为，“文化研究”大概在70年代开始由英国向美国渗透，传入东亚地区要稍微晚一些。90年代以来中国的台湾和香港地区开始涉足文化研究，并有一些学者在发掘文化研究与区域传统之间的关系，在这一点上，这一时期中国大陆的文化研究就显得有点指向不够明确（黄卓越、邹赞：《追述与反思：伯明翰学派与文化研究》，《社会科学家》2009年第7期）。

③ “传统”的文化研究主要是对“精英化的”“主流的”文化的研究，更关注文化的内在价值与思想史意义。而1960年代肇始于英国的“文化研究”则更关注历史上被主流文化忽略的文化形式，比如工人阶级文化、大众文化等，所研究的对象是具有“平民化”色彩的“共同文化”。

④ 陆扬、王毅：《文化研究导论》，复旦大学出版社，2006，第115页。

⑤ 胡疆锋：《文化研究的核心是文化政治》，《中国社会科学报》2014年7月9日。

⑥ 朱立元主编《西方美学思想史》（下），第1584页。

中立的立场，甚至多对流行文化抱着同情、肯定的态度”①。“文化研究”之所以对“大众”采取“文化分析”的姿态，而不是简单地进行价值批判，还在于“文化研究关注的是意义是如何从具体的物质实践中产生出来的，并且强调这种意义的生产过程是包括制度、组织、文本行为等在内的所有因素相互冲突并达成协议的动态过程，对这一过程的精细描绘比较真切地展露了社会生活的内在肌理”②。

由上所述，我们可以把“文化研究”视为当代“大众”言说从“批判”到“反思”的转向的理论工具，因为“文化研究感兴趣的不再是由文化工业所提供的商品，而是大众在消费行为中消费这些商业并制造意义的过程和方式”③。实质上，“文化研究”之所以在中国当代文化语境中发生也是与这一时期的“文化转向”有关，即一部分知识分子从“分析主流精英文化实践转向分析大众文化实践”④。

具体来看，作为“文化研究”标志性的话题之一就是“日常生活的审美化”⑤，而“日常生活审美化话题，体现的是当代社会生活的消费文化特征”⑥。而这个话题又是由《消费文化与后现代主义》与《重构美学》等理论文本所引发的关于传统美学的后现代转向。简单地说就是美学视角由“精英”向“平民”的转移，人们所关注的“文本”已经不限于传统美学意义上的“经典”，而是转入日常生活，街心花园、超级市场甚至一座城市都可视为有意义的“文本”。这种视角的“下移”使人们在以前所忽视的日

① 朱立元主编《西方美学思想史》（下），第1574页。

② 倪伟：《作为视野和方法的文化研究》，《中国现代文学研究丛刊》2002年第3期。

③ 陶东风主编《文化研究精粹读本》（导论），中国人民大学出版社，2006，第13页。

④ 〔英〕尼古拉斯·加恩海姆：《政治经济学与文化研究》，贺玉高译，转引自陶东风主编《文化研究精粹读本》，第211页。

⑤ “日常生活审美化”是针对当代文学批评和研究的“边缘化”、文学研究的“文化研究”转向而提出来的，较早提出这一概念的是著名学者陶东风，在“日常生活审美化与文化研究的兴起”等系列文章中，他提出文学研究向社会生活突围，走向大众的日常生活。陆扬在《日常生活审美化批判》一书中对这个概念进行了界定，“日常生活审美化，可视为当代中国文艺学和美学历经的‘文化转向’的一个本土名称。这个名称是外来的，它是英文the aestheticization of everyday life的直译，但是无论就其内涵和外延而言，都显示了地道的中国本土文化的作风”（陆扬：《日常生活审美化批判》（前言），复旦大学出版社，2012，第1页）。

⑥ 陆扬：《日常生活审美化批判》，第86页。

常琐碎的生活中发现了“意义”。就“大众”而言，那种视“大众”为被动消费者的“Masses”言说逐渐转为有“意义”的“Popular”话语。这其实也意味着“文化工业”信徒逐渐走向“伯明翰学派”的文化研究之中，或者说，1990年代有关“日常生活审美化”的提出，可视为“中国大众文化的理论话语正在由法兰克福学派向伯明翰学派转向”①。作为伯明翰学派的领军人物，雷蒙·威廉斯把文化视为一种“生活方式”，也就把“文化”从“象牙塔”拉入平民的日常生活当中，而符号学的文化理念则更是从“大众”所消费的“符号”中寻找“意义”。

总之，当代“大众”反思话语的生成一方面出于对“消费”语境中“大众民主”的认同，继而纠正了“大众”批判话语的“片面性”，即“消费”时代的“大众”并不都是消极被动的社会群体，在社会文化发展中“大众”也有积极与主动的推动作用；另一方面，针对当代“大众”话语的反思也受到“文化研究”理路的影响，也就是西方尤其是英国“文化研究”理念“旅行”到中国之后，这种较“文化分析”式的理论视角，在某种程度上“解构”了言说主体的“精英”身份，使得言说者能够以一种“平视”的视角看待“大众”，继而“发现”了“大众”身上的“积极”因素。更进一步说，当代“大众”身上的“积极”因素主要体现在，当把“大众”/“大众文化”视为一种文化符号时，更值得关注的“大众”/“大众文化”在“意义”生产中的作用。

当然，作为“大众”反思话语的理论资源——文化研究的兴起并不仅仅是西方“文化研究”的“理论旅行”的结果，根本动力来自中国本土文化的现实要求。对此，陶东风在《当代中国的文化批评》一书中说，“中国的文化研究与‘后’批评在20世纪90年代兴起，与西方文化理论的影响（理论旅行）存在非常直接的关系，但是，与其他因素相比，中国本土的社会与文化现实的挑战以及中国文化在全球化格局中定位的变化，却无疑是导致文化批评的历史性出场的更为根本性的原因”②。简单地说，“文化研究”出现的最重要的原因是“1990年代市场化、世俗化进程的加速发展，

---

① 陆扬：《日常生活审美化批判》，第122页。

② 陶东风等：《当代中国的文化批评》，第26页。

大众文化与消费主义的兴盛”[1]，也就是说，“文化研究”的兴起，其根本是基于中国当代以“消费”主导的文化语境，而不仅仅是来自西方的“理论旅行”的结果。

二 当代“大众”话语反思

20世纪90年代，以“消费”主导的带有后现代色彩的文化语境促使“先前新启蒙思潮所禀承的理想主义迅速衰落，代之而起的是对世俗生活的彻底认同，理想让位于世俗”[2]。其直接诱因则是“后现代性的一个后果是知识分子角色的根本转变，从立法者转变为阐释者”[3]。由此，知识分子角色的转变在某种程度上认可了“大众”的文化身份与意义。

与1980年代的“道德反思”[4] 相比，1990年代的人文知识分子更偏重于“知识反思”，也即“启蒙思想的自我反思”，也即“如果说80年代的主题是启蒙的话，那么90年代的主题就转化为反思启蒙”[5]。具体而言，早在1990年代初的“人文精神”讨论中，一些人文知识分子已意识到对待“消费大众”应该有个公正平等的态度，而不是站在“精英”立场对其进行一味地批判。如1994年李泽厚、王德胜在关于文化的对话中就流露出对“大众”批判话语的反思。李泽厚认为，“大众文化一般是盲目的、自发的。跟随着大众消费趋向走。知识分子文化与之联系，将可以引导大众文化，也可以塑造大众文化”。至于说危机感的问题，李泽厚说，“知识分子不要把自己看作‘救世主’，而要认识到，真正能够改变社会的还是经济力量”。知识分子的失落与危机感，根本原因在于“‘精英’意识和传

---

① 陶东风等:《当代中国的文化批评》，第27页。

② 邹诗鹏:《三十年社会与文化思潮》，复旦大学出版社，2012，第29页。

③ 〔英〕弗兰克·富里迪:《知识分子都到哪里去了》，戴从容译，江苏人民出版社，2012，第35~36页。

④ 尽管这里要讨论的是1990年代的“大众”批判话语反思，但不可否认的是，人文知识分子的“反思”活动早在1980年代已经开始，从思想解放运动到新启蒙运动，在“现代化”的历史叙述中经历了一个类似于中国近代的三个时期：从器物层面到制度层面，再到新启蒙运动所追求的文化层面（庞朴:《文化结构与近代中国》，《中国社会科学》1986年第5期）。而“文化现代化”的追寻则主要是以对“文化大革命”时期的政治乌托邦的道德反思为基础的。

⑤ 许纪霖等著《启蒙的自我瓦解》，第12页。

统的‘万般皆下品，唯有读书高’的观念在作祟，不想做社会中真正平等的一员”①。

到了 1990 年代中后期，一部分人文知识分子开始对“大众”批判话语进行比较全面的反思。前面已提到，这种对“大众”批判话语的反思并不是出现了新的“反思”思潮，而主要是人文知识分子内部分化的结果。对此，学者尹鸿有较为详细的论述：

> 当难以数计的老百姓正沉浸在大众文化为他们编织的白日梦幻之中怡然自得时，被认为是文化“看守者”的人文知识分子们却出现了明显的分野：有的人把大众文化当作当代社会民主化的硕果，是社会稳定、文化平等、话语霸权解体的历史进步；而另一些批评家则将大众文化看成是人类文明的式微，是资本对文化、传统、信仰、价值观念的挑战，是财富对人类精神的专制。有的人甚至把大众文化看成是人类精神的鸦片、可卡因。②

可见，从人文知识分子中“分化”出来的一部分人，在对当代“大众”话语反思的时候，把“大众”与“民主”的实现相结合，把“大众”话语的生成视为“民主”③ 实现的方式和结果，并在一定程度上促进了“文化民主化和平民化的进程”④。当然，这种反思也是基于当代特定的文化语境而言的，也即“大众”批判话语是与对“大众文化”的批判紧密相连的。而作为“大众”的生产场域——大众文化常被视为消费的、娱乐的、浅表的、“娱乐至死”的文化，因而“大众”也被看作毫无作为的被动受众。然而，对当代“大众”话语做出反思的学者却从另一个角度肯定了“大众”生产机制的积极功能，因为“大众”不完全是受大众文化制约的被动群体，而是“一个有自己生理需要、生活需要以及文化需要的社会个体，大众文化

① 李泽厚、王德胜：《关于文化现状、道德重建的对话》，《东方》1994 年第 6 期。
② 尹鸿：《为人文精神守望：当代中国大众文化批评导论》，《天津社会科学》1996 年第 2 期。
③ 这里的“民主”应该是“民做主”，而不是“民的主”。
④ 尹鸿：《为人文精神守望：当代中国大众文化批评导论》，《天津社会科学》1996 年第 2 期。

对大众的影响，只是在大众固有的基础上的深化或扩展”[1]。学者孟繁华进一步认为，“‘大众化’策略本身具有两种功能，一是它替代或填补了民众对文化娱乐功能的要求；二是它浅显易懂，在不经意的娱乐中完成了主流意识形态的教化要求”[2]。

另外，1990年代之后随着时代主题由“启蒙”向“消费”转移，“精英”与“大众”间的位置也在悄然发生变动，“人文知识分子不再向大众保持一种居高临下的发言姿态。他们之间恢复了平等对话关系”[3]。也就是说，“精英”与“大众”的二分法既是不合理的，也不应该有谁统治谁的问题，“因为大众并不是‘精英’的‘群众’，‘精英’也不是大众的‘领袖’，大众和精英之间并不是上下级的关系”[4]。当然，由“大众”批判到反思有其复杂的社会的、经济的、文化的多重原因，其中也不乏西方“大众”的“理论旅行”的潜在影响，如斯图尔特·霍尔的《编码/解码》就是这方面的重要文献。尽管《编码/解码》关注的是电视文本研究中意义的传送与接受的关系，但这个“霍尔模式”却为“大众”研究的理论转向起到了重要作用，即“意义不是传送者‘传递’的，而是接受者‘生产’的”[5]。

由此，当代“大众”反思话语不再简单地把“大众”视为“文化呆子”，也不再从传统的审美价值等方面对“大众”进行批判，而是“自觉地、有意识地放弃或撤离这种以人之主体性生成为宗旨的文化启蒙立场，接受以消解主体性为本质特征的后现代精神，与衣食住行、饮食男女等自在的日常生活模式认同”[6]。另外，基于对“消费大众”的反思话语，有时候更直接针对的是“大众”批判话语的“言说方式”：

> 1990年代初中期的精英知识分子对于大众消费文化的批判是从审美主义和道德主义的角度出发的，它高扬“人文精神”、“超级主体”

---

① 陈刚：《大众文化与当代乌托邦》，作家出版社，1996，第87页。

② 孟繁华：《众神狂欢：世纪之交的中国文化现象》，第5页。

③ 南帆：《人文精神：背景和框架》，《读书》1996年第7期。

④ 葛红兵：《障碍与认同——当代中国文化问题》，学林出版社，2000，第325页。

⑤ 陆扬等：《大众文化与传媒》，第73页。

⑥ 衣俊卿：《文化哲学十五讲》（第2版），第269页。

等宏达话语，但是这些话语是抽象的、大而无当的、不得要领的。①

事实上，在某种程度上可以说，针对“大众”批判话语的反思既是对此前话语的解构，同时也可视为对“大众”话语的重构，是“大众”话语在当代一段时间内的流变。具体表现在关注“大众”的“抵抗性”②“流动性”以及把“大众”视为“斗争的场域”等。

首先，应该说作为一种言说策略，承认“大众”的“抵抗性”对于“大众”批判话语具有一定的纠偏作用，其理论资源与法国学者米歇尔·德·塞托的“抵制理论”（Resistance Theory）有关。“抵制”是日常生活中“大众”所使用的“战术”，关注的是“大众或者说‘弱者’在文化实践中，如何利用‘强者’加给他们的限制，给自己创造出一个行为和决断的自由空间”③。与“抵制”理论类似的还有波德里亚的“不抵制”理论，认为作为“沉默的大众”也可以采取“被动”的、“不抵制”的姿态进行“意义”上的抵制，即像镜子一样把传递来的“意义”给“折射”回去。当然，“抵抗”论的“大众”言说，其直接的理论渊源来自“文化研究”理论中基于政治经济学意义上的“文化”阐释：

文化是在统治和支配的关系中得以产生的，并因此而再生产或者抵制现存的权力结构，这样的一个视角还为文化研究提供了一个规范性的标准，依凭这个标准，批评家可以抨击文化文本中那些再生产阶级、性别、种族和其他等级化统治形式的我们，积极地强化抵制和颠覆现存统治秩序的方面，描述对于统治秩序的抵抗和斗争的形式。④

可见，这种“抵制”意义上的“大众”言说，肯定了“大众”在“去

① 陶东风主编《当代中国文艺思潮与文化热点》，北京大学出版社，2008，第22页。

② 知识分子对“大众”及“大众文化”的言说几乎是同步的。

③ 陆扬等：《大众文化与传媒》，第124页。

④ 道格拉斯·凯尔纳：《批评理论与文化研究：未能达成的结合》，见陶东风主编《文化研究精粹读本》，中国人民大学出版社，2010，第149页。

政治化”的时代语境中具有反抗文化“专制”的积极作用，“大众也不复是传统社会中被动的观念接受者，相反，大众传播时代的大众开始用‘沉默’来对抗传媒的主宰和知识分子的统治企图……这沉默是一种权力、一种回应、一种策略，它不是被动的表现，反之恰恰是终结宏达的政治和信息操纵系统的努力，借此大众以沉默对上面强加下来的政治的、社会的、文化的控制企图，作出了他们自己的回答”①。另一方面，“大众”的“抵抗性”也表征着当代“大众”话语已逐渐从“Masses”向“Popular”发生流变。而在英美的“大众”话语语境中，一般“用‘Masses’表示消极的受众，用‘Popular’表示有所主动的受众”②。基于此，当代“大众”反思话语认为“大众不是消极被动的，大众是具有能动性的主体，大众文化是由大众来创造的，大众有能力制造属于自己的快乐。”③。

要说明的是，这种与之前的“工农”大众迥异的大众话语，其理论渊源毫不例外地来自西方。比如英国文化理论家雷蒙·威廉斯在批判整合了“利维斯主义”的“完美”“知识”“能力”等文化观之后，提出了平民化的“生活方式”的文化观，其“大众”观也实现了由“Masses”向“Popular”的话语转向，并打破了“精英”与“大众”的二元对立；而斯图尔特·霍尔则以“斗争方式”来取代“生活方式”的文化观，认为“大众”是“中心”与“边缘”之间“斗争”的结果。此外，“文化研究”的“大众性”决定了它的“反精英”性，并且“只有通过大众性，我们才能发现从属关系是如何被体验和抵抗的，才能明白从属和抵抗的可能性是在支配关系的结构之内被打开并指向这些结构之外”。④

基于以上这些“Popular”大众理论，当代中国倾向“Popular”的“大众”话语，其核心观点是充分肯定“大众”实践的“世俗性”与“抵抗性”特质。如果把这种倾向“Popular”的“大众”话语与“革命”语境中的“大众”作一比较，可以发现它们之间有类似的言说姿态，即都把“大众”作为积极能动的社会力量加以肯定。“革命”语境中的“大众”被

① 陆扬等：《大众文化与传媒》，第 33 页。

② 黄卓越：《黄卓越思想史与批评学论文集》，北京语言大学出版社，2012，第 32 页。

③ 王迎新：《大众文化的意识形态功能研究》，南开大学出版社，2014，第 83 页。

④ 罗钢等主编《文化研究读本》，中国社会科学出版社，2011，第 77 页。

“说”成“革命主力军”和依靠力量；而“消费”语境中的“大众”(Popular)则是有所主动的消费者，他们甚至以“消费”的方式进行“微抵抗”。具体地说，“革命”语境中的“大众”是革命领袖、知识分子动员与征用的对象，即工人、农民，且把“阶级性”作为分类的标准；而“消费”语境中的“大众”则是具有一定经济、文化基础的人民，他们并非“沙发土豆”式的趣味低下者，而是一个较为复杂的群体。比如学者贾明这样描述“消费”语境中的“大众”：

> 不是指“最广大的人民大众”。这里的大众是一个消费群体，而不是一个整体，在这个群体中，有来自各种阶层的人，其中主要的中坚却是受过良好教育的人，如白领阶层、大中学生等等。没有证据表明他们的艺术趣味比大众文化出现前的人群要低，相反由于比过去更多地接近了文化和艺术，他们具备了一定的文化艺术素养。①

进一步说，在上一节的论述中之所以把当代“大众”的“Popular”转向与“日常生活审美化”联系起来，也是因为“相对于社会文化生产的发展而言，社会生活中的大多数实践方式往往只是作为‘抵制’或惰性表现出来”②。作为消费者的当代“大众”，他们并不是像“大众”批判者认为的那样，被其消费的“文化”所“规训”，而是“消费者的消费程序和计谋构成反规训的体系”③。塞托把“大众”的消费行为称为“实践者的战术”，在这种“实践”中，“消费的战术，是弱者为了利用强者所采取的机灵方式”④。总之，不论是德·塞托的“微抵抗”还是“亚文化”中的“仪式的抵抗”都表征了“大众”主体性的存在。在以“抵抗”为中心的“大众”(Popular)话语中，“大众”并不是把媒介所制造的“媒介文化”全盘接收，而是进行意义的“再生产”。

---

① 贾明：《对大众文化批评及大众文化特征的思考》，《社会科学》2004年第11期。

② 〔法〕米歇尔·德·塞托：《日常生活实践：1. 实践的艺术》，方琳琳等译，南京大学出版社，2009，第9页。

③ 同上书，第35页。

④ 同上书，第37~38页。

从另一方面看，1990 年代以来商业文化的繁荣宣告了 1980 年代“新启蒙”神话的终结，从而改变了“大众”在文化生产场中的“客体”地位。正如学者孟繁华所说，当代“大众”不仅改换了消极被动的受众角色，而且已经具有了一定的“主体性”：

> 民众在商品化的社会中逐步找到了自己的身份和主体，不再听凭知识分子的启蒙和引导，80 年代的“圣言”已经很少再有听众。①

当代“大众”言说由“消费者”向“生产者”的转换，仍旧可以从米歇尔·德·塞托那里找到理论渊源：

> 还有另外一种生产，它与合理的、扩张的，且集中、嘈杂、壮观的生产相对应，我们称之为“消费”。它是有计谋的、四处分散的，但是它渗入到任何地方，悄悄地、几乎是不为人所察觉地渗入进来，因为它通过对占主导地位的经济秩序强加的产品进行使用的方式来凸现自己，而不是通过产品本身来显示自己。②

简单地说，“消费并非生产商意志的简单反映，它原本就是一种‘生产’，意义是在文化消费实践中被积极地生产出的”③。

当然，以认可“抵抗性”为中心的当代大众言说，“到费斯克而走向了极端，出现了所谓的极度美化大众能动性的‘民粹主义’倾向。民粹主义的文化研究由于警惕经济主义而把关注的焦点放在消费而不是生产，积极肯定消费大众的主动性与创造性”④。学者陶东风认为，“大众”批判话语在经历了文化研究中的“葛兰西转向”之后，这种反“精英”的“民粹”立场使得当代“大众”言说从一个极端走向了另一个极端，即对待大众的态度由极度“贬低”到过度“美化”。这也从某种意义上揭示出英国文化研究

---

① 孟繁华：《众神狂欢：世纪之交的中国文化现象》，第 28 页。

② 〔法〕米歇尔·德·塞托：《日常生活实践：1. 实践的艺术》，第 33 页。

③ 陈立旭：《重估大众的文化创造力》，重庆出版社，2009，第 153 页。

④ 陶东风主编《文化研究精粹读本》（导论），第 16 页。

的“短处”，即“把自己的关注点狭隘地集中在消费上，而没有把消费问题置于物质的生产关系中”①。

其次，一种“文化分析”式的“大众”言述，把“大众”视为“流动”的概念，而不是把某部分人认定为固定不变的“大众”，就像学者孟繁华所说：

> “大众”一词的内涵过于暧昧，它的所指常常是不明的。这种复数的概念只是沿用了历史的说法，它常常是与知识分子或精英阶层相对使用的。但是，对市场文化的接受，已不是普通民众，在知识界，喜欢言情、武侠作品的人已大有人在。②

这种“大众”言说并没有把“大众”限定在某一阶层，从而打破了“精英”“大众”二元对立的言说模式，即使是精英阶层在特定的语境中也会以“大众”的面目呈现。基于这种“流动”的“大众”理念，一些知识分子认为当代“大众”的生成有其独特的话语机制。持这种观点的学者认为，在特定的“小语境”中人人都可以被建构为“大众”：

> “大众”是被知识分子、艺术家、文化媒介人和市场依据当下现存“生产”出来的。这种人为的“制造”与新崛起的中产阶层的自我想象和欲望诉求相吻合。所以，“大众”并不特指固定的某些人。是否为“大众”，就看在某一特定时刻是否受到所谓的“大众文化意识形态”的支配。③

从理论渊源看，这种“生成论”的“大众”言说借鉴了约翰·费斯克的“大众”理论资源。在《理解大众文化》一书中，费斯克认为“‘大众’并不是一个固定的社会学范畴；它无法成为经验研究的对象，因为它并不

---

① 陶东风主编《文化研究精粹读本》（导论），第 16 页。

② 孟繁华：《众神狂欢：世纪之交的中国文化现象》，第 13 页。

③ 范玉刚：《当下语境下的“大众”与“大众文化”》，《中共中央党校学报》2007 年第 11 卷第 3 期。

以客观实体的形式存在”[1]，为了更清楚地阐明“大众”的“是”（who he is），费斯克引入了“层理”（formations）的概念[2]来补充说明，“个人在不同的时间内，可以属于不同的大众层理，并时常在各层理间频繁流动”[3]。同时，费斯克又在《大众经济》一文中认为“大众性”指的就是“人民”，进而更加详细地阐述了这一概念的“流动性”：

> 我们应该把人民视为一个多元的不断变化的概念，是以多方式适应或抵制主导价值体系的无数不同的社会群体。仅就“人民”是个合理的概念这一点而言，应该将其视为不断变化的、相对短暂的诸多构形的联合。它既不是一个统一的、也不是一个稳定的概念，但在统治阶级的辩证关系中它的条件始终处于不断的重新构成之中。[4]

由此，在当代文化场域中这种“生成论”大众理念，使得“大众文化与精英文化没有一个截然分离的界线，创造和接受文化的人也很难简单地按‘精英’和‘大众’来划分”[5]。

再次，当代“大众”反思话语在肯定了“大众”的“抵抗”性之后，近十年来关于“大众”言说又出现了“场域”论的话题。这种“场域”论与葛兰西的文化霸权理论有一定的渊源关系：

> 根据葛兰西的文化霸权理论，文化是一处斗争的场所，各个阶级和社会集团为取得文化领导权进行着持续不断的谈判、斗争和调停，

---

① 〔美〕约翰·费斯克：《理解大众文化》，王晓珏等译，中央编译出版社，2001，第29页。

② 关于“层理”（formations）的概念，《理解大众文化》一书的译者对此有专门的注释，“它指的是大众的构成方式，就像延展分布的底层。大众的这种结构方式乃至分布状态，是由不同的人员形成的不同的分层。这些分层不是固定不变的，也不是完全被动的，而是有一定程度的流动性”。——〔美〕约翰·费斯克：《理解大众文化》，第59页。

③ 〔美〕约翰·费斯克：《理解大众文化》，第29页。

④ 〔美〕约翰·费斯克：《大众经济》，陈永国译，转引罗钢等主编《文化研究读本》，第232~233页。

⑤ 王笛：《新文化史、微观史和大众文化史》，《近代史研究》2009年第1期，第138页。

> 这些谈判和斗争不仅不同程度地牵涉到真理与谬误，正确再现与错误再现的问题，而且暗示给我们，在一定的历史条件下，某些阶级、社会集团和个人可能作出比另一些阶级、社会集团和个人更正确、更公正、更直接的再现。①

斯图尔特·霍尔把文化中的“斗争的场所”演绎为“场域”论，并用于对“大众”/“大众文化”的“解构”性分析。在1981年发表的《结构“大众”的笔记》一文中，霍尔从关系、影响和对抗等方面来定义“大众文化”（popular culture）：

> “大众文化”（popular culture）的实质就是一些关系（relations），也就是用与主导文化之间的持续不断的张力（关系、影响和对抗）来定义“大众文化”的关系……这样就把文化形式与活动的主体视为一个持续不断的变化的场域（field）。②

可见，霍尔是把“大众”/“大众文化”看作一个动态的“场域”，并认为“建构‘大众’所依据的原则是占中心地位的精英或主导文化与‘边缘’文化之间的张力和对立”③。而与霍尔的“场域”论类似的是，2013年澳大利亚文化理论家洪恩美（Ien Ang）也提出“斗争场域”（site of struggle）论，就是“把‘文化’当作‘斗争场域’，将文化理解为‘政治的’与社会争端的领域”④，这主要是因为文化研究关注的核心是“‘文化’与‘政治’或‘权力’在具体环境中的接合”⑤。为了阐明其“斗争场域”论的合理性，洪恩美进一步对其进行理论阐释：

---

① 罗钢等主编《文化研究读本》（前言），中国社会科学出版社，2011，第21页。

② S. Hall, “Notes on Deconstruting ‘the Popular’”, In J. Storey, *Cultural Theory and Popular Culture: A Reader* (*2rd ed.*), Prentice Hall. 1997. p. 449.

③ 邹赞：《斯图亚特·霍尔论大众文化与传媒》，《中国石油大学学报》（社会科学版）2008年第6期。

④ 〔澳〕洪恩美（Ien Ang）：《文化作为斗争场域：文化研究的特殊性》，段慧译，《文艺研究》2013年第6期。

⑤ 同上。

> 文化研究的关键矛盾是，当它在特定的“斗争场域”准备大显身手时，总是试图忽视不同的“斗争场域”彼此之间可能存在的关联，忽视不同的文化现实、实践和过程之间是如何彼此联系、产生交集，甚至密不可分的，由此也易于缺乏对更广阔、更整体化层面的了解。①

当然，洪恩美的“斗争场域”论主要是用来阐释文化研究本身的特殊性。这一理论虽然没有直接提到“大众”概念，但显然它与霍尔的“场域”理论有相通之处，即当代“大众”话语也可视为一个“斗争的场域”，其理论意义在于避开了此前的“大众”话语把“大众”简单地区分为“好”与“坏”二元逻辑，而是把“大众”视为被“建构”起来的话题。

与霍尔、洪恩美等人的“场域”论一脉相承的是，2013 年美国学者杰森·哈尔辛（Jayson Harsin）等人也提出“‘大众’无疑成为政治斗争及其变革的重要活动场域”②。杰森·哈尔辛等人在国际传播协会出版的期刊《传播、文化与批判》2013 年第 6 期上发表的《斯图亚特·霍尔的“解构大众”：30 年后的反思》一文中，直接继承了霍尔的“场域”论：

> 本文承袭了以斯图亚特·霍尔为代表的英国当代文化研究中心（CCCS）所逐步形成的有关媒介和文化研究的学术传统，将“大众”视为集体运动和个人参与的重要活动场域，并且“大众”以一种横断面的方式直接勾勒了政治与日常生活之间复杂而微妙的损益（push and pull）关系。③

可见，在文化这个“斗争场域”中，重新获得“主体性”的当代大众，其更重要的身份是“意义”的“生产者”。

总之，1990 年代中期之后的“大众”话语反思既是对“大众”批判话

---

① 〔澳〕洪恩美（Ien Ang）：《文化作为斗争场域：文化研究的特殊性》。

② 〔美〕杰森·哈尔辛（Jayson Harsin）、〔加〕马克·海沃德：《斯图亚特·霍尔的“解构大众”：30 年后的反思》，宗益祥译，《国外理论动态》2014 年第 10 期。

③ 同上。

语的直接回应，即对“消费大众”的某种认同，也是在“文化研究”转向之后，借入新的理论视角，以“文化分析”的姿态去重新界定“大众”在意义生产过程的作用，而不是简单地对其进行价值上的判断。此外，以上关于当代“大众”话语的分析，不难看出自1980年代以来，“大众”言说经历了以“批判”“抵抗”“场域”为中心的流变脉络，时至今日这三种“大众”言说依然鼎足并存，并且一直延续着，没有形成共时性的结论。随着时间的推移，“大众”言说还会出现新的理论样式，这就要留给未来的研究者继续研究和思考。

结语：中国“大众”理论建构

本书以“大众”概念的更替为基础，试图厘清近代以来的中国“大众”话语的生成与流变过程，最终在中西“大众”话语的坐标系中给中国“大众”理论定位，或者说从“话语”这个理论视角出发研究20世纪中国“大众”概念史。因此“话语”既是本书研究的基本方法与基本理论，同时也是研究的对象。具体来说，我们从“大众”概念史入手梳理这个概念流变的基本“史实”，然后从各个时期言说主体的“言论”中考察这些概念是如何被“说”出来的，这就从“概念史”过渡到了“话语史”研究。也即先弄清楚“大众”是什么，然后以具体文本中的话语言说论证“大众”如何“是”。因为在“语言学转向”之后，“语言”被认为具有强大的“建构”功能。本书即是以此为基本理念，以“话语”为中心语言行为，以西方“大众”学说为参照系，“建立”中国特色的“大众”理论体系。

由此，我们简略地概括了本书的行文和论证思路，并点出了本书所要完成的主要任务。不过，既然本书的目标是“建构”中国的“大众”理论，那么这个理论究竟是什么呢？简单地说，中国的“大众”理论就是以“革命”为中心任务，以塑造和征用“作为历史主体与‘创造历史动力’的‘人民’”① 为根本手段的理论体系。与传统的精英化的立场不同，中国现

① 戴锦华：《隐形书写——90年代中国文化研究》，江苏人民出版社，2004，第9页。

代的“大众”理论是站在“平民”的立场，把唤起普通民众作为行动指南的理论。虽然与此同时或前后也存在着自由主义、旧革命派等对大众的言说，但最终这些派别的“大众”理论大多湮没于历史的长河之中，主要原因在于这些“大众”言说未能对应于中国特殊语境中的现代性历史发展需求，无法持续性地成为历史言说中的主导性话语。中国的“大众”是以知识分子/“政治领袖”为主要言说主体，以“阶级”为准绳对人群进行分类和重组的政治话语。这是一种遵循历史发展潮流的革命话语，它使得在传统社会分层中位置较“下”的工人、农民向“上”走，而处于较“上”的知识分子往“下”走，是一个以“工农”为话语标签的“一元化”话语体系，带有强烈的政治倾向性与时代语境性。这就使得中国“大众”理论成为文艺学学科中的基础理论，只不过这个文艺理论不是基于传统意识上的“文学”文本的概括，而是与“中国道路”的习性与特性相关，左翼的“大众”话语正好契合了这一历史发展的潮流。

当然，本书的结束并不意味着对“大众”话语问题探索的终结，回顾近代以来的中国“大众”话语的生成与流变，可以看到在对“大众”的言说过程中，同时伴随着对待“民主”的态度，“大众”与“民主”话语始终密不可分，甚至可以说，近代以来对待“大众”的态度也是一种“民主”的态度，并且这种“大众”与“民主”如影随形的话语言说还会继续下去，在新的历史语境中呈现出新的言说方式与话语策略。

具体来说，在“臣民”话语时代，统治集团提倡“民本主义”政治理念，虽然“民本”与“臣民”似乎有些冲突，但是“民本”与“君本”常常是二而一的关系，“民本主义是表，君本主义是里；民本主义是始，君本主义是终；民本主义是用，君本主义是体”①。在中国近代具有现代性特质的“国民”话语与强调“民权”的“民主主义”不期而遇，自日本“旅行”而来的“公民”概念对传统的“臣民”进行改造，其中“民权”成为现代“国民”有别于“臣民”的重要语义场。不过在是否保留皇权问题上，此时期的民主又分化为“君主立宪”与“民主共和”，由此也生成了“改良派”与“革命派”不同的“国民”话语。

① 闾小波：《近代中国民主观念的生成与流变》，江苏人民出版社，2012，第39页。

到了1920年代，“共产主义”政治理念的传入催生了“工农”大众话语生成，“庶民（平民）主义民主的主张得到深入阐述和广泛的传播”①。这种平民主义民主作为一种政治立场，旨在动员或鼓动民众（主要是工农）为普遍民主的革命事业服务。同时，在平民主义者看来，民众既是动员的对象又是被拯救的对象，而民众的主观愿望则是由精英知识分子“自上而下地表达出来的”②，且这一时期“民主之‘民’越来越成为大众、工农、穷人、平民的代名词”③。也正是从平民主义民主时代开始，中国社会进入了追求直接民主的新时代。

自1930年代到1970年代末，与“工农兵”大众话语密切相关的民主观，其核心内容是“人民主权（人民民主专政）和民主集中制”④，内涵是政治权力属于人民以及人民对敌人的宰制权，根本目标是要“建立全新的由劳工或民众当家作主的国家制度”⑤。与之相对应的“工农兵”大众话语中的“人民”主要指劳工、工农、大众等穷人，而专政的对象则主要是地主、富农、资本家等有产阶级。可见，这个时期“民主”概念中的“人民”并不是全体国民，而是特指无产阶级，与人民相对应的概念则是资产阶级。这种“民主”言说与“工农兵”大众话语在本质上是一致的：

> 中国苏维埃政权所建立的是工人和农民的民主专政的国家。苏维埃全部政权是属于工人、农民、红军兵士及一切劳苦民众的。⑥

不过，在“苏维埃”时期的民主主要是“工农专政”的形式，“人民大众”特指工、农、兵等无产阶级。到了“延安”时期，中共以“三三制”⑦

① 闾小波：《近代中国民主观念的生成与流变》，第244页。

② 〔英〕保罗·塔格特：《民粹主义》，袁明旭译，吉林人民出版社，2005，第132页。

③ 闾小波：《近代中国民主观念的生成与流变》，第251页。

④ 同上书，第364页。

⑤ 同上书，第376页。

⑥ 《中共中央文件选集》（第七册），中央党校出版社，1982，第464页。

⑦ 1940年3月6日毛泽东起草的《抗日根据地的政权问题》提出抗日民族统一战线的政权人员构成上实行“三三制”，“根据抗日民族统一战线政权的原则，在人员分配上，应规定共产党员占三分之一，非党的左派进步分子占三分之一，不左不右的中间派占三分之一”（《毛泽东选集》第2卷，人民出版社，1991，第742页）。

的方式建构新的“民主政治”，目的“是要建立各阶级联合的抗日民主政权，这既不同于先前苏维埃时期的‘工农专政’，与1949年以后的无产阶级专政也有所不同”①。实际上，这种“民主”形式基本上放弃了“苏维埃”时期的“工农专政”，比国统区的一党专政形式更具有舆论优势。与此同时，“大众”概念中的“兵”成为独立的概念进入“大众”话语之中，“大众”概念的外延有所放大，甚至只有汉奸、反动派等才被排除在“工农兵”大众之外，“工农兵”大众话语也由此得以生成。

由上所述，可以看出尽管早在1920年代初已提出“人民民主”的政治目标，但在具体的话语实践中，“民主”的内涵却在不断地变通。这主要表现在各个时期的“大众”外延具有很强的“伸缩性”。如第一次国共合作时期，“大众”是“民众的大联合”；土地革命时期的“大众”是包括“工、农、兵”在内的“无产者”；到了全面抗战时期，“大众”的外延扩大为“一切拥护抗战的阶级或阶层”；而解放战争时期，“大众”有所收缩，把“大资产阶级”“地主阶级”等排除在“大众”之外②；新中国成立之后的“大众”延续了延安时期的“工农兵”话语主体，不同之处在于，此时的“大众”是去除了“封、资、修”之后的纯“社”姓话语。可见，“民主”中的“民”的变化，促使近代以来的“民主”话语也不断适时发生流变。

同时，曾经在1980年代以启蒙自居的人文知识分子，到了以“消费”为表征的1990年代发生了分化，其中一部分坚守启蒙立场的人文知识分子认为，在消费语境中“从本质上讲，大众潜在具有反民主的倾向”③，而其中的一部分对“消费大众”持“认可”态度的人文知识分子则“把大众文化当作当代社会民主化的硕果，是社会稳定、文化平等、话语霸权解体的历史进步”④，开始反思并认可“消费大众”的文化理念，在肯定“大众”在“意义”制造中的积极作用之外，也把“大众文化”视为“大众”自下而上进行民主参与的文化场域。

可见，考查近代以来的“大众”话语流变，“民主”是一个无法回避的

① 闾小波：《近代中国民主观念的生成与流变》，第378页。

② 同上书，第400页。

③ 张汝伦：《论大众文化》，《复旦学报》（社会科学版），1999年第3期。

④ 尹鸿：《为人文精神守望：当代中国大众文化批评导论》。

概念。实际上，从本质上说，“民主”是与“专制”相对而言的，因此从19世纪末到20世纪80年代的“大众”理论中，一个至关重要的要素是言说者将“臣民”转化为不同的“人民”。但是，由于在特定的历史时期为了完成特定的革命“任务”，在某种程度上将“民主”极端化了，这也在一定意义上造成“民主”内涵的实际丧失。

此外，近代以来中国“大众”话语的流变除了与“民主”相关，也不可忽略“现代性”的影响与制约。从前几章中可以看出，“大众”话语的生成与流变与“现代性”的演进紧密关联。尤其是在当代消费语境中的“大众”言说，不可否认的是“技术”对当代“大众”的宰制作用，技术“使每一个人，不是以‘一个人’的身份而存在，乃是以‘大众’的身份存在”①。同时，“大众”也是在与技术的“对抗”中生成的，“个人只有成为大众，依靠集体的力量，才能对技术统治发生抵抗，所以，现代性的兴起伴随着大众（群众）的形成”②。

总之，从近代以来中国“大众”话语的生成与流变的过程，可以看出中国的“大众”是与西方截然不同的理论体系，这当然基于中西不同的言说语境。中国“大众”的言说语境是复杂的，仅就“大众”与“民主”、“现代性”而言，毫无疑问，这些概念的生成与流变制约与影响着“大众”的流变轨迹。在某种程度上甚至可以说，正是中国式的“民主”话语造就了独具中国特色的“大众”理论/话语。

---

① 杨国荣主编《现代化过程中的人文向度》，上海古籍出版社，2006，第536页。

② 同上。

参考文献

一　民国期刊

陈独秀等主编《新青年》，上海、北京、上海，1915~1921。

冯镜如、梁启超主编《清议报》，日本横滨，1900~1901。

胡汉民、章太炎主编《民报》，东京，1905~1908。

黄健中、周长宪等主编《国民》，北京，1919~1921。

李公朴主编《民主教育·第五期》，重庆，1946。

梁启超主编《新民丛报》，日本横滨，1902~1907。

刘师复编《民声》，香港，1913~1921。

荃麟、乃超等主编《大众文艺丛刊》，香港，1948~1949。

叶楚伧、邵力子主编《民国日报》，上海，1916~1932。

郁达夫、陶晶孙等主编《大众文艺》，上海，1928~1930。

章士钊、何靡施、陈去病主编《国民日日报》，上海，1903。

二、英文原著

Agger, Ben, *Cultural studies as critical theory* . Falmer Press, 1992.

Arnold, Matthew, *Culture and anarchy* . London: Oxford University Press, 2006.

Canetti, Elias, *Crowds and power* . Trans. Carol Stewart. London: Gollancz, 1962.

Discourse and culture: from discourse analysis to cultural discourse studies, ShiXu , Shanghai Foreign Language Education Press, 2013.

During, Simon, *Cultural studies: a critical introduction* . Routledge, 2005.

Edward Shils, *The Intellectuals and the Power and Other Essays*. Chicago and London: University of Chicago Press, 1972.

Edward W. Said, *The Word, the Text, and the Critic*. Cambridge, Harvard University Press, 1983.

Fuery, Patrick, *Cultural studies and critical theory* . Oxford University Press, 2000.

Gottfried, Paul, *After liberalism: mass democracy in the managerial state* . Princeton University Press, 1999.

Gray, Ann, *Studying culture: an introductory reader* . E. Arnold , 1993.

Hartmut Lehmann, Melvin Richter. *The meaning of historical terms and concepts: new studies on Begriffsgeschichte*. German Historical Institute, 1996.

Imaging the People: Chinese Intellectuals and the Concept of Citizenship, 1890-1920. Edited by Joshua A. Fogel and Peter G. Zarrow. Armonk, NY: M. E. Sharpe, 1997.

Issach Berlin, "*Russian Populism*," *in his Russian Thinkers*. Harmondsworth, Middx. : Penguin Books, 1979.

Johnson, Lesley, *The cultural critics: From Matthew Arnold to Raymond Williams*. London; Boston: Routledge & Kegan Paul, 1979.

Julie Peteet, "Words as interventions: naming in the Palestine-Israel conflict," Third World Quaterly, Vol. 26, No. 1.

Leavis , F. R. , *For Continuity*, Cambridge: The Minirity Press, 1933.

Macdonell, Diane. *Theories of discourse: an introduction* . Basil Blackwell, 1986.

Maurice Meisner, *Mao's China and After: A History of the People's Repulic*. New York: The Free Press, 1986.

Mc Clelland, J. S. , *The Crowd and the Mob: From Plato to Canetti*. Published by New York, U. S. A. : Unwin Hyman, 1989.

Richter. Melvin, *The history of political and social concepts: a critical introduction*. Oxford University Press, 1995.

Samuel, Raphael, *People's history and socialist theory*. Routledge & Kegan Paul, 1981.

Storey, John, *An introductory guide to cultural theory and popular culture* . University of Georgia Press, 1993.

Storey, John, *Cultural theory and popular culture: a reader*. Pearson Longman, 2009.

Strinati, Dominic, *An introduction to theories of popular culture*. Routledge, 2004.

Studies in Popular Culture. Edited by Rhonda V. Wilcox, Gordon College, 2010.

Taine, Hippolyte, *The origins of contemporary France: the ancient regime, the Revolution, the modern regime*. University of Chicago Press, 1974.

Terence Ball, James Farr, Russell L. *Political Innovation and Conceptual Change*. Hanson Cambridge University Press, 1989.

Tony Bennett. Colin Mercer. Janet-Woollacott, *Popular culture and social relations*. Open University Press, 1986.

Voloshinov, V. N., *Marxism and the philosophy of language*. Harvard University Press, 1986.

Wallace, Jeff, *Raymond Williams now: knowledge, limits and the future*. St. Martin's Press, 1997.

Williams, Raymond, *Culture and Society*—1780-1950. New York: Anchor Books, 1960.

Williams, Raymond, *Marxism and literature*. Oxford University Press, 1977.

Williams, Raymond, *Resources of hope: culture, democracy, socialism*. Verso, 1989.

Williams, Raymond, *The long revolution*. London: Penguin Books in association with Chatto & Windus, 1961.

Wilson, Stephen, *The means of naming: a social and cultural history of personal naming in Western Europe*. UCL Press, 1998.

Wolfgang Franks, *A Century of Chinese Revolution*, 1851-1949. New York: Harper Torchbooks, 1970.

三　中文译作

〔德〕阿克塞尔·霍耐特：《权力的批判》，童建挺译，上海人民出版社，2012。

〔法〕安托瓦纳·贡巴尼翁：《现代性的五个悖论》，许钧译，商务印书馆，2005。

〔西班牙〕奥尔特加·加赛特：《大众的反叛》，刘训练、佟德志译，广东人民出版社，2012。

〔苏〕巴赫金：《巴赫金全集》（第2卷），李辉凡等译，河北教育出版社，1998。

巴赫金：《巴赫金全集·周边集》（第二卷），钱中文主编，李辉凡等译，河北教育出版社，1998。

包亚明主编《权力的眼睛》，严锋译，上海人民出版社，1997。

〔英〕保罗·塔格特：《民粹主义》，袁明旭译，吉林人民出版社，2005。

〔意〕贝奈戴脱·克罗齐：《历史学的理论和实际》，〔英〕道格拉斯·安利斯英译，傅任敢译，商务印书馆，1982。

〔美〕本尼迪克特·安德森：《想象的共同体：民族主义的起源与散布》，吴叡人译，上海人民出版社，2011。

〔英〕彼得·伯克：《历史学与社会理论》，姚朋等译，上海人民出版社，2010。

〔英〕彼得·伯克：《文化史的风景》，丰华琴、刘艳译，北京大学出版社，2013。

〔英〕彼得·特拉吉尔：《社会语言学》，谭志明等译，陕西人民出版社，1990。

〔英〕达里奥·卡斯蒂廖内：《民族语境下的政治思想史》，伊安·汉普歇尔-蒙克编、周保巍译，人民出版社，2014。

〔美〕道格拉斯·凯尔纳：《媒体文化》，丁宁译，商务印书馆，2004。

〔美〕杜赞奇：《文化、权力与国家》，江苏人民出版社，1996。

〔瑞士〕费尔迪南·德·索绪尔：《普通语言学教程》，高名凯译，商务印书馆，2010。

〔美〕费正清：《剑桥中华民国史》，杨品泉等译，中国社会科学出版社，1993。

费正清等编《剑桥中华民国史（1912～1949）》（上、下），刘敬坤等译，中国社会科学出版社，2007。

〔法〕弗朗索瓦·傅勒：《思考法国大革命》，孟明译，生活·读书·新知三联书店，2007。

〔日〕福泽谕吉：《文明论概略》，北京编译社译，商务印书馆，1960。

（清）龚自珍：《龚自珍全集》，上海古籍出版社，1975。

〔法〕古斯塔夫·勒庞：《乌合之众》，冯克立译，中央编译出版社，2005。

赫伯特·斯宾塞：《群学肄言》，严复译，商务印书馆，1981。

〔英〕赫伯特·斯宾塞著《群学肄言》，严复译，商务印书馆，1981。

〔英〕赫胥黎：《天演论》，严复译，商务印书馆，1981。

〔美〕惠顿：《万国公法》，〔美〕丁韪良译，中国政法大学出版社，2003。

卡尔·曼海姆：《变革时代的人与社会》，刘凝译，台北久大文化股份有限公司，1990。

〔英〕J. 米格代尔：《农民、政治与革命》，李玉琪、袁宁译，中央编译出版社，1996。

〔苏〕康士坦丁诺夫：《个人和人民大众在历史上的作用》，王易今译，上海书报杂志联合发行所，1949。

〔美〕劳伦斯·格罗斯伯格：《媒介建构》，祁林译，南京大学出版社，2014。

〔英〕雷蒙·威廉斯：《关键词》，刘建基译，生活·读书·新知三联书店，2005。

〔英〕雷蒙·威廉斯：《文化与社会》，吴松江等译，北京大学出版社，1991。

〔德〕李博：《汉语中的马克思主义术语的起源与作用》，赵倩等译，中国社会科学出版社，2003。

〔美〕林·亨特：《新文化史》，姜进译，华东师范大学出版社，2011。

〔法〕卢梭：《社会契约论》，何兆武译，商务印书馆，1980。

〔法〕罗兰·巴尔特：《写作的零度》，李幼蒸译，中国人民大学出版社，2012。

〔英〕马克·柯里：《后现代叙事理论》，宁一中译，北京大学出版社，2003。

〔英〕迈克·费瑟斯通：《消费文化与后现代主义》，译林出版社，2000。

〔英〕迈克尔·欧克肖特：《政治中的理性主义》，张汝伦译，上海译文出版社，2003。

〔英〕麦基编《思想家——当代哲学的创造者们》，周穗明等译，生活·读书·新知三联书店，1987。

〔英〕梅尔文·里克特：《政治和社会概念史研究》，张智译，华东师范大学出版社，2010。

〔西〕米格尔·卡布雷拉：《后社会史初探》，李康中译，北京大学出版社，2008。

〔法〕米歇尔·德·塞托：《日常生活实践：1. 实践的艺术》，方琳琳、黄春柳译，南京大学出版社，2009。

〔英〕米歇尔·德·塞托：《日常生活实践》，方琳琳等译，南京大学出版社，1999。

〔法〕米歇尔·福柯：《规训与惩罚》，刘北成、扬远婴译，生活·读书·新知三联书店，2012。

〔法〕米歇尔·福柯：《知识考古学》，谢强、马月译，生活·读书·新知三联书店，1998。

〔美〕莫里斯·迈斯纳：《李大钊与中国马克思主义的起源》，北京市委党史研究室编译，中共党史资料出版社，1989。

〔美〕莫里斯·迈斯纳：《马克思主义、毛泽东主义与乌托邦主义》，张宁、陈铭康译，中国人民大学出版社，2005。

〔英〕尼尔·哈丁：《列宁主义》，张传平译，南京大学出版社，2014。

〔澳〕尼克·奈特：《再思毛泽东》，闫方洁等译，中国人民大学出版社，2014。

〔英〕诺曼·费尔克拉夫：《话语与社会变迁》，殷晓蓉译，华夏出版社，2003。

〔法〕皮埃尔·布尔迪厄：《文化资本与社会炼金术》，包亚明译，上海人民出版社，1997。

〔法〕乔治·勒费弗尔：《法国大革命的降临》，洪庆明译，上海人民出版社，2010。

〔法〕塞奇·莫斯科维奇：《群氓的时代》，许列民等译，江苏人民出版社，2006。

〔英〕斯宾塞：《群学肄言》，严复译，商务印书馆，1981。

《斯大林全集》（第7卷），人民出版社，1958。

〔英〕斯图尔特·霍尔编《表征：文化表征与意指实践》，徐亮等译，商务印书馆，2013。

〔美〕特伦斯·鲍尔编《政治创新与概念变革》，朱进东译，译林出版社，2013。

〔美〕托马斯·库恩：《科学革命的结构》，金吾伦等译，北京大学出版社，2012。

〔德〕瓦尔特·本雅明著《本雅明文选》，陈永国、马海良译，中国社会科学出版社，1999。

〔英〕伊安·汉普歇尔-蒙克：《比较视野中的概念史》，周保巍译，华东师范大学出版社，2010。

〔英〕约翰·邓恩编《民主的历程》，林猛等译，人民出版社，1999。

〔英〕约翰·凯里：《知识分子与大众》，吴庆宏译，译林出版社，2010。

〔英〕约翰·麦克莱兰：《群众与暴民》，何道宽译，复旦大学出版社，2014。

〔英〕约翰·麦克里兰：《西方政治思想史》，彭淮栋译，海南出版社，2003。

〔英〕约翰·斯道雷：《文化理论与通俗文化导论》，杨竹山等译，南京大学出版社，2006。

〔美〕约瑟夫·阿·勒文森：《梁启超与中国近代思想》，刘伟等译，四川人民出版社，1986。

〔美〕约瑟夫·列文森：《儒教中国及其现代命运》，郑大华译，中国社会科学出版社，2000。

〔美〕张灏：《梁启超与中国思想的过渡》，江苏人民出版社，1995。

〔日〕植村邦彦:《何谓“市民社会”》,赵平等译,南京大学出版社,2014。

〔美〕周策纵:《五四运动:现代中国的思想革命》,江苏人民出版社,1996。

〔美〕周明之:《近代中国的文化危机》,山东大学出版社,2009。

〔日〕竹内实编《毛泽东集补卷》,苍苍社,1983。

四 中文文献

《艾青诗选》,人民文学出版社,1984。

白天鹏等编《无政府主义派》,长春出版社,2013。

坂崎斌编辑《译书汇编》,台湾学生书局,1966。

蔡尚思主编《中国现代思想史资料简编》(第1~5卷),浙江人民出版社,1982。

《蔡元培全集》(第3卷),中华书局,1981。

曹清华:《意义生产与出版活动:中国现代文学的两维》,中国社会科学出版社,2013。

《陈炽集》,中华书局,2014。

《陈独秀文集》(第1~2卷),人民出版社,2013。

陈红民等编《胡汉民卷》,中国人民大学出版社,2014。

陈建华:《“革命”现代性——中国革命话语考论》,上海古籍出版社,2000。

陈万雄:《五四新文化的源流》,生活·读书·新知三联书店,1997。

陈义华:《后殖民知识界的起义——庶民学派研究》,中央编译出版社,2009。

陈永森:《告别臣民的尝试》,中国人民大学出版社,2004。

《陈云文选》(1926~1949),人民出版社,1984。

《词源》(上册),中华书局,1981。

戴锦华:《隐形书写》,江苏人民出版社,2004。

邓中夏:《中国职工运动简史》,人民出版社,1953。

《邓中夏文集》,人民出版社,1983。

丁守和等著《十月革命对中国革命的影响》，人民出版社，1959。

丁守和主编《中国近代启蒙思潮》（上、下），社会科学文献出版社，1999。

丁文江、赵丰田编《梁启超年谱长编》，上海人民出版社，1983。

丁易编《大众文艺论集》，北京师范大学出版社，1951。

定宜庄：《中国知青史：初澜（1953～1968）》，中国社会科学出版社，1998。

董炳月：《“同文”的现代转换》，昆仑出版社，2012。

《独秀文存》（三），外文出版社，2013。

冯定：《工人阶级的历史任务》，华东人民出版社，1953。

冯天瑜：《新语探源》，中华书局，2004。

《“革命”文学论证资料选编》，人民文学出版社，1981。

葛剑雄：《悠悠水长——谭其骧前传》，华东师范大学出版社，1997。

贡华南主编《现代性与国民意识》，上海辞书出版社，2012。

顾岳中编《民众教育》，商务印书馆，1948。

郭国昌：《二十世纪中国文学大众化之争》，百花洲文艺出版社，2006。

郭为桂：《大众民主：一种思想史的文本解读与逻辑重构》，武汉大学出版社，2008。

郭小东：《中国知青文学史稿》，北京十月文艺出版社，2012。

郭湛波：《近五十年中国思想史》，上海世纪出版集团，2010。

何平：《文化与文明史比较研究》，山东大学出版社，2009。

《胡风评论集》（中），人民文学出版社，1984。

胡乔木：《胡乔木回忆毛泽东》，人民出版社，2003。

《胡适全集》（第21卷），安徽教育出版社，2007。

《胡适全集》（第3卷），安徽教育出版社，2007。

《胡适文存》（第1卷），外文出版社，2013。

胡伟希：《民声——辛亥时论选》，辽宁人民出版社，1994。

黄科安：《延安文学研究》，文化艺术出版社，2009。

黄擎：《文艺批评话语研究》，中国社会科学出版社，2011。

《黄兴集》，中华书局，1981。

黄兴涛:《文化史的追寻》,中国人民大学出版社,2011。

黄兴涛主编《新史学(第三卷):文化史研究的再出发》,中华书局,2009。

《黄卓越思想史与批评学论文集》,北京语言大学出版社,2012。

姜文等编《现代评论派、新月人权派》,长春出版社,2013。

焦润明:《救亡求存——清末维新潮》,辽宁人民出版社,1997。

金观涛,刘青峰:《开放中的变迁》,法律出版社,2014。

金观涛、刘青峰:《观念史研究》,法律出版社,2012。

金耀基:《中国民本思想史》,法律出版社,2008。

《近代史资料》编译室主编《云南杂志选辑》,知识产权出版社,2013。

瞿秋白:《瞿秋白文集》(第六卷),人民出版社,1996。

瞿秋白:《瞿秋白选集》,人民出版社,1985。

康有为:《大同书》,周振甫、方渊校点,中华书局,2012。

康有为:《康有为政论集》(上、下),中华书局,1981。

黎锦熙:《国语运动史纲》,商务印书馆,2011。

《李大钊文集》(上、下),人民出版社,1984。

《李大钊选集》,人民出版社,1959。

李洁非:《解读延安》,当代中国出版社,2010。

李静:《新青年杂志话语研究》,天津大学出版社,2010。

李明:《中国社会主流意识形态的建构与变迁》,复旦大学出版社,2013。

李欧梵:《未完成的现代性》,北京大学出版社,2006。

李世涛主编《知识分子立场》,时代文艺出版社,2000。

李向明:《转型期大众文艺研究》,湖南人民出版社,2009。

李泽厚:《中国现代思想史论》,生活·读书·新知三联书店,2013。

梁启超:《新民说》,中国文史出版社,2013。

梁启超:《新民说》,中国文史出版社,2013。

梁启超:《饮冰室合集》(1~12),中华书局,1989。

梁启超:《饮冰室文集点校》(1~6),云南教育出版社,2001。

《梁启超全集》(第二册),北京出版社,1999。

《梁启超全集》（第一册），北京出版社，1999。

《梁启超选集》（上、下），中国文联出版社，2006。

《梁漱溟全集》（第二卷），山东人民出版社，1990。

《梁漱溟全集》（第六卷），山东人民出版社，2005。

《梁漱溟全集》（第五卷），山东人民出版社，2005。

辽宁大学中文系编《修正主义文艺路线代表性论点批判》，人民出版社，1976。

廖超慧：《中国现代文学思潮论争史》，武汉出版社，1997。

《廖仲恺集》，中华书局，2011。

林甘泉：《中国古代政治文化论稿》，安徽教育出版社，2004。

林伟民：《中国左翼文学思潮》，华东师范大学出版社，2005。

刘禾：《跨语际实践》，宋伟杰等译，生活·读书·新知三联书店，2002。

刘禾：《语际书写——现代思想史写作批判纲要》，生活·读书·新知三联书店，1999。

刘明逵：《中国工人阶级历史状况》，中央党校出版社，1985。

刘晴波、彭国兴编《陈天华集》，湖南人民出版社，2008。

《刘少奇选集》（上、下），人民出版社，1981。

刘小枫：《儒家革命精神源流考》，上海三联书店，2000。

刘肖兰：《晚清报刊与近代史学》，中国人民大学出版社，2007。

卢毅：《章门弟子与近代文化》，广西师范大学出版社，2009。

《鲁迅全集》（第一卷），人民文学出版社，2012。

《鲁迅文集》（第三卷），中国言实出版社，2014。

《鲁迅杂文全集》（下），北京燕山出版社，2013。

陆扬：《日常生活审美化批判》，复旦大学出版社，2012。

陆扬、王毅：《文化研究导论》，复旦大学出版社，2009。

闾小波：《近代中国民主观念之生成与流变》，江苏人民出版社，2012。

洛蚀文编《抗战文艺论集》，上海书店出版社，1986。

马超俊：《中国劳工问题》，民智书局，1925。

毛泽东：《建国以来毛泽东文稿》（第七册），中央文献出版社，1998。

毛泽东：《毛泽东论文学和艺术》，人民文学出版社，1964。

《毛泽东选集》（第1~4卷），人民出版社，2008。
《茅盾选集》（第五卷），四川文艺出版社，1985。
《猛回头：陈天华、邹容集》，郅志选注，辽宁人民出版社，1994。
孟宪承编《民众教育、民众教育辞汇》，华东师范大学出版社，2010。
闵冬潮：《全球化与理论旅行》，天津人民出版社，2009。
南帆：《后革命的转移》，北京大学出版社，2005。
《彭湃文集》，人民出版社，1981。
《彭真文选》（1941~1990），人民出版社，1991。
钱国红：《走进“西洋”和“东洋”》，商务印书馆，2009。
乔瑞金等著《英国的新马克思主义》，人民出版社，2013。
秦力山：《秦力山集》（外二种），中华书局，2015。
《秦力山集》（外二种），中华书局，2015。
桑兵、朱凤林主编《戴季陶卷》，中国人民大学出版社，2014。
邵力子：《邵力子文集》（上、下），中华书局，1985。
邵荃麟：《邵荃麟全集》，武汉出版社，2013。
邵荃麟：《争取社会主义文学的更大繁荣》，作家出版社，1960。
邵荃麟主编《大众文艺丛刊·批评论文选集》，新中国书局，1949。
史卫民编《知青日记选编》，中国社会科学出版社，1996。
宋教仁：《宋教仁集》（上、下），中华书局，2011。
宋庆龄：《宋庆龄选集》（上、下），人民出版社，1992。
苏光文编选《文学理论史料选》，四川教育出版社，1988。
《苏区文艺运动资料》，上海文艺出版社，1985。
苏汶编《文艺自由论辩集》，现代书局，1933。
孙江主编《新史学》（第二卷），中华书局，2008。
孙中山：《三民主义》，中国戏剧出版社，1999。
孙中山：《孙中山全集》（第1~11卷），中华书局，2006。
谭嗣同：《谭嗣同全集》（增订本），中华书局，1981。
汤志钧：《戊戌变法史论丛》，湖北人民出版社，1957。
唐小兵编《再解读——大众文艺与意识形态》，北京大学出版社，2007。
田晓青主编《民国思潮读本》（第1~4卷），作家出版社，2013。

汪民安等编《福柯的面孔》，文化艺术出版社，2001。

汪荣宝、叶澜编《新尔雅》，上海文明书局发行，1903。

王汎森：《中国近代思想与学术的系谱》，河北教育出版社，2001。

王汎森：《中国近代思想与学术的系谱》，台北市联经出版事业股份有限公司，2005。

王奇生：《革命与反革命》，社会科学文献出版社，2013。

王绍光：《理性与疯狂》，燕青山等译，牛津大学出版社，1993。

王涛：《书写——碎片化语境下他者的痕迹》，北京大学出版社，2013。

王韬：《弢园文录外编》，楚流等选编，辽宁人民出版社，1994。

王文锦译解《礼记译解》，中华书局，2001。

王小路等著《文化批评关键词研究》，北京大学出版社，2007。

王亚平编《论大众文艺》，天下出版社，1951。

王焱等编《自由主义与当代社会》，生活·读书·新知三联书店，2000。

魏宏远主编《中国现代史资料》，黑龙江人民出版社，1981。

文贵良：《话语与生存》，上海世纪出版集团，2007。

文学武：《革命时代的文学叙事和话语》，上海交通大学出版社，2012。

《文艺界拨乱反正的一次盛会》，人民文学出版社，1979。

文振庭编《文艺大众化问题讨论资料》，上海文艺出版社，1984。

《五卅运动》编写组编《五卅运动》，上海人民出版社，1976。

谢冕、洪子诚编《中国当代文学史料选》，北京大学出版社，1995。

《新史学》（第七卷），中华书局，2013。

《新政真诠——何启、胡礼垣集》，郑大华点校，辽宁人民出版社，1994。

徐贲：《在傻子与英雄之间：群众社会的两张面孔》，花城出版社，2010。

徐国源：《典范的转移》，江苏人民出版社，2010。

许纪霖：《启蒙如何起死回生》，北京大学出版社，2012。

许纪霖等编《现代中国思想的核心观念》，上海人民出版社，2011。

许志英等主编《中国现代文学主潮》（上、下），南京大学出版社，2008。

宣浩平编《大众语文论战·续二》，启智书局，1935。

宣浩平编《大众语文论战》，启智书局，1935。

严翅君等：《后现代理论家关键词》，江苏人民出版社，2011。

严复：《严复集》，中华书局，1986。

阎月君等编选《朦胧诗选》，春风文艺出版社，1987。

晏阳初：《平民教育与乡村建设运动》，商务印书馆，2014。

杨凤城主编《20世纪的中国——走向现代化的历程》，人民出版社，2010。

杨匡汉：《20世纪中国文学经验》（上、下），东方出版中心，2006。

杨湘容：《晚清民变研究》，湘潭大学出版社，2010。

仰海峰：《实践哲学与霸权——当代语境中的葛兰西哲学》，北京大学出版社，2009。

姚文元：《文艺思想论争集》，作家出版社，1964。

易鑫鼎编《梁启超选集》（上、下），中国文联出版社，2006。

俞可平：《中国传统政治文化论稿》（第一辑），天津人民出版社，2001。

郁达夫、夏莱蒂主编《大众文艺》，上海现代书局，1928。

恽代英：《恽代英文集》（上下卷），人民出版社，1984。

张宝明：《自由神话的终结：20世纪启蒙阙失探解》，生活·读书·新知三联书店，2002。

张季鸾：《张季鸾集》，东方出版社，2011。

张枬、王忍之编《辛亥革命前十年间时论选集》，三联书店，1965。

张朋园：《梁启超与清季革命》，吉林出版集团有限责任公司，2007。

张品兴编《梁启超全集》，北京出版社，1999。

张天星：《报刊与晚清文学现代化的发生》，凤凰出版社，2011。

张闻天：《张闻天选集》，人民出版社，1985。

张允候等编《五四时期的社团》，生活·读书·新知三联书店，1979。

章太炎：《章太炎政论选集》（上、下），中华书局，1977。

赵剑英主编《马克思主义政治哲学》，社会科学文献出版社，2007。

赵树理：《大众文艺论集》，工人出版社，1950。

《争取社会主义文学的更大繁荣》，作家出版社，1960。

《知识青年上山下乡歌曲集》，上海人民出版社，1974。

中共中央党校文史教研室中国近代史组编《中国近代政治思想论著选辑》（上），中华书局，1986。

中国第二历史档案馆编《中国青年党》，1988。

中国社会科学院文学研究所编《左联回忆录》，知识产权出版社，2010。

中国史学会编《戊戌变法》（第三册），神州国光社，1957。

中央团校哲学教研室编写《农村阶级斗争知识讲话》，中国青出版社，1963。

中央文献研究室编《毛泽东早期文稿》，湖南人民出版社，2008。

《中央研究院历史语言研究所集刊》第73本第4分，2002。

钟少华：《中文概念史论》，中国国际广播出版社，2012。

周恩来：《周恩来选集》（上下卷），人民出版社，1980。

周佳荣：《新民与复兴——近代中国思想论》，香港教育图书公司，2008。

周平远：《文艺社会学纲要》，中国大百科全书出版社，2005。

周扬：《高举毛泽东思想红旗做又会劳动又会创作的文艺战士》，人民文学出版社，1966。

周扬：《我国社会主义文学艺术的道路》，人民文学出版社，1960。

周扬：《周扬文集》（第二卷），人民文学出版社，1985。

图书在版编目(CIP)数据

近代以来中国“大众”话语的生成与流变 / 罗崇宏著. --北京：社会科学文献出版社，2019. 12
ISBN 978-7-5201-5657-8

Ⅰ. ①近… Ⅱ. ①罗… Ⅲ. ①大众传播-研究-中国-近代 Ⅳ. ①G206. 3

中国版本图书馆 CIP 数据核字（2019）第 222528 号

近代以来中国“大众”话语的生成与流变

著　　者 / 罗崇宏

出 版 人 / 谢寿光
责任编辑 / 刘　丹

出　　版 / 社会科学文献出版社 · 人文分社(010) 59367215
地址：北京市北三环中路甲 29 号院华龙大厦　邮编：100029
网址：www. ssap. com. cn
发　　行 / 市场营销中心（010）59367081　59367083
印　　装 / 三河市龙林印务有限公司

规　　格 / 开　本：787mm × 1092mm　1/16
印　张：18. 75　字　数：295 千字
版　　次 / 2019 年 12 月第 1 版　2019 年 12 月第 1 次印刷
书　　号 / ISBN 978-7-5201-5657-8
定　　价 / 148. 00 元